von Almund
für Andrea

rowohlt
POLARIS

Paula Schneider

Bleib bei mir, denn es will Abend werden

Die Geschichte einer langen Liebe

Rowohlt Polaris

Originalausgabe
Veröffentlicht im Rowohlt Taschenbuch Verlag,
Reinbek bei Hamburg, September 2016

Redaktion Ulrike Frank
Umschlaggestaltung HAUPTMANN & KOMPANIE
Werbeagentur, Zürich
Umschlagabbildung Paula Schneider
Satz aus der Dante MT, InDesign,
bei Pinkuin Satz und Datentechnik, Berlin
Druck und Bindung CPI books GmbH, Leck, Germany
ISBN 978 3 499 63099 6

Für meine Großeltern

Freitag, 10. 7.

Besuch bei der Ärztin – Willi hat ein Blatt über meine Befindlichkeit vorbereitet langes aufgeschlossenes Gespräch mit ihr, Entscheidung: anempfohlen: eine 100 Krankenaufenthalt vorgesehen –

Blutprobe – : normale Werte – aber trotzdem gründl. Untersuchg. empfohlen Kopf ? –

Brand i. d. Stadtzentrum – Aufregg i. d. Stadt

Lektüre: „Vierzig Tage" – Ein Leben über die Brücke beendet – interessante Bemerkungen über XI. Plenum (Ch. Wolf u. „Glücksempfinden – „Öffnung der Mauer.... Rolle des Schriftsteller verkannt Klares Bekenntnis? Nach-denken? Kein Freund der DDR !!

Inhalt

Teil 1

GOLDEN

(2000–2003)

1

Eben noch eine Zugfahrt, fröhliches Erzählen, unsere Wandergruppe. Plötzlich hält der Zug auf offener Strecke. Frieder Wiethaupt steht draußen, winkt uns, auszusteigen, ihm zu folgen. Aber kein Weg ist da, nur Gestrüpp auf steinigem Boden. Wir stolpern und haben Mühe, hinterherzukommen. Irgendwann eine Felsenhöhle hinter dem Gestrüpp, Buchstaben in den Stein gekratzt. Mühsam entziffern wir: «Warum müssen Menschen allein sein?»

Frieder nickt, er murmelt. Aber keine Pause. Weiter geht es, bergab, Richtung Wald. Zwei Gestalten sitzen am Hang, gebeugt. Der Mann streicht der Frau über kastanienbraunes, langes Haar. Behutsam, etwas bestimmend. «Wir müssen auf uns achtgeben», raunt er, aber ich kann es trotzdem hören.

Frieder drängt, wir eilen weiter, den Hang hinab. Kein Gespräch mit dem Paar. Aber kenne ich sie nicht? Wo bist überhaupt Du? Ich drehe mich immer wieder um, hetze, meine Hüfte schmerzt. Wo ist die Gruppe?

Ich treibe weiter in den Wald. In einen tiefen, schattigen, einen Wald aus meiner pommerschen Kindheit. Spinnweben im Gesicht, Schweiß auf der Stirn, kein Vogellaut mehr. Nur meine Schritte dumpf auf dem Waldboden. Und Deine leise Stimme irgendwo weit weg: «Wir müssen auf uns achtgeben.» Immer dichter die Stämme, immer nächtlicher der Wald. Bis ich stolpere. Ich falle auf den Rücken. Ich rappele etwas, dann liege ich still. Ergeben starre ich ins Schwarz.

Und starre irgendwann ins Schwarz der dunklen Zimmerecke. Am ersten Knotenpunkt zwischen Nacht und Morgen; da, wo die Nacht noch mächtig ist.

Ein paar Minuten später tröstest Du mich. Deine Träume seien auch wild, sagst Du. Ja, vor allem beruflich wirst Du gehetzt nachts, von unmöglichen Hochschulkollegen und überfordernden Aufgaben, auch noch Jahre nach Deinem Vorruhestand. Und ich, sagst Du, ich sähe auch nach zehn Rentenjahren noch aus wie Mitte, Ende fünfzig. Gerade am frühen Morgen. Ach, Ole, Du übertreibst.

Du küsst mein Gesicht und lobst, mit einem lachenden Gähnen, den Schwung meiner Brauen. Weißt Du, seit wie vielen Jahren ich sie schon dunkel färbe? So lange wie die Haare mindestens. Oder schon, seitdem die langen Haare abgeschnitten sind? Ich weiß es selbst schon nicht mehr.

Deine Wanderhände tun, als wollten sie mich wärmen. Du rühmst meine Hüften unter dem Nachthemd. Erinnerst Du Dich, wie meine Mutter mir immer Haferbrei gekocht hat? «Gott im Himmel, Ida, du bist zu dünn …», selbst noch nach der Geburt unseres dritten Jungen. Unglaublich, nicht mehr lange, und all das ist fünf Jahrzehnte her.

Schon damals habe ich Tagebuch geschrieben, anders als Du, weißt Du noch? Wenn ich mal Muße hatte, meist morgens im Urlaub. Ich will versuchen, das wieder zu tun. Die Zeit sollte sein, in unserem ruhelosen Ruhestand. Das habe ich beschlossen, heute an diesem frühen Januarmorgen. Und ich habe es Dir nicht gesagt.

Ein Tag kann sein wie ein Schritt, unbehindert, unmerklich; aber auch wie ein Sprung über ein Hindernis, ein Treten auf der Stelle, schmerzhaftes Dahinschleppen, hastiges Fliehen zur nächsten Markierung … Aber immer auf dem Weg. Und ein

Stück gemeinsamen Weges, schriftlich festgehalten, möchte ich Dir zu einem der nächsten Jubiläumstage schenken.

Wenn ich nicht in den Spiegel sehe, merke ich das Alter kaum. Und Du lachst auf, als Du mir in der Morgendämmerung nachmachst, wie Georg am Rande der Wahlfeier den Kopf zu dir gesteckt und verächtlich erzählt hat: «Ich bin nicht gern mit Alten zusammen!» Wie alt ist er, kaum älter als wir? Oder schon weiter in den Siebzigern? Aber auch uns geht es so: Andere Deines und meines Jahrgangs erscheinen uns fremd, alt, ungepflegt manchmal, verdrießlich und misstrauisch. Dabei ist gerade erst Potz-Blitz-Knall-und-Funken-deutlich geworden: Die Jahrtausendwende ist überschritten. Als junge Frau schien mir das nächste Jahrtausend fern wie ein weit weg im All schwebender Planet. Bestimmt würde der Sozialismus dann die gesamte Welt umarmen: so weit weg. Und nun ist Sozialismus ein Sorgenkind, um das sich nur noch wenige kümmern. Und das neue Jahrtausend ist alltäglich wie die alten Häuser, die die Straßen säumen. Auch wenn die Häuser inzwischen meist farbig angestrichen sind. Unser Wohnhaus ist eins der wenigen grauen noch, grau wie seine Besitzer Frieder und Gertrud Wiethaupt. Und wie wir. Auch wenn ich mein Grau verstecke. Feige vielleicht? Und doch haben wir uns heute im ersten, tastenden Licht des Tages gesagt: Lass uns zugeben, wer wir sind und wie alt. Lass uns das Beste daraus machen. Und: ja, auch etwas wagen. Lass uns hier in Weimar eine neue Wohnung suchen, geräumig und zweckmäßig genug, mit Raum für Hoffnung und Mut und doch ebenerdig, ohne steile Treppe in den zweiten Stock. Mit einem kleinen Stück Natur davor, leicht zu erreichen und zu zähmen, das unser wäre. Lass uns suchen, bis wir sie finden. Eine Wohnung, in der wir bleiben können, solange wir sind.

2

Sie treten aus dem Wald, die Landschaft ist mit einem Mal offen, weit, wie eingefroren. Nicht weiß, aber hell, mit überklaren Konturen. Ida atmet durch, steht neben Ole wie vor einem Panoramagemälde mit vielen Details. Er zieht seine Mütze tiefer über die Ohren, will weiter. Sie nimmt seine Hand. «So schön», murmelt sie, in die Ferne schauend. «Dann wenigstens einen Wegzoll.»

Er holt einen Fotoapparat aus dem Rucksack, die Handschuhe unter den Arm geklemmt, und drückt zügig ab. Sieht erstaunt auf ihre Fingerhandschuhhand, die ihn noch festhält. Lächelt dann, ein Winterlächeln, und beugt sich für einen Kuss zu ihr. Sie bewegen sich nicht, die Augen sind geschlossen, der Wind weht.

«Ist genehmigt», sagt Ida nach einer langen Minute.

Eine Umarmung von Ole, er schiebt zwei kastaniendunkle Strähnen unter den Rand ihrer Mütze. Und schreitet in die Hochebene hinein. Ida bleibt nah hinter ihm.

Gebüsch tut sich am Weg auf, erst nur dünn, dann dichter, höher, als könnte man ihm beim Wachsen zusehen. Idas Blick wandert mehr und mehr von der Weite hin zu diesen Sträuchern. Irgendwann geht sie vom Weg ab. Zieht die Handschuhe aus, besieht und betastet Zweige, achtsam, wie wertvollen Schmuck.

«Strauchräuberin!», ruft Ole lachend. «Ist denn da schon etwas?»

Ida gibt nicht auf. Nach einigen Metern bleibt sie stehen und winkt.

Er lächelt, ein bisschen weniger hell. Lenkt seine Schritte Richtung Graben. «Schiete!» Er verharrt, schüttelt nur den Kopf, als Ida näher kommt.

Sie wartet. «Geht's wieder?»

Ole flucht, leise. «Hier. Mein Kreuz …»

Die Hochebene wird schmaler, zurrt zusammen wie ein Reißverschluss und steigt an. Als Ole wieder stehen bleibt, legt Ida ihm die Fingerhandschuhhand auf den Rücken. Massiert leicht, über der Jacke.

«Danke», flüstert Ole, und, weniger kläglich: «Du Motivationskünstlerin.»

Ida legt den Zweig ab und die andere Hand an seinen Rücken. «Ich kann dich nur nicht auf meine Schultern heben», sagt sie, «wie damals, beim Sportfest anno 53.»

3

Noch so viele unentdeckte Kleinode warten auf uns, auch ungeahnt nah. «Was brauchen wir Spanien», sagen wir uns immer wieder, «oder gar Amerika.» Zwar waren die Reisen zu Mirabella oder François, meinen «Deutsch für Ausländer»-Schülern, lehrreich und interessant. Aber im Grunde genügt es uns, kleinere Kreise zu ziehen. Nur unseren Söhnen und Sohnfamilien würden wir gern diese Gegenden auch zeigen. Zusammen mit ihnen, mit wenigstens einem oder zwei der Enkel, nicht wahr, da sind wir uns einig; zusammen wären die Reisen noch schöner. Ob sie nun einen Tag dauern oder, wie diesmal, eine ganze Woche.

Auf der Heimfahrt aber ist unsere Stimmung wie das Wetter. Nebel und Nieselregen, Tristesse. Wir hängen unseren Gedanken nach. Vom Band kommen Beethovens und Mozarts Kompositionen. Der Blick nach draußen reicht nicht weit, nur Umrisse zeigen den Weg zurück nach Weimar.

Dann müssen die Koffer die lange Treppe hoch. In der Wohnung angekommen, fühlen wir uns zunächst etwas fremd. Wie immer, wenn wir einige Zeit verreist waren. Ich bin nicht mehr sicher, ist es uns auch in der vorigen, größeren Wohnung, als die drei Söhne noch mit uns lebten, so gegangen?

Die Zimmer kalt, fast würde ich sagen, gealtert, laden uns

nicht zum Platznehmen ein. Wir müssen ihnen erst wieder Leben einhauchen. Selbst Vladi schleicht argwöhnisch um uns herum. Oder will er uns spüren lassen, dass er beleidigt ist? Es dauert etwas, bis er wieder anfängt, zu schnurren, wenn wir ihm das Fell kraulen. Dann aber reibt er sich an unseren Beinen. Wir stellen die Grünpflanzen an ihren Platz. Manche haben welke Blätter, obwohl die Erde feucht ist; auch sie haben sich verlassen gefühlt.

Nur die Koffer schnell auspacken, damit sie nicht den Eindruck verstärken, wir seien noch nicht ganz da. Die Heizung wird ein paar Striche höher gestellt, Teewasser aufgesetzt, der erhebliche Postberg gesichtet. Zeitungen, Briefe und allerhand Überflüssiges. Wir sortieren, der Tisch wird allmählich leerer, der Papierkorb füllt sich mit Werbeblättern. Briefe dagegen wecken sofort unsere Neugier. Jeder will gleich vorlesen, entscheidend aber ist der Absender. Mal darfst Du, mal darf ich dann einen der Briefe öffnen und lesen, im Wechsel.

Und schon klingelt Gertrud Wiethaupt, überbringt die neuesten Nachrichten aus dem Haus und der Straße, auf ihre etwas forsche Art. Und wir bringen unseren Dank für die Betreuung und Fütterung Vladis an. Allmählich fassen wir wieder Fuß.

Am Abend gleich soll uns ein länger eingeplanter Vortrag wieder im Kulturleben unserer Stadt empfangen. Auf dem Hinweg – eigentlich sind wir wie immer in Eile – springt uns in einer ruhigeren Straße unweit der Stadtbücherei eine Baugrube ins Auge. Das Schild dabei ist ansprechend, ein Mehrfamilienhaus wird gebaut. Kaum Zeit, alles anzusehen, der Veranstaltungsbeginn rückt bedenklich nahe. Und verunsichern könnte uns die örtliche Nähe zum früheren Marienhaus-Krankenhaus, in dem damals meine Mutter gestorben ist. Dennoch, kaum scheint überhaupt eine Aussprache nötig: Beide sind wir aufgeregt, elektrisiert. Könnte es sein, dass sie in dieser Sandgrube wartet, unsere Zukunft?

Trotzdem, am Ende des Tages, wie gewohnt, diskutieren wir ein bisschen, ob Vladi auf dem Sofa Platz nehmen darf. Er nutzt unsere Uneinigkeit aus und springt an meine Seite. Mit mir kann er es ja machen.

4

Sie bleiben gleich hinter der Türnische stehen, zur Orientierung. Im Zimmer ist es dämmrig, trotz der breiten Fenster. Ein großer, lang gestreckter Raum. Graues, unklares Licht fällt herein, Felsenhöhlenlicht, mitten am Vormittag, gefiltert von der Baustellenplane, die noch vor allen Fenstern hängt.

Der Makler wagt sich am weitesten vor. Ida sieht ihn prüfend an, als er, mit ausgestrecktem Arm, «Fast ein Tanzsaal!» sagt. Sie lächelt und schaut sich um, über den Brillenrand hinweg. Ein Zimmerrohling wie aus zwei Zimmern gemacht, einem größeren, einem kleineren. Metallstützen sichern noch die Decke, als wäre sie ein Patient aus dem alten Krankenhaus gegenüber. Offene Leitungen haben eine Wand befallen wie Schlingpflanzen einen vergessenen Park. Auch die Fenster zur kleinen Terrasse sind noch planenverhängt. Rohrstücke liegen auf dem nackten Boden, Werkzeuge. Kurz strauchelt Ida mit ihren dünnen Knöcheln. Sie sagt nichts.

Der Makler wartet, wendet sich zu Ole.

«Ja, die schmale Wand zum Flur aus Glas, das hätte was», sagt Ole. Er lächelt, ein Lächeln wie ein Händedruck. Dann folgt er Idas Blick zum breitesten Fenster. Schweigen.

«Machen Sie sich in Ruhe einen Eindruck», sagt der Makler. Er geht durch die Türöffnung, durch den kleinen Flur und dahin, wo seine Aktenmappe liegt. «Herd» steht mit Kreide dort auf der rohen Wand.

Ole macht eine Runde durchs Zimmer, betastet die Terrassentür. «Ach, Idchen!», sagt er.

Ida steht noch beim drei Flügel breiten Fenster.

«Terrasse. Fast ein richtiger Garten. Das kleine Gästezimmer drüben ...» Ole kommt näher zu ihr. «Bald noch besser als das tolle Angebot An der Lehne, oder? Zwei Lokusse!» Er lacht. «Kein Gang mehr zur Mansarde nötig, wenn Gäste da sind. Und», er dämpft etwas die Stimme, «dass es im Frühling fertig sein soll, wenn unser Mietvertrag endet, das ist doch Fügung.» Er drückt mit beiden Händen ihre Hand. «Vielleicht dann wirklich eine Wohnung, die wir nie mehr wechseln müssen!»

Ida macht eine unklare Bewegung, schaut noch immer konzentriert zum breiten Plastikplanenfenster, wie in ein Aquarium.

«Wie konnten wir denken, dass das funktioniert?», sagt sie plötzlich laut.

Ole dreht sich erschrocken zum Flur. Das Telefon des Maklers klingelt draußen.

«Dir entgeht das doch nicht!» Sie schreit nicht, aber wirft Ole die Worte hart vor die Füße: «Direkt gegenüber muss es gewesen sein. Da!»

Durch die Bauplane sieht das, wo sie hinzeigt, wie eine Unterwasserlandschaft aus. Unter Wasser eine Straße, nicht breit, unter Wasser eine niedrige, übriggebliebene Mauer, unter Wasser ein Abrisscontainer mit letztem Schutt, ein halbaufgereckter Kran. Hinten ein roter Giebel wie aus der Renaissance.

Ida tippt gegen die Plane: «Hier vorn ist noch ein Stück Mauer vom Krankenhaus, stimmt's? Dort war der Inneres-Trakt.»

Ole nickt.

«Dann war da das Zimmer. Das Sterbezimmer meiner Mutter! Haargenau gegenüber.»

Ole atmet tief. Nimmt sie fest in den Arm. Trotz ihres Mantels können seine Finger den Oberarm fast ganz umfassen.

«Ja», sagt er. «Vor ...»

«Vor drei Jahrzehnten», sagt Ida leise. Hört seinem Atem zu. «Wie hat sie gesagt?», flüstert sie dann.

«‹Ach, Kinder, ist das Sterben schwer›», sprechen verhalten beide zusammen.

Die pfützendunkle Plane am Fenster knistert sachte. Eng beieinander schauen sie die Unterwasserlandschaft an. Die schon sommerrunden Straßenbäume. Den halben Kran, den Container, den geschwungenen Giebel dahinter. Paletten mit Ziegeln ganz vorn.

Nah an Idas Scheitel sagt Ole, leise: «Und jetzt wird da drüben alles anders.»

Sie lehnt den Kopf an seine Wange, Stirn und Augen versteckt, für einen Moment oder zwei.

5

Wir wundern uns manchmal, dass wir keine Freunde haben. Eine Menge Bekannter haben wir und auch Brieffreundschaften, die vor allem ich pflege. Aber so richtige Freunde?

Die Treffen mit Deinem Freund Leonhard, bei denen es zu vertrauten, intensiven Gesprächen kommt, sind nicht häufig, wohnt er doch nicht nahe genug; auch unser Umzug innerhalb von Weimar wird daran nichts ändern können. Zu alten Schulkameraden pflegst Du keine Verbindung. Und wenngleich ich mich auf die Treffen mit meinen Schulfreunden freue, sind es nur lockere Kontakte. Andere, aus gemeinsamer Ausbildung und Arbeit geknüpfte Bekanntschaften kann man nicht Freundschaften nennen. Begegnungen bleiben zufällig, Gespräche allgemein.

Brauchen wir Freunde? Echte Freunde, denen man sein Innerstes anvertrauen und auch das Gleiche von ihnen uneingeschränkt erwarten kann, haben wir wohl nicht?

Aber letzten Endes bedürfen wir – jedenfalls bis jetzt – ihrer wohl auch nicht als Lebensstütze.

Wie sagtest Du doch einmal in einem Gespräch bei Bekannten? «Mein bester Freund ist meine Frau.» Danke!

6

Um den kurzen Flur fünf Türen, halb offen, ganz offen, auch die Wohnungstür nur angelehnt. Kein Mensch zu sehen. Aber Musik schleicht in den Korridor, Musik aus zwei Radios oder dreien. Eine Sinfonie, gewürzt mit Rauschen aus dem Bad, mit Kaffeemaschinenräuspern und Singsang aus dem Gymnastikfernsehen.

Dann eine Stimme, fern zuerst, hell, warm und dunkel doch auch. Wie eine Bratsche in der Flursinfonie. Und Schritte, hausschuhleise. Die Wohnungstür wird ganz aufgestoßen. Noch auf der Schwelle geht Ida leicht in die Knie, der Kater springt von ihren Armen.

Ole kommt aus dem Bad. «Guten Morgen noch mal, meine Liebe.» Er sieht den müden Kater. «Ach!» Er lacht. «So warst du unten?», sagt er näher kommend zu Ida. «Ich staune ...»

Ihre Hände ziehen den Morgenrock über dem am Bauch knittrigen Nachthemd zu.

Oles Finger streifen den leichten Stoff. «Ich freue mich ja», flüstert er und gibt ihr einen Kuss auf den Hals. «Freue mich doch sehr, wenn du dich frei fühlst mal.»

Der Kater mauzt, gegen den Türrahmen gelehnt, sieht misstrauisch zum Morgenmantel-Tanzpaar in der Mitte des Flurs.

«Vladi wollte wieder nicht recht laufen an der Treppe», sagt Ida schnell. «Ach, wie viel besser wird er es dann haben! Von der Terrasse einfach rein.» Und, während sie dem Mauzen hinterhergeht, dahin, wo die Kaffeemaschine brodelt: «Die Küche dort ist auch größer, Ole, oder?»

7

Sommer und kein Ende, wunderschön, vom frühen Morgen an. Eigentlich wohnen wir wie im Garten. Noch. Wird es in der anderen Wohnung genauso sein?

Es blüht in den Büschen, duftig im Schatten, grell in der Sonne. Auch um den grauen Putz am Hauseingang rankt sich ein Zweig mit gelben Rosen. Am Zaun Blüten in den verschiedensten Farben. Stiefmütterchen sind dabei, Nelken, ein paar Vergissmeinnicht, Löwenmaul. Noch aus dem Küchenfenster sehe ich Staudenpflanzen und ahne die winzigen Sonnen der Gänseblümchen im Rasen. Wie kann man diese fleißigsten der Blumen als Unkraut betrachten? Und doch werden sie von manchen Rasengärtnern entfernt. Aber es dauert nicht lange, und sie sind wieder da.

Auch Vladi ist da. Er hat sich einen Platz in einem weißen Blumenpelz vor der Garagenmauer gesucht und sich eingerollt. Du sagst, er genieße das Leben.

Genießen, ja, auch ich möchte das an einem solchen Tag. Jede Stunde im Haus, in der Wohnung scheint mir vergeudete Zeit. Ich möchte hinaus. Nicht unbedingt wandern. Wie lange schon, seit Jahren, ist es mein Wunsch, einmal einen ganzen Tag im Park zu verbringen, Zeit zu haben, auf einer Bank, hineinzuhorchen, mich zu vertiefen in die umgebende Natur.

Bei den Spaziergängen ist der Eindruck immer nur oberflächlich. Als schönes Beiwerk wird Natur zur Kenntnis genommen, als Dekoration unseres meist nüchternen Alltags. Wer kommt schon mit ihr zu einem wirklich vertrauten Verhältnis?

Vor ein paar Tagen habe ich mir Zeit gestohlen und einer Ameise zugesehen, über eine Stunde lang. Unermüdlich war sie beschäftigt, Nahrung zu suchen, winzige Körnchen zu transportieren. Hälmchen, doppelt so groß wie ihr eigener Körper, hat sie über Hindernisse bugsiert, verloren, wiedergefunden. Um keinen Preis hat sie von ihren Vorhaben abgelassen, sich wacker gegen Widersacher verteidigt. Spannend und offenbarend.

8

Nur in den mittleren Bankreihen sitzen Kinder, kippeln, ducken sich müde. Draußen auf den Fluren, auf dem Schulhof ist es siestastill. Idas Schritte kommen eilig, tack, tack, tack. Sie lehnt die Tür an, legt Mantel und Tasche auf einen Tisch vorn. Streicht ein, zwei fingerlange Strähnen aus der Stirn, noch außer Atem. Sie greift in eine Tüte. Ein paar Köpfe gehen hoch. «Für euch», sagt sie, ihre Stirn ist noch rot von der Eile.

«Das ist mal cool, Nachhilfeunterricht im Eisessen!», ruft ein Junge ganz rechts.

Ida folgt seinem Blick aus dem Fenster, in die hohen, grüngelb belaubten Bäume. «Linden», sagt sie sehr leise.

Die Kinder sehen sich an. «Meistens ess ich Softeis», sagt an der Türseite ein Mädchen, das als Erstes den Eisstiel freigegessen hat.

Ida nickt, ihr Atem geht wieder ruhig.

«Und wissen Sie auch, was Software ist, Frau Wächter?»

Sie zögert. «Schreib es doch mal an die Tafel.»

Widerstrebend geht der Junge nach vorn. Die Kreide quietscht.

Ein Mädchen lacht. «Wer?»

«Soft-wer» steht da in krakeliger, weißer Schrift.

Ida rührt sich nicht, schaut über den Rand ihrer Brille in die Runde. «Und?»

Ein Mädchen aus der hinteren Reihe steht auf und malt das Wort richtig.

Die Lehrerin wartet. «Fremdwörter», schreibt sie dann in Großbuchstaben darüber, dreht sich wieder um. «Würde denn auch ein ‹Vegetarier› gern Eis essen?»

Eine Dunkelblonde ruft: «Klar! Die essen nur kein Fleisch!»

Ida reicht ihr die Kreide.

«Wegetarier», schreibt das Mädchen mit dem Zopf.

«Denkt an die Vase», sagt Ida. «Das verflixte V. Das V wie W.»

Jetzt lachen zwei Jungs.

In Idas regelmäßiger Schrift steht dann «Vegetarier» an der Tafel. Und kleiner darunter: «Veteran». «Wer oder was könnte das sein?»

«Ein Gemüse… …verkäufer?», fragt das Mädchen neben der Tür.

Ida lächelt, die Brauen hochgezogen.

«Ein Club», sagt die Banknachbarin und hört auf, ihren Eisstiel zu bemalen. «Mein Uropa geht da, glaub ich, manchmal hin.»

«Ach?», sagt Ida. «Und wie alt ist er?»

«Noch viel älter als Sie.»

«Da hat er bestimmt viel erlebt?»

«Kann sein.»

«Denn das ist ganz richtig: Veteran kommt von einem lateinischen Wort, das alt bedeutet. Vetus. Veteranen haben schon viele Erfahrungen in ihrer Sache. Und oft sind sie auch ausgezeichnet worden.»

«Kriegsveteranen!» Der Fensterträumer dreht sich begeistert um.

«Zum Beispiel», sagt Ida. «Eigentlich: leider. Es gibt auch andere, manche vielleicht unmodern heute. Parteiveteranen», und, kaum hörbar: «Arbeiterveteranen.» Ein Blick zu den grüngelben Linden, dann schreibt sie unter die anderen Wörter: «Veterinär.» «Und der?»

«Na, muss doch …» Der Fensterjunge, den Holzstiel im Mundwinkel wie ein Westernmann, bricht ab. Das Mädchen hinten hat die Augen geschlossen. Der Eisstiel der Künstlerin neben der Tür ist von dunklen Ornamenten überwuchert.

«Kleine Hilfe: Ein Veterinär ist ein Arzt.» Idas Hände ordnen die Unterrichtsblätter.

Die Antwort kommt schnell: «Ein Arzt für ältere Menschen!»

9

Mal schlafe ich neben einem Butler, mal neben einem General. Wenn ich einige Zeit nach Dir ins Bett schlüpfe, liegt auf der anderen Seite eine Gestalt mit einem roten Wollschal um Bauch und Rücken, wegen vermeintlicher Unterkühlung: General. – Oder eine Gestalt mit einem weißen Baumwollhandschuh über der allergischen Haut der rechten Hand: Butler.

Gestern Abend waren es gleich beide: General und Butler. Das ist der Spätherbst.

Wachsam und feinfühlig bist Du gegenüber Deinem Körper. Schon kleine Unregelmäßigkeiten machen Dich nervös. Das dicke Medizinlexikon liegt immer im Nachttisch, umrahmt von einer Armee von Tuben und Fläschchen; egal, ob der General oder der Butler Dienst hat. Ganz verschiedene Ärzterufnummern sind für jederzeitigen Gebrauch im Adressbuch des Telefons eingespeichert.

Dass ich manchmal über diese Eigenheiten lächle, nimmst Du mir nicht übel.

Wenn Du nur nicht auch mich in Deine Vorsorge einbeziehen würdest. Ich wage nicht, zu husten, um nicht gefragt zu werden, ob ich mich erkältet hätte; oder zu niesen, was Dir jedes Mal «selbst weh tut». Knurrt mein Magen nachts, fragst Du: «Soll ich dir eine Tablette holen?» Drehe ich mich einige Male im Bett um: «Kannst du auch nicht schlafen?» Also vermeide ich, mich umzudrehen. Ich bemühe mich, kleine Unpässlichkeiten zu verstecken. So erwecke ich den Anschein, dass es mir gutgehe. Um möglichst häufig meinen Ole anzutreffen und nicht gemaßregelt zu werden von einem Butler oder einem General.

Denn ich weiß, Du brauchst auch meine Unterstützung. Gerade jetzt, wo wir immer wieder, zwischen oder nach den Tagesaufgaben, einen Blick in unsere Zukunft werfen. Wie aufregend, und anstrengend auch. Meist schaffen wir das, wie heute, erst mit dem aufziehenden Abend. Wenn die alten Kastanien schräg gegenüber schon kahle schwarze Silhouetten vor einem graurroten Himmel sind. Manchmal sehen wir noch Arbeitslicht hinter einem der Fenster in unserem neu gebauten Wohnhaus, in «unserer» Wohnung oder in einer der sechs anderen. Das Baulicht macht Zimmer und Schatten dramatisch besonders, als gehörten die erleuchteten Fenster zu einem lebensgroßen Weihnachtskalender. Und wir freuen uns wie die Kristallkugelseher über jeden in der Wohnung ahnbaren Fortschritt: darüber, dass die Decken frei und sicher stehen können, ohne Krücken, oder dass die Elektroleitungen gezähmt wurden, die erst noch urwaldwild durchs Haus wucherten. Auch freut uns, dass die Wände richtige, freundliche Wohnungswände werden, ohne offene Stellen und Schrammen. Und sogar erste Gemütlichkeit soll es bald geben, die Heizung und den Holzfußboden. Der wird uns schon gut aufnehmen, mein Ole, oder von mir aus auch mein Butler, mein General und wen Du sonst noch zu bieten hast.

10

Das Telefon klingelt. «Ihr müsst sofort kommen!» Eine Stimme wie die eines Geistes, durchdringend, brüchig und hart.

Ida fährt zusammen: «Wer … wo …»

«Zu mir!», so die Geisterstimme empört. «Nach Zeitz!»

Ida hält den Hörer niedriger. «Deine Tante Wilhelmine.»

Ein Schatten hinter den Streifen aus milchigem Glas, Ole kommt durch die Verbindungstür.

«Guten Tag, Wilhelmine. Ja. Ach!» Seine Stirn legt sich in Falten, er bleibt still, den Hörer am Ohr.

Hinten am Schreibtisch lauscht Ida, wie die alte Tantenstimme bei manchen Silben kippt, dann aus dem Hörer bis ins Zimmer schlägt. Sie zieht die Schultern ein wie unter scharfem Wind.

Mit einem Kopfschütteln legt Ole auf.

«Was ist», sagt Ida, «hatte sie wieder Angst in der Dunkelheit gestern?»

«Na, eher zu wenig Angst, erstaunlicherweise.» Er setzt sich auf einen der Esstischstühle. «Sie hat am Abend gebadet und ist nicht mehr aus der Wanne gekommen! Das Badeöl war schuld, sagt sie ... Hat gerufen, aber zu schwach. Niemand im Haus hat das gehört. Auch Klopfzeichen – ohne Erfolg.»

«Aber es scheint ja gut überstanden.»

Ole lacht leicht auf: «Ja ... Nach einer Nacht in der Badewanne. Am Morgen haben sich Nachbarn über die zugezogenen Gardinen gewundert und dass die Zeitung noch im Briefschlitz war. Sie wollten helfen, dann war aber die Wohnungstür verschlossen, der Schlüssel hat von innen gesteckt.»

Ida sitzt ganz gerade. «Und nun?»

«Die Tür wurde aufgebrochen, Tante Wilhelmine verkühlt und zitternd gleich ins Krankenhaus gefahren.»

«Das tut mir leid», sagt Ida.

Beide sehen sich an, sie mit dem Schreibtisch, Ole mit dem Esstisch im Rücken.

Idas dünne Finger drehen ein Tipp-Ex-Fläschchen. «Ich kann jetzt nicht neuerlich nach Zeitz fahren», sagt sie leise.

Der Kater stromert vorbei und ins Erkerzimmer, Ole sieht ihm zerknirscht nach.

«Schon wegen des Unterrichts nachher, die erste Stunde wieder für die Jugendlichen im Asylheim.» Sie stellt das Fläschchen auf den Schreibtisch. Der Kater im Erker zuckt kurz zusammen und streckt wieder den Hals, für den Blick auf die nasse, kleine Kreuzung zwei Stockwerke tiefer.

«Also gut», sagt Ole, «ich fahre allein.»

11

Mein Unterricht mit den anstelligen rumänischen Mädchen ist geschafft, ein nötiger Gang zu einer der Frauen aus dem Frauenbund auch. Ich bin nach Hause geeilt, nun atme ich durch.

So oft im gedrängten Aneinander von Tätigkeiten des Alltags wünsche ich mir, mal ganz für mich zu sein, zu lesen, zu hören, Gedanken nachzuhängen. Ich freue mich also ein bisschen sogar, gerade ohne Dich zu sein. Das nimmst Du mir doch nicht übel? Und ich nutze diese Stunden, Du kannst es Dir denken, zu einem guten Teil an der Schreibmaschine.

Seit langem einmal wieder fliegen meine Gedanken in mein altes Zuhause oder, wie ich es lieber nenne, in mein Kindheitszuhause. Gönne ich mir diesen Luxus, ein wenig abzutauchen in so weit weg liegende Gefilde? Ganz rein ist mein Gewissen nicht. Aber dann denke ich: Wann, wenn nicht an einem freien Abend wie dem heutigen?

Und ich ahne nun auch, warum mein Kopf gerade jetzt, trotz so viel Drucks, die Reise nach Hinterpommern anzutreten, auf die Idee kam: Am östlich rollenden Zungenschlag der rumänischen Asylmädchen könnte es liegen. Er erinnert meine Ohren an nicht wenige Begegnungen in meiner Jugend. Womöglich an das ukrainische junge Mädchen, das einige Wochen lang beim Ernteeinsatz auf dem Kartoffelfeld meine Nachbarin war. Wir waren beinahe im gleichen Alter, nur musste sie als «Fremdarbeiterin» barfuß arbeiten und in einer Scheune hausen. Ich habe ihr meine festen Schuhe und Kleidungsstücke geschenkt, aber aus meiner Haut als insgesamt noch naives, verblendetes «Jungmädel» kam ich dennoch nicht. – Noch nicht. Ein Jahr später sah das anders aus, und ich war plötzlich früh erwachsen. Die traurigen Augen dieser Ukrainerin, mit der ich wenige Wochen lang gefrühstückt hatte auf dem Kartoffelfeld, sie verfolgten mich noch nach dem Krieg. Wie ihre Stimme wirklich klang, das kann ich höchstens noch träumen.

In jedem Fall aber hat mich das östlich rollende R der rumänischen Schülerinnen heute an unsere gute Schwägerin Lori erinnert, die ungefähr zu dieser Ernteeinsatzzeit in mein Leben und bald in mein bescheidenes hinterpommersches Elternhaus kam. In das Landstädtchen, das, geschützt wie in einer großen Schale, in einer breiten Talsohle sitzt. Ein sonderbares Städtchen: ohne wirkliches Gebirge ringsumher; in einem komfortablen Flusstal für nur ein schmales Fließ. Und mir schien, dass Lore sich schnell wohl gefühlt hat. Zwar ein paar Jahre älter als ich und schwangere Braut meines Bruders, aber ein Landmädchen auch. Ich denke, dass sich ihre Kindheit im noch tieferen Osten, in diesem heute nicht polnischen, sondern ukrainischen Landstrich mit dem für mich damals zauberhaften Namen Wolhynien, in vielem nicht sehr von meiner Kindheit unterschieden hat. Nur war das Leben wohl noch dörflicher als unseres, mit mehr Feldarbeit und mehr Vieh, und in ihrer Schule sprach und lehrte man nur wenig Deutsch.

Eine Umsiedlungsgeschichte hatten auch meine Eltern hinter sich (tja, mein gesegneter Ole, im Gegensatz zu Deinen). Doch dieser Neuanfang und manche damit verbundene Unbill (wie mehrere Versuche, ein Haus zu bauen) lagen lange genug zurück für etwas Gartenlaubengelassenheit. Denn wenigstens dazu hatten es meine Eltern gebracht: zu einem Gartengrundstück am See, mit viel Wachsen und Werden und einer Laube aus Feuerbohnen. Was für ein Glück!

Die Umsiedlung von Lores Familie aber, nun ja, «heim ins Reich» war vor wenigen Jahren erst geschehen. Und Lores Umzug wiederum aus Zentralpolen zu uns etwas weiter westlich hatte auf eine Weise, die wir noch nicht ahnen wollten, unsere unfreiwillige, harte gemeinsame Reise vorweggenommen. Lore jedenfalls war froh um etwas Behaglichkeit in unserer kleinen Wohnung in Schkupa. So sehe ich sie noch mich auf Gängen begleiten, mit ihrem wachsenden Bauch. Auch mit ihrem Mann, Heinz, meinem lustigen, gewitzten Bruder, war ich gern spazieren gegangen, eigenartig stolz, wenn junge Frauen ihm in seiner Uniform nachsahen.

Bei fast jeder Überquerung des kleinen, nahen Flüsschens tauchte ich mit meinen noch kindlichen fünfzehn Jahren mindestens einen Blick hinein. Zunächst, mit Lore, war die Blätterdecke über dem Ufer noch schattenspendend dicht wie ein Höhlendach. Manchmal im fortschreitenden Herbst schlüpften wir unter dieses dichte Flussbäumedach wie in einen Schutztunnel und freuten uns, dass es dort länger grün blieb als anderswo. Irgendwann fielen dann die Blätter sehr schnell. Doch auch im Winter gingen wir; solange die hochschwangere Lori das noch konnte. Zweige, schneeschwer, brachen manchmal auf das erstarrte Wasser. Die Weihnachtszeit 44 war kerzenarm und kurz. Und egal, wann und wie sehr ich meinem Flüsschen hinterhersann: Sie lachte mich nicht aus und folgte seinem Lauf mit ihren wehmütigen Augen. Freudenträne hatten wir schon als Kinder das Stadtfließ auch genannt, von seinem polnischen Namen.

12

Ida kaut lange, schaut auf regenschwarz glänzende Winterbäume vor der grell beschienenen Hauswand gegenüber. Die zweite Brötchenhälfte wirft sie in den Müll. Spült eine Tasse und einen Teller im Zwielicht des Morgens. Das kleine Bad sieht dürftig aus in diesem Licht. Die Sonne müht sich am trüb gestreiften Glas der Wohnzimmerverbindungstür. Die Wohnung liegt still.

Bis das Telefon klingelt. Ida stolpert an der Glastür fast über den Kater, streichelt ihn kurz.

«Idchen?», ruft es aus dem Hörer. «Guten Morgen!»

«Ach …»

«Wie geht es, gut geschlafen?»

«Gut, wie meistens, im Gegensatz zu dir.»

«Ja, hier auf Tante Mines klapprigem Gästebett …» Oles Telefonstimme klingt aufgekratzt. «Aber ich höre doch was? Ist einer nachts oben geblieben, verbotenerweise?»

«Soll ich das leugnen?»

«Dann hattest du einen Tröster. Ich war ganz allein.» Er lacht, hüstelt.

Der Kater mauzt noch einmal und schleicht aus dem Zimmer.

«Ja, wie man's nimmt … Vielleicht ist das lächerlich», sagt Ida, «aber … ich glaube fast, dein Schnarchen hat mir gefehlt.»

Pause, ein paar Augenblicke lang. Im Hörer Oles Atmen, rund und rauschend, wie ein Fluss hinter dem nächsten Haus. Und Idas feinerer, entfernterer Atem.

«Weißt du noch», sagt er, «wann wir zuletzt getrennt geschlafen haben?»

Sie überlegt. «Wenn einer zur Kur musste, als wir noch gearbeitet haben. Oder, ach, zuletzt vielleicht, als du im politischen Lehrgang warst, an den Wochenenden immer, vor deinem Vorruhestand.»

«Ja, in Leipzig … in den Wendemonaten.» Ein paar Momente lang rauscht der Atemfluss für sich.

«Wir sind verwöhnt, oder?», sagt sie. «Anders als deine Tante Wilhelmine.»

«Das ist wohl so. Wobei», seine Stimme wird wieder fester, «gerade ist sie weniger allein, mit drei Mitpatienten im Zimmer.»

«Und klagt?»

«Wie es aussieht, ist sie eher stolz, dass sie im Mittelpunkt steht. Und sei es durch ein Wannenabenteuer.» Ole spricht vorsichtig heiter, krankenhausgemäß. «‹Hattest du nicht Angst vor Lungenentzündung?›, habe ich sie gefragt. ‹Ach i wo›», er ahmt den schrillen, brüchigen Tonfall nach. «‹Lungenentzündung hatte ich ja schon zweimal.›»

13

Du setzt Deine schwarze Mütze auf, «Chauffeursmütze» nenne ich sie so gern. Du verweist mich auf Deine vielen anderen, hellen Mützen. Warum? Du bist doch ein wunderbarer Chauffeur. Zum Bahnhof fährst Du diesmal. Und nach einer Viertelstunde stehen an der Wohnungstür hinter Dir mit großen Rucksäcken Ella und Marta. Sie lachen mich an, glückliche Tage erwartend und verheißend, in den letzten Winterferien, bevor auch Marta keine Schülerin mehr ist. Und wenngleich unsere ältesten Enkeltöchter nun erwachsen sind, am Willkommenseindruck hat sich nichts geändert: Unser Leben bekommt einen Schuss Frische, Leichtigkeit, Kurzweil. Schön und ein wenig anstrengend manchmal, mit viel neuen Eindrücken und Bewegung.

Aber ein neuer Eindruck überrascht sie: «Was, keine zwei Monate mehr hier?» Sie schauen aus allen Fenstern, selbst aus dem kleinen oben beim Mansardenklo. Vielleicht suchen sie Vladi, doch vor allem gehen sie durch die Räume wie durch ein Museum. Sind sie vergangenheitsbezogener als wir? Eigenartig, wo sie doch das Leben vor sich haben.

Wir beiden «Alten» blicken voller Vorfreude nach vorn, in unsere fast fertiggestellte neue Wohnung, die keine Verbindungstür, aber dennoch ein doppelt großes Wohnzimmer hat. Und die Enkelinnen wiegen die Häupter und sinnieren nach drüben zum Haus in der Pieperstraße, das uns vorher viele Jahre eine so gute Wohnstätte geboten hat. – Auch, als sie noch Kinder waren.

Sollte uns die melancholische Wertschätzung unseres langjährigen Domizils nachdenklich machen? Ach … Weißt Du noch, schon vor Jahrzehnten haben wir uns gesagt: Uns fehlt zum Glück für niedergedrückte Stimmung die Zeit.

Auch jetzt ist einiges zu tun. Die blaue Stunde aber versammelt uns um Fotoalben und Sofa. Es wird erzählt, gefragt, gestaunt, gelacht, der Abend wird lang. Vladi schnurrt zusammengerollt zwischen uns. Als Du ihn irgendwann nach unten trägst in die kalte Nacht, sträubt er sich mit allen müden Pfoten.

Wir möchten auch noch sitzen bleiben. Bis Du findest, es sei nun Zeit, ins Bett zu gehen. Und Ella sagt: «Ach, Opa, wieder müssen wir ins Bett, weil Du schlafen willst?»

Ganz unrecht hat sie nicht, unsere direkte Enkelinnenälteste. Dass Du mir so oft mein Nachthemd ins Wohnzimmer bringst, selber im Pyjama schon, erscheint dadurch in einem anderen Licht. Aber soll ich Dir etwa böse sein, wenn Du meinst, ohne mich nicht schlafen zu können, keine Nacht und nicht mal eine Stunde?

Auf weniger fordernde Art geht mir das wohl ebenso.

14

An der alten Tankstelle stehen unterm Flatterband Autos zum Verkauf. Danach ein verblichenes Schild: «Mosterei».

«Bringt ihr noch manchmal Obst hin?», fragt Marta.

«Ja», Ida wirft einen Seitenblick zu Ole. «Wenn uns Bekannte geerntete Äpfel schenken.»

Er fährt an, atmet durch. «Dass wir den Garten aufgeben mussten, war schade. Aber aus unerfindlichen Gründen war er ja dann fast nur noch Last.»

«Auf deinen Schultern am allermeisten.» Sie sieht seine leicht raue Hand an, am Gangknüppel, am Lenkrad. «Denn, eigenartig für ein Landkind, ich bin mit der Erde hier einfach nicht warm geworden. Leider.»

Ole lächelt, gutmütig, wehmütig auch. «Wo wollt ihr nun hin? Tiefurt? Kromsdorf mal?»

«Na, unseren Lieblingspark kennt ihr ja», sagt Ella, «auch wenn die Auswahl so herrlich schwer ist.»

Ohne dass er hinsehen muss, tastet seine Rechte nach dem Radio, nach dem Kassettenfach. Milde Klassik färbt die Landschaft.

Idas Blick wird angesogen von winterblassen Hügeln und Wiesen. «Wohin fahren wir?», fragt sie irgendwann. «Und die Rückfahrt schön über die Dörfer?»

15

Belvedere, du schöne Aussicht. Zu jeder Zeit, in jedem Gewand gefällst du uns. Wir kennen dich fast wie unsere Wohnung, gehen immer wieder an die gleichen Stellen, meist eine ähnliche Route: vorbei zunächst am Teich, am Irrgarten, wo Marta als Kind so wunderbar auf der Puttenbühne sang; und am gelben Schloss vorbei mit dem ersten «schönen Ausblick». Am Kastanienweg schreiten wir aus der Zeit gefallen zwischen hohen Bäumen und hoher Mauer, bis zum Ginkgo, dem Fossilbaum. Im Herbst wird hier nach Blatt-Gold gesucht, inzwischen machen das, glaube ich, fast alle aus der Familie. Ich trockne sie jedes Jahr gern, die goldgelben Fächer, und verschenke sie. Oder Du findest sie vergessen in irgendeinem Buch aus dem Regal und lachst.

Hinter dem Tor dann am Orangerieplatz sehe ich vor meinem inneren Auge unsere Enkel und Enkelinnen, als sie klein waren, Kutschen bestaunen. Ella und Marta staunen immer noch gern, über die Kübelpalmen zum Beispiel, die im gebogenen Glashaus aufgereiht sind wie besondere Kurpatienten.

Am Teehäuschen verweilen wir mit Blick auf Weimar und Taubach. Wir riechen ersten Vorfrühling, wir vermissen im Blumengarten die Blumen.

Und danach schlüpfen wir unters Dach der hohen Bäume. Buchensilberstämme, winternackt klagende Eichen und immer wieder auch exotische dauergrüne. Eine gewaltige Versammlung wächst den Abhang hinab, einige im Greisenalter, offensichtlich, aber doch erstaunlich standhaft. Nur «unser» Baum gibt Anlass zur Sorge. Niemals, bei keinem Gang durch Belvedere, verfehlen wir einen Besuch dieses Baumes auf halber Höhe am Hang. Wer hat begonnen, ihn als «unseren» zu bezeichnen? Du lachst, die Mädchen lächeln. Gut, so werde ich es wohl gewesen sein. Eine dicke, stämmige, fast – da hast Du recht – eine tote Rindenhülle ist das. Der Stamm halbhoch nur, das Obere wie von enormem Wetter weggebissen, mit gezacktem, schiefem Rand. Aus der Mitte aber ragt ein gertenartiger Lindenspross heraus. Der Anblick rührt mich jedes Mal, winters wie sommers: die aschgraue abgestorbene Hülle, dick genug allemal, dass zwei junge Frauen wie Ella und Marta darin Platz hätten, aber doch leer. Und trotzdem wächst da der schlanke, sich reckende Zweig, triumphierend und Leben verkündend, versucht, ein Ast zu werden, und ist sogar im Sommerhalbjahr belaubt. Wir bangen um ihn und wünschen ihm, dass er sich weiter kräftigen möge zu einem echten, irgendwann stattlichen Baum. Die Chancen stehen doch gut bei so viel Lebensmut und der Nachbarschaft. Oder?

Dann geht es weiter ins Parktal, das sich schräg hinabwindende Wegenetz entlang, hinein in einen grünen Schlund oder das, was der Winter davon ließ. Unten klimpert der Possenbach. Die künstlichen Brunnen und Grotten diesseits erfreuen unsere Enkelinnen, und jenseits, vorbei an den Possen des

Bachs, stehen Büsche und hohe Bäume dichter, zum Verlaufen wild, ganz und gar ein Wald.

Nach dem Essen dann fahren Ella und Marta ab. Unser Leben wird wieder eine Stufe grauer. Ein Trost: der Gruß, der sich zwischen den Gästebettkissen versteckt. Eine schöne Tradition ist das geworden, mit der auch Du stillschweigend wohl schon rechnest, wenn Du Dein gutgelauntes «Winke-winke» auf dem Bahnhof rufst?

Vorfreude auf einen nächsten Besuch wird auf der Karte bestärkt. Und: Wir beide seien eine Symbiose.

Es stimmt schon, einer ist nicht denkbar ohne den anderen. Wird nur einer von uns angetroffen in einer Veranstaltung oder auf der Straße, wird gleich gefragt, wo denn der andere sei. Verbindung nur «zum Nutzen» aber will mir nicht passen. Und überhaupt: Jeder führt doch auch ein Eigenleben, hat eigene Interessen, eigene Ideen? Allerdings hat unser jahrzehntelanges Zusammenleben dazu geführt, dass sich feste gemeinsame Verhaltensweisen und Einstellungen herausgebildet haben, bis in die sprachlichen Gepflogenheiten hinein. Man sagt, dass bei manchen Ehepaaren sich sogar die Handschriften angeglichen haben. Das ist bei uns nicht der Fall, aber unser Umgang miteinander ist zuallermeist rücksichtsvoll. «Harmoniesüchtig», wer hat uns das mal vorgeworfen? Vor allem ich muss mir wohl diesen Schuh anziehen. Doch einen schlimmen Fehler sehe ich darin nicht.

Oder haben wir zu wenig Streitkultur gelebt und zu wenig weitergegeben an unsere Söhne? So unterschiedlich sie sind, mit ihren Berufen heute zwischen Paketbote, Treppenbauer und Radioredakteur (immerhin sind alle wieder in Arbeit!) – alle drei haben sich starke, manchmal wohl bestimmende Frauen gewählt.

Ja, gestritten haben wir kaum. Wenn, dann über Nichtigkeiten, trotz und wegen übereinstimmender Interessen. Kein Grund zur Aufregung, wenn Du Dich in gutgemeintem Übereifer in meine Vorhaben einmischst. Ich wiederum plane Dich freimütig und selbstverständlich in meine Unternehmungen ein, was nicht immer Deine Zustimmung findet. Und doch überwindest Du Dein Lampenfieber und liest auf der Bühne Briefe von Tschechow zum Beispiel, kürzlich erst, obwohl Dir die Luft fast wegblieb (eigentlich passend zum lungenleidenden Tschechow). Oder Du setzt Dich, zwischen Mittagsruhe und Parteiversammlung, ins Auto, um meine spät fertiggestellten Einladungen zum Literaturtreff auszutragen. Weil ich den Führerschein nicht noch gemacht habe. Und weil eben Du mein Ole bist.

Und wenn nicht viel vorhanden ist, teilen wir: ein Stück Kuchen, eine Tomate, einen halben Apfel, eine Praline … Von anderen Leuten belächelt, manchmal.

Wir teilen auch den Schmerz, das Unwohlsein. Wenn Du niest, erzittere ich, Du kannst nicht schlafen, wenn ich noch wach liege, wenn ich huste, leidest Du, und wenn Du über Nichtigkeiten jammerst, versuche ich, Dich aufzurichten.

16

Pappkisten füllen das kleine Gästezimmer, eng an eng gestapelt, als sollte es eine Felsenhöhle sein. Nur in der Mitte ist ein Gang zur Veranda frei. In der weißen Veranda hockt ein Mädchen, drückt flüsternd den Telefonhörer über blonden Locken ans Ohr. Das lange Kabel spannt sich am Kistenfelsen entlang bis zur Steckdose im Flur.

Ida geht an der Tür vorbei, einen Lappen in der Hand. Zuckt im Ess- und Arbeitszimmer die Schultern.

«Was, Ivy immer noch am Telefon?» Ole steigt vom Stuhl an der Bücherwand.

Ida hält ihn zurück. «In diesem Alter muss das wohl so … Und wir sind doch ganz gut in der Zeit? Bis zum Termin nächste Woche.»

Er wiegt zweifelschwer den Kopf.

«Ach … Mein Pessimist.»

Später steht die Enkelin wieder zwischen ihnen. «Was kann ich denn noch machen? Abendbrot?»

«Willst du vorher mal was sehen?» Ida winkt sie zu offenen Schubladen unten am Bücherschrank.

«Ach, Idchen, dazu ist doch keine Zeit.» Ole kommt näher. Sieht zwischen Ivy und kleinen, vergilbten Schwarzweißporträts hin und her. «Ja, schon erstaunlich», sagt er versöhnlicher. «Bis auf die Haare.»

«Und ganz so fesch waren wir noch nicht», sagt Ida.

Die Enkelin lächelt still über den Bildern, etwas spöttisch, mehr aber überrascht. Unter ähnlichen Augen und ähnlichen östlichen Wangenknochen wie die noch jugendliche, schwarzweiße Oma.

Ein anderes Schubfach ist prall gefüllt mit Briefen. «Alles von Opa, ja?», fragt Ivy.

Ole faltet einen der Briefbögen auseinander. «Ach, nein …», sein Mund klappt zu.

«Tja, diese Kavaliere haben mir alle geschrieben, bevor ich Opa kannte.» Idas Lachen ist jungmädchenhaft wie auf alten Schulfotos, Ivy sieht noch erstaunter aus.

17

Ich wollte erst gar nicht heiraten, erinnerst Du Dich? Als wir dann heirateten, konnte ich mir nicht vorstellen, dass die Liebe Jahrzehnte überdauern könnte. Tja, bald sind es fünfzig Jahre. Und wenn Du mal einen halben Tag nicht da bist, fühle ich mich allein und verlassen. Du sagst, Dir gehe es ebenso.

Andere leben ganz anders. Zum Beispiel Tante Wilhelmine, die bis an ihr siebtes Jahrzehnt eine Jungfer war. Dann gab es drei, vier Jahre Eheglück, bis der noch ältere Albert starb. Und auch das ist ein Vierteljahrhundert her. Und wieder lebt sie das Leben einer alten Jungfer. Dass sie doch noch ins Pflegeheim ziehen musste nach ihrem Sturz in der Wanne, schien sie wenig zu stören. Vor drei Monaten haben wir ihren hundertsten Geburtstag gefeiert. Die Wochen zuvor hat sie sich an ihrer Vorfreude festgehalten; und am Tag selber war sie die Fröhlichste unter ihren Gästen. Für zwei Stunden. Dann wurde sie müde.

Nun hat sie nichts mehr, worauf sie sich freuen kann. Nun nimmt sie den Alltag im Heim trotz der guten Versorgung und Pflege wie eine Last. Ihre Beine tragen sie nicht mehr durch die Flure. Sie hat sich an einen Rollstuhl gewöhnt und daran, dass sie ins Bett gehoben werden muss. Die Ansprüche müssen kleiner werden, konzentrieren sich auf Essen, Schlafen, hie und da ein Gespräch mit Mitbewohnern des Heimes. Es verdrießt sie, dass ihre Zimmergefährtin kaum mit ihr spricht und dass sie nachts nicht schlafen kann, weil diese manchmal stöhnt. Ihre Freude aber über unseren Besuch heute ist groß, sie hat sich dafür fein gemacht. Sie spricht leise und undeutlich, wird ungeduldig, wenn wir sie nicht verstehen. Als es uns nicht gelingt, sie in ihr Bett zu heben, verlangt sie barsch nach der Pflegerin. Doch, verwunderlich, es gibt Wünsche, aufs Leben gerichtete: «Ich brauche einen neuen Rock, einen Schlafanzug, ein kleines Halstuch. Und ein paar Fläschchen Sekt und Butterplätzchen würde ich auch gern haben.» Dann ist der Gesprächsstoff zu Ende. «Nun könnt ihr wieder fahren, ich muss zum Mittagessen.» Ihr klein gewordener Kopf sinkt zwischen ihre Schultern, der Mund wird schmal und hart, die Augen müde. Wie eine uralte Schildkröte, die alles kennt und missbilligt und dennoch ewig weiterlebt. Erstrebenswert?

Mozart vom Band macht die Rückfahrt leichter, lässt uns fast durch die noch immer vorfrühlingsgraue Landschaft schweben. Kurz vor dem Ortseingang gestehe ich, dass ich persönlich keinesfalls so alt werden möchte. Und Du? Du schweigst hinter dem Steuer. Tante Wilhelmine ist ja Deine Tante, andere Deiner Familie sind ähnlich alt geworden. Mein Vater ist mit gerade 62 gestorben und hat am Ende bitterlich geweint.

Dass wir beide ein Alter erreichen würden, in dem wir alles noch mit Bewusstsein erleben können, hoffst Du, das sagst Du, als wir in die Kornstraße einbiegen. Und dass wir verschont bleiben mögen von Krankheiten, die das verhindern.

Ja, ein sinnvolles Leben zu führen bis zum Schluss, das wäre ein Traum; ein selbständiges Leben immer zu führen, ohne Siechtum.

Wann sind wir das letzte Mal Hand in Hand vom Auto zur Haustür gegangen? Ein Moment eigenartiger Romantik ist das, wie ein Abschiedsgeschenk unserer alten Wohnung kurz vor dem Auszug.

Vor der steilen Treppe im Hausflur hakst Du mich ein und sagst: «Und das Ende irgendwann möglichst gemeinsam erleben, das wäre das Schönste.»

18

Die Möbelmänner verabschieden sich, gehen polternd durch den Hausflur. Sind noch einmal kurz zu sehen draußen am Tor und hinter den Metallstreben des Zauns, die Beine gelb geschmückt durch niedrig blühende Forsythien. Der letzte Packer dreht sich um, als er die Ladeklappe am leeren Möbelwagen schließt, und winkt.

Ida grüßt vom Fenster aus hinterher. «Gerade er hat mich an euch früher erinnert», sagt sie lachend, ihre Stirn ist rosig. «Kaum zu glauben, als Kinder und junge Männer habt ihr alle drei so schön Thüringisch gesprochen.» Sie streicht Stefan über den braungebrannten Arm. «Und jetzt? Na, wenigstens ist unser Mittlerer unserer schönen Stadt treu geblieben.»

Stefan nickt knapp, sein Lächeln ist müde. Er lässt sich auf das Sofa fallen, das groß im schmalen hinteren Teil des Zimmers steht.

«Wir wissen das auch zu schätzen», sagt Ida, in der Tür zum Flur. Gleich danach kommt sie zurück. «Was wollte ich?», murmelt es, «Ach!», und geht wieder.

An Stefans Seite setzt sich Astrid, seine Frau. «Ob das Sofa hier richtig gut steht?»

«Wir werden sehen.» Ole bringt ein Tablett zum runden Tisch.

«Vielleicht hat es in die andere Wohnung besser gepasst?» Astrid schaut vom Sofa zur nahen Terrassentür, dann zu Oles Tablett.

«Eine kleine, schnelle Komposition ...», sagt er.

«Vielleicht kaufen wir auch noch eine neue Couch.» Ida klappert mit Besteck. «Irgendwann. Wenn wir uns entscheiden können.»

«Most mit Extra», Ole teilt aus, «als Willkommenstrunk.»

Die Gläser klirren.

«Wir danken euch für die Hilfe», sagt Ida lehrerinnenförmlich im Stehen. «Und wir hoffen ja, dass wir hier glücklich werden.»

«In der schönsten Wohnung», Oles Stimme klingt gerührt.

«Die wir jemals hatten, glauben wir, ja.» Sie blinzelt über ihre Brille.

Der Teller mit den belegten Broten leert sich.

«Nur Vladi, wo ist er denn? Der hat wohl noch keinen Hunger», sagt Stefan sprudelnd schnell.

Blicke streifen an den Füßen der noch uneingeräumten Schrankwand entlang, über Teppichrollen und gestapelte Kisten. Stefan ruft den Kater.

«Ach, lass ihn doch», lacht Astrid.

Ida nickt. «Muss sich ja auch erst eingewöhnen.»

Einer nach dem anderen lehnt sich zurück.

«Trinkt, Kinder, trinkt», sagt Ole.

«‹Und wenn wir nicht mehr …›» Ida sieht ihn an. «Der alte Ausspruch von deinem Kollegen.»

«‹Und wenn wir nich mehr stehn könn, dann legen wir uns dobi hen!›»

Die Badtür schlägt zu. Oles Lachen kommt vor ihm aus dem kleinen Flur. «Na, ich hab was wiedergefunden. Ganz oben in einer Kiste.»

«Den Kater?», fragt Stefan.

«Nein …» Ole durchquert das große Zimmer, hebt den Arm mit einem schmalen Band. «Was zum Schmunzeln. Schüttelreime! Passende.» Er schlägt das Büchlein auf, grinst bedeutsam in die Runde. «Es hat ja keinen Sinn zu hetzen», liest er prononciert. «Viel besser ist's, sich hinzusetzen!» Sein Witzeleserlachen kollert über das blanke Parkett.

«Und dann», er zeigt auf den Teller mit den restlichen Broten: «Schmeckt dir so schlecht die milde Wurst, dass du wie eine Wilde murrst?»

Stefan lacht auf, Astrid prustet gegen seine kurzen Locken.

«Noch einige wären möglich», sagt Ole mit vom Lachen halb verjagter Stimme. «Und für den Abschied heben wir uns diesen auf: Wenn ich nur eine Bimmel hätt, ich hing sie an mein Himmelbett!»

19

Mitten in der Einzugshektik gestern Besuch bei Schwägerin Lori anlässlich ihres achtzigsten Geburtstags. Ich denke, sie ist gerührt über meine kleine Schilderung unseres gemeinsamen Wegstücks damals, in den Wirren des Kriegsendes. Und über den Fußwärmer, dein Geschenk, freut sie sich auch. Ich probiere ihn aus und könnte neidisch werden. So ein Präsent würde ich auch annehmen, als Ausgleich für die oft nach meinem Empfinden zu niedrig eingestellte Heizung …

Fürsorgliche Bewirtung bei Lori, danach gemeinsamer, wenn auch recht eiliger Besuch in der alten Hanewacker Tabakfabrik – heute ein erstaunliches, nobles Zeitmuseum über mehrere Etagen.

Zügige Rückfahrt mit dem Auto. Schon blühen die Rapsfelder! Die Landschaft breitet sich vor uns aus wie ein leicht gekipptes, altmodisch vergilbtes Schachbrett. Das weite Gelb anzusehen – eine Erholung.

Wir wollen uns dann per Telefon, wie verabredet, zurückmelden. Das Festnetz funktioniert noch nicht, Dein neues Handy muss es leisten. Aber keine Antwort, trotz mehrfacher Versuche. Aufregung schleicht sich ein. Es wird doch nichts passiert sein!

Wir bemühen telefonisch ihre Söhne und ihre kranke Tochter, ihre Nachbarn im Haus, sogar die Polizei.

Wo ist sie, was ist geschehen?

Ich habe Ahnungen, die befremdlich sind und bestürzend. Ein Unglück? Oder ein Verbrechen? Oder – hat sie nicht Andeutungen gemacht, eines Tages …? Mit bangem Gefühl nicke ich, als schon Nacht ist, auf dem Sofa ein. Ich träume, dass Lore und ich wieder am Flüsschen Freudenträne spazieren gehen, sie mit ihrem schwangeren Bauch, aber wir beide sind alt, streifen am Wiesenrand entlang mit wehenden, weißen Haaren.

Dann weckt mich das Telefon, mein Puls pocht. Doch zum Glück, Lore selber ist dran, ganz aufgeräumt: «Ach, alles in Ordnung! Ich war noch bei einer Bekannten.»

20

Ida sitzt im großen Wohnzimmer unter dem breiten Fenster. Die Blumentöpfe auf dem Fensterbrett hinter ihr wie eine Girlande, in Geschenkpapier teils und mit bunten Kärtchen, «Zum Einzug viel

Glück». Vor ihr Bücher und handbeschriebene Blätter, hingefächert wie eine zweite Blumengirlande. Auf beide Handgelenke gestützt, neigt sich Idas Kopf der übergroßen Blüte entgegen, als würde sie daran riechen wollen.

Die Tür öffnet sich, Ole im Handwerkerkittel kommt eilig ins Zimmer. «Ach Gott!»

Ida fährt hoch, die Augen schläfrig klein. «Was ist denn?»

Er ringt die Hände. «Quäl dich doch nicht so, ohne Maschine. Ist denn das so dringend?»

Sie blinzelt schwer. «Ich will nur sichergehen, die Vorbereitung zu schaffen.»

«Aber so?» Ole zeigt auf Umzugsutensilien an der Seite, Rechnungen, Maßbänder, eine Teetasse. «Ohne Schreibtisch?»

«Er ist ja nun noch nicht geliefert.» Ihre Stimme bekommt eine gereizte Note.

«Du quälst dich», wiederholt er. «Und mich gleich mit. Du musst dich hinlegen.»

Ida nimmt die Brille ab, reibt sich das Nasenbein.

Ole setzt sich neben sie, legt den Kittel auf die Lehne. «Vielleicht sollten wir überhaupt regelmäßig Mittagsruhe machen.»

«Sollten, wir? Ach weißt du», energisch putzt sie die Brille, «sind wir nicht immer noch zwei eigene Köpfe mit eigenen Entscheidungen?»

21

Ich muss zur Ruhe kommen. Es ist schwer. Ich mag mich Dir kaum richtig anvertrauen, denn eigentlich ging doch der Umzug gut vonstatten, will ich meinen, dank viel Erfahrung vor allem bei Dir (ja, wie viele Wohnungen hatten wir allein in Weimar? Zehn? Mehr?) und dank guter Helfer. Aber eine seltsame Unrast macht mich manchmal zittrig, verzagt. Auch

Blumen können mich nicht trösten wie gewohnt; als hätten sie ihren Duft verloren. Die Vergissmeinnicht, die an der Mauer zum Nachbarhaus aus hundert Augen blinkern, haben womöglich noch nie sehr geduftet. Aber was ist mit dem Flieder im Park?!

Und die Tage verrennen. Die Dinge müssen sich ordnen, ihren Platz finden. Selbst manche Möbel fehlen ja noch. Die vielen Vorzüge der neuen Wohnung zu genießen, will mir bislang nicht gelingen. Dabei ist die Nähe zum Zentrum so viel besser als vorher. Unsere Füße können uns in wenigen Minuten zum Theater tragen, zum Goethepark, zum Markt. Selbst der Friedhof ist um die Ecke, Mutters Grab in einem Spaziergang zu erreichen.

22

Ole entfernt sorgfältig Pappe, Klebestreifen, Noppenfolie. Der Schreibtisch sieht aus, als würde er frösteln, ein rotstichiges Holz.

«Passt gut in die neue Wohnung», sagt Ida lächelnd. «Kalte Pracht.» Sie streicht über die Platte. «Und die Schreibmaschine fehlt noch. Kein Leben, keine Kratzer ...»

«Unversehrtes Kirschbaumholz.»

«Wenn ich Kirschbaum höre, sehe ich die Obstwiesen meiner Kindheit», sagt Ida. «Krumme Bäumchen, auf die wir leicht klettern konnten, am schnellsten die Ollsche, wenn sie wollte. Kaum vorstellbar, dass es genügend große Kirschbäume für die Möbelindustrie gibt.»

Ole testet die Schubladen und Türen am neuen Tisch. «Mein Freund, der Baum ...», singt er leise dabei.

«Oh, sing weiter», sagt Ida.

Er überlegt.

«... ist tot ...», ergänzt sie nüchtern. «Er starb im frühen Morgenrot.»

«Na ja …» Ole kniet sich mit einem Ächzer vor die unteren Fächer. «Ich glaube, es gibt sogar Plantagen für Kirschbäume», sagt er nach einer Weile des Arbeitens. «Und Kirschbäume können auch stark und hundert Jahre werden.» Er justiert ein Fach, sieht zu ihr hoch. «Wenn nicht Idchen oder eine zahme Ziege kommt und ihnen zu viele blühende Zweige oder Kirschen stiehlt.»

Zwei seiner Finger klettern ziegenstaksig an ihrer Wade hoch. Idas Finger antworten mit einer zögerlichen Tour über den Kopf des knienden Ole: an der Schläfe, dem großen Ohr vorbei. Sie grasen in den über den Scheitel gekämmten Haaren.

«Die Ollsche meckert ja nun schon lange nicht mehr», sagt Ida, ihre Finger bleiben stehen. «Wer weiß, wo die ihr Ende fand in den wirren Fluchttagen damals.»

Ole stützt sich hoch. Ihre Brillen stoßen aneinander, als er Ida küsst.

Sie öffnet die Augen. An der Glaswand zwischen Flur und Wohnzimmer sieht sie unausgeräumte Kartons, drängelnd wie Gaffer. Sie schließt die Augen nicht wieder, liest halblaut die Kistenaufschriften hinter der Glaswand. «Deutsch-Sommerkurse. Nachhilfe. Schreibtischdinge … Also muss sie doch da irgendwo sein.»

«Na gut», sagt Ole, «noch eine Schicht.»

Sie öffnen Kartons, laufen hin und her, sortieren Bücher und Ordner in noch leere Schrankfächer im großen Zimmer. Und setzen, als der Himmel um den roten Giebel hinten dunkelt, die Filzmatte und dann Erika, die Schreibmaschine, vorsichtig auf der neuen Tischplatte ab.

23

Heute wache ich auf durch Kinderweinen. – Oder? Durch einen Singsang … mit Pausen, geisterhaft. Ein Klagen scheint das, ein Wimmern eines entflogenen Vogels, eines seltenen? Oder treiben sich Katzen in den Vorgärten herum?

Hat es unser Vladi noch einmal liebestoll erwischt? Schwer vorstellbar ist das. Ähneln die Rufe nicht doch mehr menschlichen Stimmen? Es ist noch fast dunkel, ich schließe meine Augen wieder.

Die sechste Nacht in der neuen Wohnung. Die ersten beiden in der ungewohnten Umgebung konnte man kaum zählen, die dritte habe ich geschlafen wie ein Stein. Und gestern begann der Morgen zu zerfließen in Seltsamkeit. Kann ich die Geräusche zuordnen, bald? Werde ich hier gut schlafen?

Ich bin ganz Hören. Stille, so lautlos, dass sie vernehmbar ist als ständiges Rauschen. Ein Ächzen und Knacken, ich schrecke zusammen. Knackt dieses neu gebaute Haus? Eher die Möbel wohl. «Das Holz arbeitet», würdest Du sagen, «das Holz lebt!» Warum nimmt man das am Tage nicht wahr? Ob auch Holz sich erst in einer neuen Umgebung eingewöhnen muss?

Neben mir Dein tiefes Atmen, beruhigend. Werde ich es wagen, Dir solche seltsamen Fragen zu stellen? Wirst Du als alter Holzkundler antworten? Oder als fast ebenso alter Freund literarischer Betrachtungen?

Plötzlich ein schüchterner Vogellaut. Vom Obstbaum aus dem Nachbargarten? Ganz zart und noch verschlafen. Ein anderer antwortet, neue Stimmen mischen sich ein, bis alle sich zu einem Zwitscherchor vereinigt haben. Für nur eine Strophe. Dann wieder Stille. Ich denke, es wird ein schöner Tag. Und ich denke, zu dieser Zeit wäre es einmal wohltuend, die Welt zu verlassen. Abschied mit dem Gedanken an das immer wieder erneuerte Leben.

Ich höre einen Zug in der Ferne rhythmisch rattern, ganz deutlich. Es wird vielleicht doch Regen geben.

24

Ein lautes Knirschen, Metall auf Stein. Ida hebt benommen den Kopf. Licht strömt durch das breite Fenster, viel, als wäre der Himmel nah. Dabei ist die Wohnung im Erdgeschoss. Empfindlich kneift Ida die Augen zusammen. Sieht greisenhaft aus für einen Moment unter den dunkel gefärbten Haaren.

Nicht weit vor dem Fenster ein Netz aus Ästen und Zweigen, fremd, niedrig, weniger grün noch als der helle Tümpelton der Schreibmaschine. Dahinter, auf der anderen Straßenseite, die Kräne. Betonmischer, gestikulierende Arbeiter, hochgezogene Mauern. Erste weiß und orange getünchte Wände. Ein breitschultriges Gebäude links, ein zweites rechts, drei hohe Etagen je. Luftig aufsitzende Holzdächer, flach und mit überstehender Krempe. Ein Richtfestbäumchen wie eine Haarspange auf dem rechten Dach.

«Du hast eine Ruhe, Tippen in dem Chaos!» Ole kommt vom Flur heran, in der Tasche der Cordhose einen Zollstock.

Ida legt ihre Hände auf das eingespannte Blatt.

«Aber lass dich nicht stören», sagt er. «Ich freue mich ja, wenn ich dich höre: sogar im Keller, wenn die Türen offen stehen. Deine Schreibmaschinenmusik!» Er lacht. «Da fühle ich mich doch zu Hause! Und muss dran denken, wie ich schon damals in Steindorf gelauscht habe vor der Tür der FDJ-Leitung: Na, ist sie da?»

Ihr leiseres Lachen mischt sich unter seines.

«Und eigentlich», sagt Ole, «siehst du nicht sehr anders aus als vor fünf Jahrzehnten.» Er streift mit dem Daumen ihren dunklen Brauenschwung, den Schönheitsfleck neben der rechten Braue. «Deine Haare sind immer noch braun wie die Kastanien, die wir im Krieg nach der Schule manchmal sammeln mussten. Nur länger waren sie.»

«Ach, Olchen … Geschmeckt hat dieses Kastanienmehl doch niemandem.» Sie dreht den Kopf in seiner Hand, verlegen.

«Und an das Gegenüber gewöhnen wir uns, oder?», sagt Ole vorsichtig.

25

Ich habe mir vorgenommen, Briefe aus meiner Vergangenheit abzuschreiben, und so sitze ich am neuen Schreibplatz aus Kirschholz, dem teuersten, den ich jemals hatte. In der Flut Tageslicht zwinkere ich, fast könnte man Kopfschmerzen kriegen davon. Einmal habe ich sogar schon gedacht – und lache mich nicht aus –, dass meine Mutter uns dieses Licht schickt. Immerhin war ihr Sterbezimmer drüben im alten Krankenhaus da, wo jetzt weißsilbern der Himmel ist, zwischen den flachen Dächerhüten der neugebauten Marienhaus-Gebäude. Und schließlich war ihre Bindung zu «da oben über den Wolken» wirklich eng, besiegelt täglich beim Gebet vor dem Frühstück und vor dem «Ahmbrot», unter unseren ungeduldigen Blicken.

26

«In der Kornstraße nur Gardinen und vorher in der Pieperstraße, weißt du noch, die schweren Fensterläden.» Ole macht eine Bewegung, als würde er ein Brett zu sich ziehen. «Und jetzt angekommen in der modernen Zeit.» Lachend prüft er den Zug des Rollladengurts.

«Ja.» Ida sieht ihn über die Brille hinweg an. «Und wie Omi sich freuen konnte, wenn einer unserer Jungs die Läden in ihrem Zimmer aufgestemmt hat und ein Streifen Morgensonne bis zu ihrem Kissen kam – ‹Gottesfinger!›» Sie lächelt.

«Aber die Finger ihres letzten Friseurs …»

«Ja, gehörten ihrem Schwiegersohn.»

«Dem Gottlosen», sagt Ole. «‹Ich – kann doch nicht mit ungewaschenen Haaren ins Krankenhaus.›» Seine Stimme ist alte-Damen-vorsichtig. «Das hat sie gesagt. Und dann habe ich den Schemel ans Waschbecken gerückt und ihr die Haare abgebraust. Zum allerersten Mal, und zum letzten Mal. Bevor das Taxi kam, zum Krankenhaus.»

27

Erledigt nach Disputen der Versammlung, halten wir Mittagsruhe in unseren Betten. Die Rollläden sperren Nacht ins Zimmer. Ich wache durcheinander auf, frage mich, ob sich die Welt noch weiterdreht. Dann ziehe ich den ungewohnten Rollladen ein Stück hoch – und habe die Welt und Dich geweckt.

Ohne Unterhose, murmelst Du im Halbschlaf, warst Du in einer fremden Stadt unterwegs: auf der Suche, wie so oft, nach einer Berufsschule, in der Du stellvertretender Leiter werden sollst. Deine Blöße fror auf dem weiten Weg, und endlich angekommen, fandest Du die Schule noch im Umbau vor. Marxistische Ethik solltest Du unterrichten, und die wenigen Studenten hatten irrende Katzengesichter …

Eigentlich bist Du mit diesem für Dich typischen Traum wohl richtig in der Wohnung angelangt?

Ach, und mich hat, oder war das schon heute Nacht, meine Mutter besucht. Ich habe sie vor mir gesehen, ihren im Garten gebeugten Rücken, über ihren grabenden und gießenden und erntenden Händen. – Fast immer ja war sie so zu sehen, egal, wo: tätig, wie Vater auch. Und sie hat sich dann umgedreht in meinem Traum, runter zum Wasser gesehen und ist losgegangen mit der ersten Erdbeerernte. Was für eine Freude war das! Gerade mal ein Rhabarberblatt voll – süß aber und rot und genug, um mit Milch eine Nachspeise zum Abendbrot zu sein. Und was hat sie bei so einer Gelegenheit zu uns gesagt? «Schupp, schupp am Hoar, wat Nües vom Joahr.» Zu jedem von uns, zu Heinz, Memchen und mir. Und es war feierlich und seltsam, sie zupfte jeden von uns bei dem Spruch an den Haaren. Auch bei den ersten selbstgeernteten Möhren, Kartoffeln oder dem ersten Salat, genau immer so. Wie mir das noch beim Aufwachen heute in den Ohren klang: «Schupp, schupp am Hoar, wat Nües vom Joahr.»

28

Ida legt einen Stapel Blätter auf den Flurschrank, einen Zettel dazu: «Lesefest – für Programm kopieren». Die Tür zum kleinen Zimmer steht offen. Auf dem Besuchersofa und daneben warten noch letzte Kartons, wie zu viele Gäste. Ida scheint zu überlegen, kehrt ihnen den Rücken zu.

Ole eilt aus dem kleineren Bad, stößt fast mit ihr zusammen. «Schon fertig?»

«Ach, nur die Einführung war ja noch.»

Er fasst ihre Hand. «Aber ganz tatenlos war ich auch nicht.» Er nimmt einen Schlüssel und führt sie in den Hausflur. Steigt mit einem Überraschungslächeln neben ihr die Kellertreppe hinunter. Am Waschkeller vorbei lotst er sie in ihr Abteil. Fahrräder, Kisten, ein alter Herd und Küchenschrank, leere Marmeladengläser. «Da, bitte schön!» Neben Oles alter Hobelbank liegen zwei breite, niedrige Regalteile. Und auf der Werkbank ein drittes, noch unbeklebt hell in Arbeit. «Du hast doch die Phantasie?»

Sie sieht ihn fragend an.

Gutgelaunt schultert Ole eines der flachen Regale. «Probieren wir es.»

Zurück im Erdgeschosszimmer, stellt er die Konstruktion vorsichtig ab. Ihre Blicke gehen nach oben, wo über den Bücherreihen noch etwas Platz bis zur Zimmerdecke ist, Platz für ein oder zwei Fächer.

«Ach, du hast es wirklich wahrgemacht ...» Ida lehnt ihr Gesicht an seines. «Eben doch ein Tischler.» Sie schaut auf seine nicht kleinen und nicht großen, ein wenig rauen Finger. «Geschichte und Ethik, all das Unterrichten hin oder her.»

«Ja, ich wäre damals auch bei Holzkunde geblieben», Ole faltet die Stirn, ein Vorbei-ist-vorbei-Lächeln. «Wenn man mich gelassen hätte.» Er holt die Klappleiter. Prüft, verschiebt sie. «Hilfst du mir?»

Ida hebt den Aufsatz hochkant an. Vorsichtig, mit einem leisen Ächzer setzt Ole ihn oben auf die Bücherwand: Ein erster Teil ist aufgestockt bis unter die Decke. Fast zärtlich streicht er über das braunrötliche Holz. «Die Säge gehorcht mir noch. Und, Idchen: Wir bauen auf, nicht ab. Das ist doch wunderbar! Mit Mitte siebzig.»

29

Weiter also, dem Morgen folgen, dem nächsten hier, der darauf wartet, sich normal anzufühlen. Ein Dröhnen nähert sich, wütet, stoppt, schnaubt, rasselt. Sollte ich Angst bekommen? Oder muss ich beeindruckt sein, wie eilig die Welt sich dreht? Werden die Bauarbeiten am Marienhaus-Komplex drüben schon vor Sonnenaufgang fortgesetzt? Dann ahne ich: Ein Fahrzeug ist das, mächtiger als andere. Wohl das moderne Containerfahrzeug, das all den Abfall aus den Behälterreihen schlucken muss, mit Krachen und Klirren, als würden Häuser zusammenstürzen. Krach wie damals im Bombenkeller, aber doch nach wenigen Minuten vorbei.

Du schläfst nicht mehr tief, ich höre Dich kaum atmen. Um Dich nicht zu stören, bewege ich mich nicht, rufe mal diesen Gedanken, mal jenen. In den Heizungsrohren beginnt es zu knacken und zu ticken. In einer Wohnung neben oder über uns werden Jalousien hochgezogen. Türen klappen. Was mag die Arbeit dieser Nachbarn sein? Meine Augen möchte ich nicht öffnen. Alles grauschwarz ohnehin, hinter den Rollläden noch keine Farben.

Irgendwann ein Tick vom Wecker, nicht gestellt, soll so sein. Und doch, seltsam, eigentlich nie wachen wir zu spät auf für unseren gut gefüllten Tag.

Du reibst Dir die Augen. Ich kann das hören. Unsere Söhne haben dem «Augenknattern» früher im Bett immer fasziniert zugeschaut. Und die Enkelinnen haben noch viel mehr über Dein Ohrenwackeln gestaunt. Aber ich stelle mich schlafend. Du hauchst einen Kuss und windest Dich ächzend aus dem Bett, tappst zur Tür, vorsichtig, um mich nicht zu wecken. Und Du kannst doch nicht verhindern, dass sie klappt. Missbilligendes Brummen folgt. Dass sich meine Mundwinkel zu einem Schmunzeln verziehen, siehst Du nicht. Ich höre auf Deine Schritte, überlege, welche Tür sich öffnet und schließt. Dann greifst Du Deine Badetasche, dieses Rascheln kenne ich. Schwimmen ist eines Deiner ersten Bedürfnisse, am besten morgens. Die Wohnungstür fällt ins Schloss. Eilige Schritte, schnell verhallt, so wenige Meter, wenige Stufen sind hier im Hausflur nur zu gehen. Dafür ist der Weg zum Hallenbad jetzt deutlich weiter, oder?

Bald ein Kratzen an der Schlafzimmertür. Ich ignoriere es. Dann schimpfe ich. Ein jämmerliches Miauen kommt dazu. Es hilft nichts, Vladi ist unerbittlich. Eigentlich ist es auch Zeit. Ich muss meinen Frühsport treiben, auch duschen will ich. Und wenn Du aus der Schwimmhalle zurückkommst, ist der Frühstückstisch gedeckt. Gemeinsam können wir Kaffee trinken.

Einer von vielen Morgen.

30

Alterslahm und immer im Kontakt mit der Hauswand schleicht der Kater durch den noch karg bepflanzten Vorgarten, als hätte er Angst, von der fremden Erde eingesogen zu werden. Er nimmt auch nicht den Trittweg aus vier, fünf Felsensteinen, der zwischen Parktasche und Terrasse einen kleinen Bogen schlägt. Er streckt die Pfoten, klettert und hangelt sich halb die Terrassenseite hoch, steht dann mit wackligen Beinen nah an der Terrassentür. Fluchend steigt Ole aus dem Auto und den kurzen Steinpfad hoch, klopft hart ans Glas.

Ida öffnet in einem Frühlingsmantel, einen kleinen Stoß Blätter unter dem Arm. Entschuldigend zieht sie die Schultern ein. Der Kater schnuppert, tritt schwerfällig über die Schwelle. Reibt die Schnauze an ihren schmalen Schuhen und lässt sich drinnen auf den Teppich fallen. Schwarze Spuren markieren seinen Weg. Ole schüttelt den Kopf.

«Er ist so erleichtert, dass er doch ein Zuhause hat.» Ida lacht.

«Himmel, deine Veranstaltung fängt in fünfzehn Minuten an! Immer die gleiche Hetzerei», murmelt Ole, als er das Auto aus der kleinen Privatparknische lenkt. «Ich bin nur froh, dass ich diesmal nicht mitlesen muss.»

«Die Eile ist Familienerbe», sagt Ida. «Du weißt doch ...»

«Ja», sagt Ole, «ja. Dein Vater, der gemächlich zur Kirche ging, und deine Mutter, die erst mit dem Glockenläuten zehn Minuten später losrannte, die Schürze noch in der Hand. Und die Nachbarn haben gemutmaßt ...»

Ida muss lachen. «Die düstere Witwe Braatz von gegenüber war das: ‹He geht immer vör: De mötn sich nich verstohne.› Hat sie geraunt wie das Schicksal persönlich und hat doch unrecht gehabt.»

Ida geht über die Wiese, an Menschen auf Bänken und Gartenstühlen vorbei, sieht sich kurz um, nickt in die Menge. Vor der kleinen Bühne tastet sie nach ihrer Kostümjacke und nach der roten Nelke am Revers. Steigt die wenigen Stufen hoch, steuert auf den Tisch mit zwei Stühlen zu, ein wenig ungelenk, aber sicher und aufmerksam, sobald sie sitzt. Prüfend geht ihr Blick weit in den Park, bis zum langgestreckten Wasserbecken und zurück, an den weißen Bänken, den Kieswegen entlang und über die Wiese, wo hinten, mutig für die Jahreszeit, vier oder fünf Decken ausgebreitet sind und vorn manche Nelke an einer Bluse oder Jacke blüht. Das Mikrophon knackt. «Herzlich willkommen», sagt Ida, den Nacken leicht geneigt.

«Wie schön, dass die Freude an der Literatur Sie in diesem offenbar doch nun wohlgesonnen beginnenden Mai zu unserem Bücherfest führt.» Ihre Hände helfen mit vorsichtigen Gesten. Vor ihr liegen kaum beachtet ihre Notizen.

Als der Schriftsteller die Hälfte seiner Manuskriptblätter beiseitegelegt, die Hälfte seines Wasserglases getrunken hat, werden die ersten Decken hinten zusammengefaltet. Trotz der konzentrierten, fast andächtigen Stimmung auf der maigrünen Wiese. Irgendwann späht Ida über den Rand ihrer Brille, die fragenden Brauen wie ein zweiter dunkler Rahmen. Mit jedem weiteren Schriftseller-Satz scheint die Unruhe in den Reihen vorzurücken. Ida blinzelt nervös, sitzt sehr gerade nun. Ihre Augen suchen Ole.

Hastig gibt er einer graugelockten Besucherin eine Handvoll Broschüren. Teilt dann mit beiden Händen die Luft, zeigt nach oben. Erst jetzt wohl sieht Ida den verdüsterten Himmel. Eine Böe blättert im Manuskript, der Schriftsteller schnappt reflexartig nach den auffliegenden Seiten.

Stille herrscht, nein, für ein paar Momente herrschen Krähen aus den Bäumen über dem Teich. Eine Krähenlesung. Der Wind rauscht dazu.

Dann rauscht der Verstärker, oder Idas Atem. «Es tut mir leid ...», klirrt ihre Stimme in den Park, und schon erheben sich Leute von den Plätzen.

Der Schriftsteller trinkt noch einige Schlucke aus dem Wasserglas, packt sein Manuskript in eine Tüte, in eine Ledermappe. Ganz Gentleman hilft er Ida von der Bühne. Es blitzt, die Unruhe hat den Park im Griff.

Kurz vor einem an die Wiese geduckten blassrosa Haus erreicht Ole Ida und den Schriftsteller, grüßt mit gestresstem Gesicht. Sie strauchelt auf dem durchweichten Kies, hakt sich bei ihm ein. Er nimmt den blumigen Knirps aus ihrer Hand, hält ihn weiter über den Schriftstellerkopf und seinen eigenen über Ida. Auf ihren Haaren glitzert Regen wie ein altmodisches Haarnetz.

Der Schriftsteller hält die Tür auf. «‹Lesecafé gratis›, was für ein ermutigender Name.»

«Ja», sagt Ida, «so muss man das heute wohl betrachten.» Auch ihr Gesicht wirkt angespannt.

Das spöttische Lächeln des Schriftstellers weicht auf im von Holzbalken gestützten Raum. «Vor Naturgewalten sind wir machtlos.»

«Zumindest wieder was für die Annalen», sagt Ole, als sie vor einer der hohen Bücherwände des Cafés sitzen. «Was für ein Gegensatz zum Auftritt von Böwe, weißt du noch?»

«Sicher.» Idas Lächeln glimmt vorsichtig. «Er kam mit seinem berühmten Nylonbeutel an. Und es war heiß.»

«Schon Schwimmbadwetter», sagt Ole, «obwohl auch zum Bücherfest am 1. Mai. Und als echter Schauspielstar wollte er auf keinen Fall ohne vorherige Dusche auf die Bühne.»

«Trotzdem hat er geschwitzt», sagt Ida leise. «Und jetzt ist er ja nun nicht mehr.»

31

Wie schnell wir uns doch eingewöhnt haben! Schon sitzt die neue Wohnung um uns und unsere Tage wie eine zweite Haut. Der Alltag ist zurück, gebildet aus all den gewöhnlichen Tagen. Man macht kaum Aufhebens von ihnen, dabei stützen und bilden sie doch unser Leben. Tage wie heute.

Die warme Milch wird über die Leinsamen gegossen, zügiger Frühstücksauftakt, damit danach die Tassen frei sind für den Kaffee. Getoastete Brötchen mit Butter dazu, selbstgekochte Marmelade, vielleicht noch eine halbe Schnitte mit Käse für Dich. Zum Schluss Quark und diverse Tabletten. Vladi bekommt seine Milch und seinen Teelöffel Quark, den er mit seiner rauen Zunge am liebsten direkt vom Finger leckt.

Wenn er merkt, dass nichts weiter für ihn abfällt, setzt er sich auf einen Stuhl und rollt sich zusammen.

Unser erstes geistiges Vergnügen am Tag ist «Am Morgen vorgelesen» von 8.30 bis 9 Uhr. Gute Literatur, gute Sprecher auch. Und die Gedanken können ihr Gefieder schütteln und die Bettschwere auch gleich verlieren dabei.

Ich wasche ab, Du kannst das nicht wegen Deiner empfindlichen Haut. Ich stelle die Waschmaschine an. Du gehst einkaufen, nein, meist fährst Du, mit dem Rad oder Auto, denn es ist der Einkauf für die ganze Woche. Du scheinst das gern zu machen, im Gegensatz zu mir, die ich die Atmosphäre in den großen Kaufhallen nicht mag – die Menschen haben so gierige Blicke, nur Beziehungen zur Fülle in den Regalen; sie bedienen sich von den Krippen. Aber Du meinst, dort sei es besonders billig. Könnte ich da widersprechen? Ich bin kein kompetenter Einkäufer, kenne die Preise nicht, weil sie mich nicht sonderlich interessieren. Überhaupt, ich mag Geld nicht, mochte es noch nie. Am liebsten ist mir, ich habe keines in der Tasche. Was für ein Glück, dass Du Dich nicht beschwerst, wenn ich mir Hosen oder ein Paar Schuhe zurücklegen lassen habe, die Du dann abholst für mich.

Die Wohnung wird sauber gemacht, ein Kuchen für den Sonntag gebacken, vielleicht besucht uns jemand zum Kaffee. Nach dem Mittagessen kommt die Post auf den Tisch.

Kurzer Mittagsschlaf – wenn es denn dazu kommt –, angefangene Arbeiten fortgesetzt, abends nach der «Aktuellen», wie wir die Nachrichten gern noch nennen, Gespräch über Artikel im «Freitag» und im ND. Jeder vertieft sich in sein Buch, dabei Musik, klassische, aus dem Rundfunk (nichtklassische hören wir nur vormittags, wie es uns der Kultursender empfiehlt). Und irgendwann ist Mitternacht – «schon wieder zu spät», aber wir schaffen es nicht anders.

32

«Ida?», ruft Ole vom Flur. Bügel scheppern zu Boden, er flucht. «Bist du zurück?»

«Bin noch beim Hutmeyer vorbeigegangen.» Ida sitzt auf dem Sofa, strahlt Ole durch die Flurglaswand an. «Ich hab auch was gefunden: eine schöne Bluse zu meinem braunen Kostüm.»

«Ich muss dann vorher zur Bank. Da bin ich aber erst morgen der Abholer.»

Im Wohnzimmer gibt er Ida einen schnellen Kuss. «Nur Schund», er wirft Briefe auf den Tisch. «Außer natürlich der Brief von Meemchen.» Er geht weiter, durch die schmale Taille des Zimmers. Streckt sich seufzend hinten auf das Sofa.

Ida reckt sich nach dem Brieföffner auf dem Schreibtisch. «Fast wieder pünktlich, unser Schwester-Wochenbrief.» Sie schiebt die Brille hoch.

«Ihr Lieben», liest sie mit geübter Stimme, «ich versuche, das Beste aus allem zu machen, wenn's auch schwerfällt. Die sonstige Beweglichkeit fehlt, jeder Schritt tut weh. Trotzdem gehe ich noch bis zum Spar. Kati sieht täglich nach mir und macht auch sauber. Aber richtig aufmuntern kann sie mich nicht. Wo soll hier noch Sonne sein?»

Ida lässt den Briefbogen sinken und schaut hinüber zum Sofa. Hat Ole kurz geschnarcht? Er sieht sie betroffen an.

«Meine Betreuung durch die AOK habe ich gekündigt», liest Ida weiter, «auch das Essen möchte mir nicht mehr schmecken. Jetzt merke ich am eigenen Leib, was Fürsorge und Liebe ausmachen. Die Alten sind doch ein nutzloses Anhängsel. In der Bibel heißt es schon: ‹Unser Leben währet siebzig Jahre, und wenn es köstlich gewesen ist, so ist es Mühe und Arbeit gewesen, die Jahre gehen schnell dahin, als flögen sie davon. Bis nächste Woche. Gottbefohlen.»

«Neun Jahre Altersunterschied», sagt Ole vorsichtig nach einer Weile, «sind eben doch erheblich.»

«Das stimmt wohl», sagt Ida. «Und ohne die neun Jahre hätte

es nicht so viel Rat und Unterstützung gegeben, gerade nach dem Krieg.»

Ole nickt. «Und nicht so guten Kuchen bei jeder Durchreise zum ‹Küstenbengel›, serviert wie im Märchen von der Hausherrin in der gestärkten weißen Schürze, im Garten, auf gutem Porzellan.»

Idas Lächeln rappelt sich auf. Ihre Finger spielen mit dem Medaillon, und es öffnet kurz seinen brandschwarzen Bauch.

«Und ich höre ja immer noch, immer wieder aus Meemchens Tonfall eure Mutter raus.»

«Aber sie hat nun wirklich nicht geklagt.»

«Weil sie auch viel weniger allein war», sagt er. «Bei uns. Und mit unseren Jungs.»

33

Pedantische Ordnung war unsere Sache nie. (Nun, vielleicht vor allem nicht meine.) Ordnung aber gibt es doch. Und langsam schafft sie es bis in den Keller. Die noch gut erhaltenen Küchenmöbel und den Gas-Elektro-Herd haben wir für wenig Geld fast verschenkt. Meine Marmeladenparaden haben so einen übersichtlicheren Ort, um auf ihren Auftritt vor den strengen Gaumen der Söhne zu warten. Und Du kannst mit besserem Gefühl im Keller wirken.

Ich bleibe oben und genieße etwas Ruhe.

Die Zimmer kennen uns jetzt, sie haben Gestalt und Gesicht bekommen, fast ausschließlich durch unsere bisherigen Möbel. Ein neues Bild noch – das i-Tüpfelchen vorerst – habe ich mit Deiner Hilfe aufgehängt. Ein exzentrisches, wie flammendes Stück Wald, ein besonderes Präsent, gemalt von einer Kollegin, die einmal meine Studentin im Institut für Lehrerbildung war.

Einen Augenblick hat es mich in den Fingern gejuckt, mir danach eine Zigarre anzuzünden. Wie meine Mutter das tat, wenn sie in unseren drei hinterpommerschen Zimmern für «ein neues Wohngefühl» gesorgt hat. Hatten alle Möbelstücke wieder einen Platz, kam von irgendwoher die Zigarre zum Vorschein. Ein paar gepaffte Züge, und Mutter schritt rauchend, wie beschwörend die Räume ab. «Letzter Hauch von Vollkommenheit», sagte sie durch den Schleier des Zigarrenrauchs. Und sie sah fremd aus dabei und mächtig, zigeunerhaft vielleicht, mit ihrem strengen, dunklen Dutt.

Wenn unser Vater von der Arbeit kam, war alles getan. «Das Weib hat schon wieder umgeräumt.» Er musste sich in seinen eigenen vier Wänden neu zurechtfinden.

Zurechtgefunden haben wir uns eigentlich gleich. Haben uns inzwischen auch an die großen Fenster gewöhnt. Für jede geschenkte Blume, jede Pflanze ist Stellfläche vorhanden. Und wir kneifen die Augen nicht mehr zusammen vor dem vielen einfließenden Licht.

Seit neuestem allerdings beginnst Du, sobald aus dem Licht Sonnenlicht wird, die Rollläden herunterzulassen, mitten am Tag. Wird dieses Rasseln von nun an unsere Sommer musikalisch untermalen? In orchestraler Ergänzung zu meiner täglichen «Schreibmaschinenmusik»?

Das expressive Waldbild sehe ich vom Schreibtisch aus nicht. Aber ich sehe vor dem Fenster Zweige. Noch ist die vom Hausmeister gesetzte Hainbuche schlank, wie auf Diät, doch sie strebt in die Höhe. Genau wie die Forsythienhecke, die sich an den Metallstangen des Zaunes müht. Hoch über Zaun und Bürgersteig hat der Rotdorn schon bald nach unserem Einzug zittrig seine Blüten gestrickt und setzt nun unauffällig die ersten Beeren in sein Blätternest. Immerhin ein dünnes Ränftchen Wald trennt uns so von der Straße.

Geht mein Blick weiter, trifft er rechts auf das im Entstehen begriffene Gebäude für pflegebedürftige ältere Menschen. Und auf zwei, drei riesige Kastanienbäume dahinter. – Waldartig noch sehr viel mehr. Sie werden, wie es aussieht, auch das fertige Pflegeheim überragen. Und breiten wie zum Schutz ihre Zweige darüber.

34

Die Abspannmusik läuft aus. Ida folgt dem Blick ihrer Enkelin, tastend, wundernd, über die Rückwand aus Containerblech mit zwei schmalen Projektorfenstern, über ungestrichene Wände, aufgehängte Teppiche und die Herde betagter Sofas und Sessel.

«Also, ein schönes Kino», sagt Ella. «Müsste sich auch nicht verstecken in Berlin oder New York.»

Ida wirkt unschlüssig. «Ist mir kaum aufgefallen in der Eile vorhin …»

Ole betastet im Vorbeigehen alte Kabelstränge an der rohen Wand. «Ich bilde mir ein, ich war mal hier, mit Studenten, als das Werk noch in Betrieb war. Ohne Straßenbahn, die ist ja nur vor dem Krieg gefahren.» Er legt beiden die Hände auf die Schultern, als wollte er sie ins Freie schieben.

«Ich glaube», sagt Ella lachend, «so früh bin ich noch nie aus dem Kino gekommen.»

Ole kneift die Augen zusammen. «Und wo ist nun wieder Tim?»

Nur wenige Zuschauer sind zu sehen vor den Ziegelbögen und blätternden Garagentoren. Im alten Kraftwerkhof scheint die Zeit Luft zu holen zwischen Rampen, Türen und einem über die graue Fassade fliehenden Rohr. Wo die Betonbodenplatten enden, grast ein schüchtern gelber, kurzer Straßenbahnwaggon, verloren, mit winzigen Lampenaugen, wie ein in die Stadt getriebenes, seltenes Rind. Daneben wartet Tim, als wäre er ein Hüter des Straßenbahntiers. Schaut in die kleinen runden Augen, kommt dann näher und legt den Arm um Ella.

Der Abend ist mild, Ella und Tim lassen ihre Mäntel offen. Ida dreht sich um nach Sträuchern der Böschung. Weihnachtsbaumskelette verstecken sich am Rand und gehäkselte Feuerwerksreste. Ole schüttelt den Kopf. Tim raucht. Vier Meinungen zum Film gehen mit ihnen durch die Stadt, die Blicke wandern nach rechts und links.

«Meine zweite Kinderheimat», sagt Ella.

Ida zeigt und zeigt noch mal, Adressen, an denen sie und Ole gelebt haben, als Studenten, als junge Eheleute.

«Eigentlich hatten wir nie Eingewöhnungsprobleme.» Ole sieht fragend zu ihr. «Obwohl keiner von uns ja vor den fünfziger Jahren hier gewohnt hat.»

Ein Hochhaus ragt fremd in den hellgrauen Himmel. Vereinzelt fahren Kutschen auf dem alten Pflaster. Vor dem Goethehaus lümmelt ein Riese: bärtiger Kopf, Schultern, Knie – alles aus schwarzem Stein, halb in der Erde versunken, als wollte er im Grundwasser baden.

Die Brunnen sind noch winterleer, auch der im kleinen Park nahe Oles und Idas Wohnung. Ein Becken flach und rund wie der Schild eines Kriegers. Im Becken liegen altes Laub und zwei, drei Förmchen vom Spielplatz; gelb, rot, wie Seerosen auf trockenen Wellen. Bewacht wird der Brunnen von einem nackten Bronzemann mit Helm. Auf gespannten Beinen, stark, bereit, sein Schwert zu ziehen, den Blick halb über die Schulter gewandt.

«Sieht der nicht Ole bisschen ähnlich?» Tim zwinkert Ida zu.

Sie schaut die Skulptur an, duckt sich ein wenig. «Na, auch ein Schwimmer.»

«Nur so kämpferisch bin ich nicht», ruft Ole.

Ida wiegt den Kopf.

«Jedenfalls», flüstert Ella, «mit Badekappe statt Helm.»

Ole zeigt zum Spruch, der in fröstelnd dünnen Buchstaben am Sockel steht: «Ich kämpfe nicht, um anzugreifen, sondern um mich zu verteidigen.»

Tim macht lächelnd die Augen schmal. «Das hat bis jetzt noch fast jeder gesagt.»

«Und manchmal ist es wohl tatsächlich nötig», sagt Ella.

«Ja, wie jetzt in Afghanistan.» Seine Finger drehen Papier und Tabak.

Oles Augen folgen kritisch. «Also, egal wie schlimm der 11. September letztes Jahr für die USA war, es muss immer eine andere Lösung geben.» Grimmig wendet er sich um. «Wir müssen jetzt wirklich nach Hause.»

Sie gehen ohne viele Worte am Spielplatz, am Museum vorbei, das kurze Straßenstück bis zur Wohnung. Ida macht einen Rest Nudelauflauf warm.

Für die Nachrichten schaltet Ole den Fernseher an. Er sitzt unruhig, meidet die hohe Sessellehne. Nach Bildern aus Afghanistan schnellt sein Kopf herum. «Und wenn du das siehst, findest du trotzdem, dass Krieg eine gute Sache ist?» Er funkelt Tim an, seine Stimme ist belegt.

Tim wendet den Blick erstaunt vom Fernseher ab.

«Natürlich nicht», sagt Ella.

«Aber dass wir unbedingt auch noch mitmarschieren müssen!?» Ole nimmt die Brille ab, reibt sich die Nase. Seine Augen sehen ohne den Rahmen angestrengt aus.

«Sollen nur die anderen in die Pflicht?», sagt Tim mit bitteren Mundwinkeln. «Manchmal erzwingen eben die Umstände unschöne Mittel. Und der 11. September war nun mal nicht schön.»

Oles nervöses Wippen spiegelt sich im schwarz gewordenen Fensterglas. Er lässt die Rollläden herunter, setzt sich wieder. Die letzten Beiträge flimmern gegen verhärtete Gesichter.

Beim Wetterbericht steht Ella auf. «Bin gleich wieder da.» Die Badtür klappt.

Als sie zurückkommt, ist der Fernseher aus. Ida sitzt mit fiebrig rotem Kopf auf dem Sofa, Tim neben ihr und Ole harren mit versteinerten Mienen aus. Eine Skulptur des Zwistes.

Vorsichtig setzt sich Ella auf ihren Sessel. «Die Welt ist eben zu kompliziert für Weltfrieden», sagt sie mit versucht diplomatischer Stimme.

Nervös knickt Ida ein Faltblättchen in den Fingern, aber die Skulptur bleibt.

Misstrauisch kreuzt der Kater das breite Zimmer, schaukelnd wie ein langsames Schiff. «Was ist denn mit dir?», murmelt Ella, kniet sich zu ihm. Auch Tim streckt irgendwann den Arm aus, krault, der Kater zögert, wirft sich auf die Seite.

«Na ja», sagt Ella leise, «nicht mal ihr konntet es euch ja leisten, immer so pazifistisch zu sein, oder?»

Ole holt rauschend Luft, bricht dann ab. Die Wutfalten auf seiner Stirn scheinen weniger hart.

«Ach, wir waren doch Kinder!», sagt Ida aufgebracht.

«Es geht ja bestimmt nicht nur um die Zeit von BDM und Pimpfen», sagt Tim.

Ole und Ida sehen sich an, lange, als liefe zwischen ihren Augen ein Film.

«Na ja ... das stimmt wohl», sagt Ida. «Pazifismus war damals, nach dem Krieg, gar keine passende Kategorie.»

«Durch die Blocksysteme, ja», sagt Tim.

«Zur KVP zum Beispiel», sagt Ole, «haben wir uns gleich 52 ja freiwillig gemeldet.»

«Ja, als einziges Mädchen bin ich gegangen», sagt Ida, «oder Frau.»

«KVP?», fragt Tim leise.

«Zur Kasernierten Volkspolizei.» Ida blickt mit hohen Brauen über ihren Brillenrand.

«Das, was danach die NVA wurde, ja?», sagt Ella.

Sie nickt. «Ich als Deutschlehrerin dann schon, in Steindorf, und Ole dort als Bibliothekar.»

«Hm, du warst mir immer etwas voraus», sagt Ole, «auch im gesellschaftlichen Engagement. Das hat mich beeindruckt, deine Geradlinigkeit und unwahrscheinliche Aktivität.»

Ida streckt ihre Hand aus, abwehrend vielleicht.

«Jedenfalls unter dem Mantel des Militärs», sagt Tim.

Sie blinzelt, nickt. «Unter dem Mantel doch, ja. Ich hab nicht mit der Waffe üben müssen. Aber du ja schon.» Sie sieht Ole an.

Der windet sich etwas. «Aber lange bevor aus der KVP die Volksarmee wurde, waren wir schon wieder weg. Und wirklich hätte ich mir ein Leben in Uniform auch nicht vorstellen können.»

«Nein, mir war es auch recht, dass ich dann ausgeschieden bin, als ich schwanger war.» Ida spielt an der Kette ihres Medaillons.

«Aber ohne Uniformkult war die DDR schwer vorstellbar, oder?», sagt Ella. «Ich habe zum Beispiel immer noch aus dem Musikunterricht im Kopf: ‹Hans-Jürgen steht am Kasernentor und sprach zu dem Soldaten: Warum stehst du denn hier davor und musst so lange warten …›»

Ida schließt die Faust um das Medaillon.

«Das ist nun einer der wenigen Punkte, die wir wirklich bereuen», sagt Ole. «Für die wir uns entschuldigen müssen.»

Ella sieht die Großeltern fragend an.

«Dass wir unseren jüngeren Söhnen zu so langer Armeezeit geraten haben», sagt Ida.

«Vor allem Stefan.» Ole nickt.

«Ihm haben diese vielen Jahre sicher einiges verbaut. Beruflich …», sagt Ida leise.

Sie sitzen still. Oles klares, großes Gesicht wirkt erschöpft. Dann klafft darin ein Gähnen.

«Aber bevor wir diesen Tag beenden», sagt Ida tapfer, «stoßen wir noch an?»

Tim geht mit ihr hinaus. Sie bringen Nüsse, Sherry, Eierlikör.

Mit den Gläsern in den Händen, sehen sich die vier an. Tim hebt das Glas zuerst: «Auf die Widernisse des Lebens.»

«Ach», sagt Ida, «ein auf besondere Art treffendes Wort: so vertrackt offenbar schon an sich, dass es nicht mal im Duden steht.»

Ella streicht sich verwundert die Haare hinters Ohr. «Und dabei sind Widernisse leider nicht selten, stimmt's? Und am liebsten so, dass man erst im Nachhinein merkt, wie schief man in einer Sache gelaufen ist.»

«Die Sache ist schiefgelaufen, oder man hat schiefgelegen.» Ida lächelt offen, ein Eckchen Gold blinkt.

«Schief gewickelt», sagt Tim. «Oder schräg drauf.»

«Oder», Ella sieht ihn an, «einer stellt sich krumm. Nein: quer.»

Ole prostet ihnen zu.

«Ja!», sagt Ida und geht in den anderen Teil des Zimmers. Mit einem abgegriffenen Band kommt sie vom Bücherschrank zurück.

«Dazu lässt sich Folgendes sagen», sie schiebt ihre Brille hoch: «Quer (mittelhochdeutsch twër, twërch, zwërch) ist das, was jemandem der Breite nach entgegensteht ... Schief ist das, was eine andere Richtung hat, als die es haben soll.» Sie zeigt den Einband: «Synonymisches Wörterbuch». «Das Krumme heißt schief», liest sie weiter, «sofern es gerade sein sollte. Man nennt krumme Beine auch schiefe Beine, weil die Beine gerade sein müssen; man nennt aber den krummen Schnabel eines Raubvogels nicht schief; denn dieser soll, seiner Bestimmung nach, nicht gerade sein.» Sie lässt das Buch sinken, der Teppich aus Lachen reißt langsam ab.

«Also», sagt Ole, «gute Nacht und gute, krumme Träume.»

35

Wir folgen einer Einladung zu einer festlichen Veranstaltung des Vereins der Freunde des Schlosses Ettersburg. So nah ist uns dieser besondere, zwiegesichtige Ort am Buchenwald, wir mögen nicht absagen. Als wir die ungeheizte Kirche betreten, zögern wir, genau wie andere Gäste. Ein paar dünne Kissen liegen auf den Bänken. Doch das hilft nicht viel gegen die Kälte, die in den alten Mauern sitzt. – Als gehörte die Kirche zum Sommerpalast der Schneekönigin. Wir behalten die Mützen auf und die Mäntel an, ziehen den Schal enger, rücken näher aneinander. Gern hätten wir dem Orgelspiel mit Hingabe zugehört, stattdessen zählen wir nun die angekündigten Stücke.

Du wirst unruhig und konzentrierst dich nur auf das Kältegefühl, eine Erkältung befürchtend, in der Nierengegend. Am liebsten würdest Du die Kirche verlassen. Da lege ich meinen Arm um Deine Hüfte und rücke näher, um Dich etwas zu wärmen. Diese Hilfe nimmst Du an und ziehst meinen Arm noch fester um Dich. So überstehen wir auch die kalte, nichtssagende Rede der Landtagspräsidentin. Auf den Imbiss und die Führung durch das Schloss verzichten wir jedoch und eilen zum Auto. Andere Gäste tun es uns gleich. Warum hat man die Eingeladenen nicht vorher auf diese Bedingungen aufmerksam gemacht?

Zu Hause wärmen wir uns mit Grog und heißer Zitrone. Deine befürchtete Erkältung bleibt aus. Aber ich wundere mich, warum ich am nächsten Morgen Schmerzen in meiner Hand verspüre.

36

Draußen hinterm Flur die Küchentür klappt, «oh», und klappt wieder. Dann öffnet Ida die Wohnzimmertür.

Ein Lachen von Ole, ein Lachen wie ein kleiner Kerzenkuchen. Er schließt seine Arme um Idas Rücken. «Guten Morgen, meine Liebe.» Ein Kuss auf den Mund. Er führt sie zum festlich weißen Tisch. «Dank repariertem Servierwagen konnte ich deine Badzeit schnell nutzen …»

«Ach, Olchen … und nicht nur Erdbeeren, auch Himbeeren schon.»

«Ja, fast selbstgepflückt, für meine liebste Strauchräuberin.» Auf seinem Gesicht das Schelmenlachen, das auch ein Kinderfoto von ihm im Regal zeigt. «Nur mit so vielen Lichtern wie vielleicht nötig will ich den Tisch nicht überfrachten. Aber ein bisschen Licht muss doch sein.» Er zündet Leuchterkerzen an.

Ein zweiter Kuss, ein schnellerer. Sie setzen sich.

«Noch mal, Idchen, alles, alles Gute. Bleib nur ganz fortwährend so, wie du bist.»

«Danke.» Idas Lächeln ist warm mit einem spöttischen Rand. «Bestimmt werde ich das versuchen.»

Er drückt gerührt ihre Hände. «Und wie du mich immer wieder motivierst, das ist geradezu toll.»

Er zeigt auf drei flache Päckchen neben den Kerzen. «Kleinigkeiten ... Haben natürlich auch Zeit für später.»

Nach der Leinsamenmilch und einem Viertelbrötchen sagt Ida: «Und was das für ein Omen sein soll, weiß ich nicht – ich mache dir jedenfalls Konkurrenz.»

Ole sieht vom halbgepellten Ei auf.

«Im Träumen!», sagt Ida. «Du hast ja gar nicht mehr so oft berichtet. Aber ich träume viel im Moment. So viel, dass mir manchmal nicht gleich klar ist, was nun real war.» Sie lacht kühl.

«Heute Nacht musste ich einen Vortrag halten, in einem Rokokosaal voller aufgeregter Leute. Und musste selber das Thema erst erfahren, von einem großen Schild vorn: ‹Preußenkönig Friedrich II.›. Deshalb hast du mir auch schnell Stichpunkte auf Karteikarten gekritzelt. Aber die konnte ich nicht lesen.»

Ole lacht auf.

«Da hab ich gedacht, fange ich mit Gedanken aus der Schulzeit an. Und dann ist mir das Gedicht von Detlev von Liliencron eingefallen. Hatte dich das auch so beeindruckt?»

«Doch, ja», sagt er kauend.

«Hoffentlich kann ich es noch auswendig, habe ich schon im Traum gedacht.» Ihr Lachen klirrt. «Wer weiß wo. / Auf Blut und

Leichen, Schutt und Qualm / Auf rosszerstampften Sommerhalm / Die Sonne schien. / Es sank die Nacht. Die Schlacht ist aus, / Doch mancher kehrte nicht nach Haus / Einst von Kolin.» Ein beherrschter, heller Lehrerinnenton. «Wie hoch er auch die Fahne schwang, / Der Tod in seinen Arm ihn zwang, / Er musste dahin.»

Als leiser Bass stimmt Ole mit ein. «Ein Grenadier von Bevern fand / Den stark verschmutzten Band / Und hob ihn auf.»

Ida blinzelt über den Rand ihrer Brille. «Nein, ‹Den kleinen erdbeschmutzten Band›.»

«Stimmt», sagt er. «Und der gesungen dieses Lied», spricht er verhalten weiter. «Und der es liest, im Leben zieht / Noch frisch und froh.» Idas Stimme kommt wieder dazu. «Doch einst bin ich, und bist auch du / Verscharrt im Sand, zur ewigen Ruh, / Wer weiß wo.»

Sie schneidet Grün von einer Beere. «Im Traum wusste ich die letzte Strophe nicht», sagt sie. «Habe übergelenkt zu von Friedrich II. geführten Kriegen, wollte dann improvisiert auf seine Politik zu sprechen kommen. Aber da, zum Glück, ist es schwarz geworden. Stromausfall. Und ich bin aufgewacht und habe gedacht: Nun interessiert mich die Geschichte Friedrichs wirklich.»

«Donnerwetter.»

37

Zur Blutentnahme bei der Hausärztin, schon wieder. Einem Verdacht wurde nachgegangen, mit Ernst und Akribie. Doch die Sorgen waren umsonst.

Wie viel Verdächtiges wohl bei jedem Menschen entdeckt und bekämpft wird?

Aber glücklicherweise, auch anderes kann überraschen. Jüngst zum Beispiel Deine Karte zu meinem Geburtstag – Hollywoodstars sieht man selten in unserem Haus.

Im letzten Jahr, oder war es der runde Geburtstag vorher, da schriebst Du mir zu einem Foto meiner Person:

«Kritisch und optimistisch, wie immer – so bist Du, mein Idchen, und so wünsche ich Dir: Auf ins nächste Jahrzehnt.»

Nein, der Mann der vielen Worte bist Du noch nie gewesen. Sachlich vielmehr. Das hat Dich von manch anderem Verehrer vor Dir unterschieden, wie ich jetzt beim Abschreiben wieder sehe. Mitunter, denke ich, war das ein wenig zu Deinem Verdruss? Aber dennoch sind wir uns schnell nah gewesen. Ohne kitschige Schwüre und Kosenamen und ohne «Ich liebe Dich», bis heute. Das alles passt wohl auch doch nicht zu mir. Abziehbildartige Bekenntnisse brauchen wir nicht.

Diesmal auf der Geburtstagskarte jedoch lächelt für mich mit vorsichtigen Augen die Mädchendarstellerin Audrey Hepburn, berühmt geworden in unseren jungen Ehejahren (auch wenn zunächst von uns unbemerkt). Und Deine Zeilen dazu:

«Oft, wenn ich diese Gestalt gesehen habe, in einer Zeitung oder mal in einem Film, wurde ich an Dich erinnert. Schon vor Jahrzehnten. Warum? Schüchtern bist Du nicht. Zurückhaltend, höflich, hilfsbereit, das eher. Ein naives ‹Rehkitz› bist Du nicht, auch wenn Dein Kinder-Spitzname Rehlein war. Was war dann der Grund für die empfundene Ähnlichkeit? Eine dunkle Frisur allein kann doch nicht den Ausschlag geben. Aber vielleicht eine gewisse natürliche Noblesse? Und – Du hast das gleiche Geburtsjahr wie die Schauspielerin. Das wusstest Du sicher nicht? Auch den gleichen Geburtsmonat. Bleib gesund, mein Maienmädchen, Dein manchmal schwächelnder Ole»

Danke, mein Olchen, ganz überraschend sind das nun doch einmal Worte, die mich erröten lassen wollen, wie im Film.

38

Am Theaterplatz glänzen regengeputzt hohe Schauspielhausfenster und niedrige von Museen, nüchterne von Cafés und Kauflandschaft am Rand. Zwei Dichter sinnen auf ihrem Sockel. Die Straßen ringsum dösen. Ole und Ida biegen eingehakt in eine ruhige Straße, überqueren eine größere, die Enden ihrer Mäntel schlagen im Gehen aneinander.

Dann löst sich Ole, tritt hinter Ida, macht Platz für eine kleine Karawane auf dem Gehweg. Räder rattern über die Fußwegsteine, Rollstühle, Gehwagen, weißes, graues Haar, großäugige, müde, gebückte Gestalten.

Ida, mit einem halben Lächeln für den Trupp, will eben wieder neben Ole gehen, da friert ihr Lächeln ein. Kantige Finger haben sie am Handgelenk gepackt. Ein starrer Blick hält sie fest, aus einem grimmigen, geballten Gesicht. Ida bleibt stehen im Griff der kleinen Frau, dann neben ihr auch Ole.

Die Rollkarawane stoppt. «Alles gut!», ruft eine wohlwollende, junge Stimme, «sie sucht nur Kontakt.»

Der kleine, harte Mund klafft auf, ein Riss, schwarz, eine tonlose Frage.

«Frau Häuselin, kommen Sie, wir müssen weiter!»

Keine Regung.

Ole legt seine Hand weich auf Frau Häuselins Arm. «So, guten Tag ... Nun kennen wir uns, nun können wir alle weitergehen.»

Die kleine Frau wendet den stechenden Blick auf ihn, schließt den Mund, lässt los. Freundlich, aber bestimmt schiebt ihr die Begleiterin die Gehwagengriffe in die Hände. Jemand aus der Gruppe ächzt. Frau Häuselin öffnet den Mund noch einmal, spuckt schnelle, brutale Flüche aus.

Ida läuft erst los, als Ole sie fest eingehakt hat.

«Himmelarsch!», hören sie noch, in ihrem Rücken, und, unter Gemurmel und Räderklappern aus der Gruppe, etwas wie «Fotze, Kreuz, Muttakack!».

Blass wirkt Ida, eingeschüchtert.

«Vom Alter und von Krankheiten ...» Ole seufzt.

Ohne Schwung gehen sie weiter. «Ja, so etwas hofft man nicht selber durchmachen zu müssen.»

Sie biegen um die Ecke zu ihrer Straße. Der Wind schlägt ihr etwas an die Stirn, Ida fährt zusammen, rupft es entsetzt ab, ein Stück Kastanienrispe wohl von den großen Bäumen drüben an der Marienhausmauer. «Ehe ich mich so vergesse», sagt sie heiser, Ole beugt sich zu ihr. «Da würde ich mich lieber früher vom Leben verabschieden wollen.»

Sie öffnen die Zaunpforte. Es sieht aus, als läge ein Kissen vor der Haustür. Idas Absätze pochen schneller. «Vladi?!»

Auch Ole bleibt stehen. «Was ist das denn für ein Schlafplatz?»

Der Kater hebt den Kopf, steht nicht auf. Ida streichelt, vorsichtig, trägt ihn die sieben Stufen hoch durchs Treppenhaus in die Wohnung.

Ole hilft bei der Untersuchung. «Eine Verletzung spüre ich nicht.»

Dann ist Ida das Kissen für den Kater. Sie warten. Ole bringt Saft, Wurstbrot. Der Kater liegt kläglich. Steigt umständlich von Idas Schoß. Entfernt sich langsam, schwankend, zum Fressnapf.

«Vielleicht wird er einfach alt», sagt Ole.

«Vielleicht dürfen wir ihm nicht mehr so viel zumuten, nicht mehr lange verreisen, ihn nicht so lange von anderen füttern lassen.» Ida spricht mit gesenkter Stimme. «Oder werden ihm selbst die paar Stufen zu viel.»

39

Am Nachmittag zum Friseur, wie jeden Freitag. Morgen ist schließlich ein Fest! Aber im Grunde trage ich meine Frisur inzwischen schon, wie lange, seit mindestens drei Jahrzehnten? Ich glaube, Du hast nichts dagegen, oder? Und an das Ritual bin ich gewöhnt, auch an die Hände meiner «Favoritin», die Woche für Woche den Kopf beim Waschen sanft freimassieren. Ich halte mich für nicht geschickt genug, mir selbst die Haare zu waschen und zu legen. Doch: Wieder zu Hause, kämme ich das Haar meist durch – ein Puppengesicht ist auch nicht, was mir behagt.

Rausgeschmissenes Geld, das ich hätte sparen können?

Den Luxus gönne ich mir – als einzige «Wellness», wie das wohl neuerdings heißt. Wo habe ich das gelesen? Natürlich beim Friseur.

Danach wartet schon der erste Besuch. Jeder Gast wird willkommen geheißen bei uns, ob er bereichert oder einfach da ist oder, mancher, manchmal, auch anspruchsvoll fordert. Eine Besucherin wie Lore spürt man fast nicht, so sehr fügt sie sich in den Tagesablauf. Wenn es passt, kommt sie, wie heute, einen Tag früher, um noch helfen zu können. Und nach dem Kaffeetrinken ist sie plötzlich verschwunden, um Geschirr zu waschen. Mit einer Selbstverständlichkeit, gegen die man keinen Einspruch erheben kann. Es wirkt nicht unpassend, dass sie ein paar Töpfe entdeckt, die gescheuert werden müssen. Nicht mit leisem Vorwurf tut sie das, sondern einfach, als wäre sie in ihrer eigenen Küche. Also versuche ich auch nicht, sie abzuhalten. Es ist ihr eben wohler, wenn sie sich nicht nur als Besuch fühlt.

Schon damals, als sie, unendlich tapfer, mit dem neugeborenen Fred auf dem Arm, meine Fluchtgenossin war, schien es mir so, dass sie die Ehrlichste sein könnte, die ich kenne, gut und ohne Hintergedanken. Ich glaube, Du hattest auch schnell den Eindruck, oder? Und schon bald war sie mir ja auch wie eine zweite große Schwester.

40

Durch das weite Hotelfoyer rinnt Klaviermusik, stockt, läuft weiter, wie ein Waldbach, der nicht viel Wasser hat. Der Septembertag ist noch warm. Die Enkelinnen sitzen mit bloßen Armen auf den schwarzen Ledersofas, Schwiegertöchter, Schwester und Schwägerin in leichten Jacken oder pfingstfarbenen Blusen, Söhne, Neffe und Bruder im sommerlichen Jackett. Es wird gewartet, über Erinnerungsbildern geraunt oder gelacht, auf Schuhspitzen gestarrt von jüngeren Enkeln.

Der Bach versiegt, der Pianist steht auf vom schwarzen Flügel.

Ole sieht stolz aus, aber auch wie ein Lehrer mit Verantwortungssorgen. «Noch einmal an alle: Willkommen. Wir danken unserem Neffen! Kurzer Einblick in unseren Plan, zunächst nur für heute: Gleich werden wir zum Essen gehen können, da haben wir in Ruhe Zeit für eventuelle Beiträge, bis 14 Uhr. Dann gehen wir durch den Park, 15.30 Uhr gibt es Kaffee.» Die Familie hört zu, lächelnd, nüchtern, andere schülerhaft gelangweilt. «Und nach einer kleinen Pause», Ole lugt auf einen Zettel, «ist um 18 Uhr von der Wohnung aus Abmarsch zum Abendimbiss am noch ungenannten Ort.»

Durch zwei, durch drei Säle des Hotels. Vorbei an Ritterkunst und rotgläsernen Leuchtern, ein Fürstenpaar ohne Kutsche und Tamtam. Oles Anzug ist etwas dunkler grau als seine über den Kopf gekämmten Haare, sein Körper eher drahtig als alt. Ida rank und elegant, über ihrem hellen Pullover das alte Medaillon und eine dünne Jacke in Abendsonnenorange. Oles Schritte wollen schneller gehen, Ida dreht sich um. Dann ist die Prozession an ihrem Ziel. Ein kleinerer Saal, an der Tür ein Papierschild: «Goldene Hochzeit Familie Wächter».

Leuchterkerzen brennen unter dem Horizont hellgrau und hellgrün gestreifter Wände, das Gläsermeer wogt. Schüsseln und Teller, Worte und Blicke kommen und gehen.

Zwischen Hauptgericht und Dessert steht Kurt auf, der älteste

Sohn, ohne Schlips. «Da leben zwei Menschen ein halbes Jahrhundert zusammen. Und ihre Liebe erscheint jung wie am ersten Tag. Ich kann das beurteilen, denn ich bin fast von Anfang an dabei gewesen.» Er spricht souverän, schaut über den Rand seiner Brille. Ein wenig wie Ida, deren wandernden Blick er jetzt trifft.

Sie sitzt gerade, aufmerksam blinzelnd, das Kinn auf Daumen und Zeigefinger gestützt. Zu jung für eine goldene Hochzeit sieht sie aus mit ihren gutgeschnittenen Haaren, neben dem nebelfeinen Haar von Lore und dem weißen Haupt ihrer Schwester.

«Die Zeiten haben sich geändert», liest Kurt, «doch ihr seid euch, nicht nur einander, treu geblieben. Ihr habt, wie viele, Lehrgeld zahlen müssen für einen geschichtlichen Versuch. Und ihr steht dazu.»

«Aber nicht nostalgisch», sagt Ida halblaut.

«Nicht rückwärtsgewandt», fügt Ole hinzu. Sein Blick begegnet dem Sibylles, Kurts Frau. Sie lächelt mehrdeutig.

«Vor allem ein Staunen jedoch bleibt mir», spricht Kurt weiter. «Egal, wie ich Erinnerungspuzzleteile zusammensetze, aus der Kindheit, aus der Jugend und dem schon veritabel langen Erwachsenendasein – wann zum Teufel habt ihr euch je vernehmbar gestritten?»

«Heimlich lieber?», fragt Stefan, der mittlere Sohn.

Ole lächelt, seine Zähne blitzen. «Hätten wir uns angebrüllt, hätte das bestimmt trotzdem jemand gehört», sagt er.

«Nein, Schimpfwörter gab es nie», sagt Ida.

«Geschweige denn, dass wir uns …»

«… geschubst hätten?» Ida sieht ihren Mann an, kindlich verdutzt.

Schmunzeln am Tisch, Kichern, die Schwiegertöchter lachen mit verschränkten Armen. Kurt steht weiter nahe der Stirnseite bei Ole und Ida. «Lässt sich Harmonie denn verordnen?», sagt er, als es wieder ruhig ist. «Lassen sich Konflikte einfach ausblenden? Wie macht ihr das nur, dass die gegenseitige Achtung und das mal zärtliche, mal augenzwinkernde Füreinanderdasein so unübersehbar selbstverständlich sind?»

Es ist still vor dem gestreiften Horizont. Das Licht der Kerzen spiegelt sich funkelklein in Idas und Oles Brillengläsern.

«Es muss», sagt Kurt, «die Liebe sein.»

Ole sitzt wie mit angehaltenem Atem. Idas Augen unter den wachen Brauenbögen tasten, prüfen in die Runde.

«Die Liebe ändert sich aber auch», sagt sie nach einer Weile leise. «Man verschenkt immer mehr an die anderen. Und man besinnt sich mehr auf die Wurzeln. Auch auf die Verästelungen und auf die kleinsten Zweige.» Weiter wandert ihr Blick die Reihe der Gäste ab. «Das ist eigentlich das Schöne», sagt sie dann, mit beiden Händen die Worte stützend, «dass dieses Gefühl der innersten Zuneigung stark genug zu sein scheint, um immer weitergereicht zu werden.»

Ole, mit gerührtem Gesicht, beugt sich näher zu ihr, legt eine Hand an ihre Wange. Fast in derselben Sekunde setzt Ida zur gleichen Geste an. Lachen. Ole stoppt ihre Finger kurz vor seiner Wange, küsst den Handrücken.

«Was aber wirklich passierte», spricht Kurt weiter, «und was das Rezept eurer glückvollen Zweisamkeit ausmacht, das wird wohl euer Geheimnis bleiben ... Ich denke, wir sollten anstoßen. Auf die Liebe und auf euch beide.»

Eine Welle aus erhobenen Gläsern: «Vorzeigeehepaar!», ruft Lore mit sanft rollendem R.

«Da gibt's noch 'n Orden», sprudelt Stefan in das Gelächter der Familie hinein.

Am Abend zieht die Familienprozession durch die Stadt.

«Wohin nun, sagt es doch!» Astrid sieht die Schwiegereltern mit großen Augen an, ihr Lachen versteckt im schnell geschlossenen Mund.

Ivy und Annika, die jüngeren Enkelinnen, kichern.

Ida streift sie mit einem geduldigen Lehrerinnenblick. «Was chibbert ihr da?»

Die Mädchen kichern noch mehr.

Ida strauchelt auf dem alten Straßenpflaster.

«Jetzt geb ich mal auf dich acht.» Ole, der ihren Blick verfolgt hat, lächelt.

Sie gehen fest eingehakt durch historische Gassen, im Frühabendblau wie ein Gang durch Kulissen. Theaterhaft auch der breite, steinerne Torbogen, der verschachtelte, von einem Laubengang umgebene Hof. Hinter dem nächsten Tordurchgang ein altertümlicher Stadtgarten.

Ole dreht sich zur Familie um. «Ist das nicht lauschig hier?»

«Wir sind begeistert», antwortet Sibylle.

Das Grün sitzt wie auf Inseln. Dazwischen Kies und Stein, wie die See. Vor einem Pavillon hinten eine Gestalt im braunen Mantelrock. Ein Schauspieler? Straff zurückgenommenes Haar, ein ernstes Gesicht. Er lässt seinen Blick schweifen, geisterhaft, hinter den Pflanzeninseln im blauen Licht des Abends.

Ida ist die Letzte, die sich vom seltsamen Schauspiel löst.

41

So schön man auch noch mal aufträgt, Säfte oder sogar Sekt oder Kuchen noch vom Feiertag: Immer schmecken Abschiede ein wenig schal.

Erinnerungen an die schönen Tage, Danksagungen, Vorfreude aufs Wiedersehen und nächste Feste: All das will nicht so munden wie am Abend vorher. Wir wissen ja: Gleich ist die Wohnung wieder leer.

Und kaum sind die Gäste fort, da ist sie wieder da, die Müdigkeit. Sie lässt sich nicht vom spät noch zurückgekehrten Sommer vertreiben. Aufdringlich stellt sie sich bereits morgens ein, wenn man noch nichts getan hat. Und sie bringt ihre Freundin mit, die Schwäche. Kleinste Beschäftigungen machen große

Mühe. Selbst notwendige Gespräche fallen mir schwer. Wir reduzieren sie auf unumgängliche Mitteilungen. Du stöhnst bei jeder Bewegung, und mir bereitet es Anstrengung zu lächeln. Aber wir spielen Frische vor, als könnte uns nichts umwerfen. Allein wird uns manchmal jeder Handgriff zu viel. Allzu leicht sind wir reizbar, übersensibel, sind ungewollt ungerecht gegeneinander.

Wir müssen Abstriche machen, sagen wir in solchen Situationen. Aber wir tun es doch nicht. Wir vergessen das Vorhaben, wenn wir uns zeitweise wieder kräftiger fühlen.

Wir sind so mittendrin, dass es auch Anstrengung kosten würde, kürzerzutreten.

So matt ist manchmal unser «Gold».

Teil 2

EILE

(2004–2006)

42

Benommen bin ich, «schwummrig», hätten wir früher gesagt. Was ich mir aneignen wollte für den Vortrag nächste Woche, konnte ich mir nicht gut merken, unsicher auch, ob die Auswahl richtig. Mir ist heiß, der viele Himmel gegenüber lastet auf meinem Kopf. Solange es Dir vertretbar schien, haben wir die Weihnachtsbeleuchtung dieses Jahr an den Scheiben belassen. Nun, ohne die freundlichen Hirsche, wirkt das klobige Gegenüber kalt und aufdringlich, vor allem an den Rändern der Nacht. Man denkt, man würde seltsame Rufe hören, vor allem bei offenem Fenster.

Ach, umso mehr möchte ich noch festhalten, ehe die Tage darüber hinweggaloppieren. Festhalten, das gefällt mir, den unerbittlichen Lebensmarsch aufhalten ein Stück. Zwar, wann ich Dir den nächsten Tagebuchabschnitt schenken werde, weiß ich noch nicht. Auch wenn Deine Freude über mein Geschenk zur goldenen Hochzeit echt war. Und unser Buchbinder hat wieder gute Arbeit geleistet. Doch wie viel Gelegenheit bietet das Korsett des Alltags, über erst kurz zurückliegende Tage zu reflektieren? Wie viel steht dekorativ im Regal und fängt Staub? Dennoch, die Gewohnheit ist mir lieb geworden über die letzten Jahre, und ich möchte versuchen, sie beizubehalten.

Gestern war zu viel zu tun, Alltägliches, dicht gepackt, kaum habe ich es noch im Kopf. Und dann der erste Abend mit besonderen Gästen, Dauergästen von nun an: unseren neuen Möbeln. Dem Geschenk, das wir uns gemeinsam gegönnt haben zu unserem Jubiläum. Die Absicht hat eine beträchtliche Weile zur Reifung gebraucht, mehrmals durch Schaufensterangebote erhitzt und wieder abgekühlt durch das Voranschreiten der Wochen und durch Ausgaben, die vordringlicher schienen. Aber in der Adventszeit war die Entscheidung geglückt. Nach zweistündiger Beratung mit der Verkäuferin, Vergleichen von Vorlagen, Preisen, Holzarten, Größen waren wir uns sicher. Und haben natürlich im Restjahr noch einige Male «gewankelt», wie ich als Kind gesagt hätte: ob denn die Entscheidung richtig war. Nicht nur ich, mein Ole, habe darüber gegrübelt, auch Du. Ob wir uns etwa von der besinnlichen Dekoration der Innenstadt und des Möbelgeschäfts hatten beeinflussen lassen?

Und nun endlich kamen sie, dick wie gegen Erfrieren in Folie gepackt: Sofa, Sessel, Eckschrank, Tisch. Wie große Tiere, dunkel, und, die Sitzmöbel, mit hellen, breiten Rücken. Die Schneeflocken auf der Folie sind geschmolzen, die jungen Männer und, zu unserem Erstaunen, eine Frau haben noch beim richtigen Aufstellen geholfen. Dann waren wir mit den neuen Gästen allein und standen in unserem eigenen Wohnzimmer schüchtern vor der ungewohnten Eleganz.

Sobald wir wagten, uns hinzusetzen, fanden wir, dass es bequem ist und eine passende Vollendung dieses großen Zimmers. So hielten wir, ein Vierteljahr nach der goldenen Hochzeit, noch still für uns eine Nachfeier ab. Zu einer Flasche Wein haben uns die neuen Möbel verlockt und zu Rückschaugedanken. Zum Beispiel: Wäre ich nicht so schnell schwanger geworden, nach so wenigen Monaten schon, wie hätte sich unsere Beziehung dann wohl entwickelt? Kurz hast Du mich angesehen, als hätte Dich diese Frage erschreckt. Dabei sind wir uns doch einig, glaube ich, wie gut uns diese ersten Monate der exklusiven Zweisamkeit taten. Trotzdem war dann die

Geburt gerade von Kurt, unserem Ältesten, für mich einer der raren Momente eindeutigen Glücks. Und alle drei Söhne haben wir gern entgegengenommen. Niemals hätten wir uns gegen diese Geschenke der Natur gewehrt. (Wohl aber hat sich mein Körper gegen Dich gewehrt, wollte Dich nicht einmal sehen zunächst, nach der Geburt der beiden Jüngeren.)

Waren wir, im Nachhinein betrachtet, überfordert mit Kinderrummel, Erziehung und Arbeit? Wir hatten so viel zu tun, so viel auch aufzuholen. Hochschulbildung hatte es für uns beide in den Wirren des Nachkriegs nicht gegeben, oder wir hatten uns darum nicht genug gekümmert, damals, in Zeiten, die wohl auch zu handfest waren für Literaturstudium und Germanistik.

Qualifizierungen nachzuholen, bis hin, viel später, zum Doktorgrad, erst meinem, dann Deinem, all das verlangte uns natürlich vieles ab, Kraft, Aufmerksamkeit, Zeit. Fehlten die unseren Jungen? Ohne die Hilfe meiner Mutter hätten wir das alles nicht geschafft. Auch Du spürtest das und sträubtest Dich nicht gegen ihr Einziehen bei uns. Dafür war ich dankbar. Und sie, bis zu ihren letzten Tagen, mit Sicherheit auch. Dennoch – war in den ersten Ehejahren unsere Karriere und politische Arbeit zu wichtig, zu gewichtig gegenüber Zärtlichkeit und Unternehmungen mit unseren Jungs?

Solche Gedanken, nicht wahr, lassen wir nur höchst selten zu. Und so trösten wir uns, indem wir uns sagen, dass aus allen dreien ja auf je eigene Art etwas geworden ist. Ich finde: Eigentlich sind sie alle Brückenbauer: Uwe, unser Jüngster, der mit seinem Bautrupp schon viele Treppen «geschalt» hat und neuerdings die große Brücke mitbaut, nahe seiner neuen Heimat oben an der See. Genauso Stefan, unser Zweiter, der den Charme, den er schon als kleiner «Bengel» hatte, jetzt den Menschen hier im Umkreis an die Wohnungstüren trägt, zusammen mit den Paketen. Und natürlich auch Kurt, als einer, der über die Radioapparate Kultur zu den Menschen bringt. Und sie versuchen, mit uns im Gespräch zu bleiben (und wir mit ihnen), jede Woche mal, mehr oder weniger intensiv, das ist doch schon viel wert?

Unser Zusammensein, ja auch unsere Ehe wirklich anzuzweifeln, das käme mir genauso wenig wie Dir in den Sinn. Im Luxus dieser Sicherheit wiegen wir uns sehr lange schon. Und im Vergleich zu anderen Paaren sind unsere Probleme, unsere Lasten unbedeutend. Spät wurde es auf dem neuen Sofa, und die Flasche Wein war seit langer Zeit einmal wieder leer. Was aber uns so sicher beieinander bleiben lässt, das muss, zu diesem Schluss kamen wir, wohl wirklich, wie Kurt im September gesagt hat, ein Geheimnis sein.

43

Heute Morgen, als ich ins Wohnzimmer kam, um Gymnastik zu machen, und Dich beim Schwimmen wähnte, lagst Du auf dem hellen Sofa, beide Hände an Deiner Stirn, als höbe sie ab, wenn Du sie nicht festhalten würdest.

«Ich glaube, ich kann nicht fahren», hast Du gesagt, so leise, dass ich es erst verstand, als ich neben Dir saß. «Die Schwindelanfälle sind wieder da.»

Wir sind langsam in die Küche gegangen. Aber zu diskutieren, hatte nicht viel Sinn. So telefonierte ich nach dem Frühstück mit den Sohnfamilien in Potsdam und an der Küste, um ihnen den Winterbesuch «wahrscheinlich» abzusagen. Oder, wie Du rufend versichert hast, zu verschieben. Ich glaube, sie waren wirklich enttäuscht.

Bei Deiner Schwester und Deinem Bruder hast Du selber angerufen. Und bei der Ärztin.

Dein Körper gibt Dir sehr feine Signale, anders als meiner. Kleinste Unregelmäßigkeiten werden wahrgenommen, auch ernst genommen, auf ihre Gefährlichkeit abgeklopft. Kaum ein Monat ohne Arzttermine. Die Ärzte wird es freuen.

Und wie sagte doch Dein Vater über Deine Mutter? «Wenn sie keine Wehwehchen hat, ist sie nicht gesund.»

Nun, dies ist wohl vererbt … Doch möglicherweise besser, als wenn man die kleinen Signale des Körpers gar nicht wahrnehmen will. Und ich, will ich das?

44

«Sie sind sich doch sicher?» Der Mann im hellgrünen Kittel schaut Ida forschend an.

Ihr Gesicht sieht weich aus, aufgequollen. Sie macht eine unklare Geste hin zu Ole. Er legt die Hand um ihre Armbeuge, nur kurz. Tastet weiter, den Mantelärmel hinunter, bis dahin, wo Haut ist, umfasst ihr dünnes Handgelenk. In Idas Fingern knittern ein Taschentuch und die Rechnung vom Tierarzt.

«Es ist ja nicht nur die Arthrose, ja?», versucht Oles gehemmte Stimme zu helfen.

Während er den Kater aus dem Korb holt, schaut sie mit zusammengepressten Lippen zum Fenster. Der Kater krümmt sich, streckt die Beine. Als die Pfoten den glatten Behandlungstisch berühren, zucken sie zurück, als wäre die Metallplatte elektrisch geladen.

Ida läuft erschrocken zum Stuhl mit ihrer Handtasche, sucht darin. «Das Handtuch», sagt sie entschuldigend zum Tierarzt, breitet es unter dem Kater aus.

Den Blick bei Ida, duckt der sich, wehrt sich nicht weiter, faucht nur, als die Pfote geschoren wird. Danach steht er wieder auf den Beinen, unbeirrt durch Kraulen und Streicheln und sogar durch die Spritze. Er steht, oder er schwebt, auf immer bodenhaftungsloseren Pfoten. Wie ein Tänzer kreuzt er irgendwann die Knie, will aufrecht sein und kann nicht mehr und steht noch auf den Vorderpfoten, taumelig, mit wenig Orientierung. Ole hilft dem matten Tänzer bei der Senkfigur. Hilft ihm auf die Seite, hilft, die Krallen aus dem Handtuch zu lösen. Und auch im Liegen noch bleibt ein Hinterbein durchgestreckt, tänzerhaft gerade, wie in die Luft gelegt. Aber ein Kampf mit dem Schlaf ist es nicht, eher scheint der Kater am Schlaf zu nippen. Immer wieder leckt die Zunge über die schmale Unterlippe, schwach. Ida krault tapfer das kleine graue Kinn, den schwarzgrauen Oberkopf.

Große Pupillen suchen eine Weile noch ins Leere, dann siegt doch der Schlaf. In dunklen, offenen Augen. Eine Pfote zuckt wie im Rennwiesentraum, der Bauch hebt sich unter hohen Atemzügen. Und bald unter sehr flachen.

Nun weint auch Ole.

45

Mögen wir das Fernsehen? Eigentlich nein. Und doch finden wir uns manchmal abends vor dem Apparat wieder, zumal jetzt, da auf dem Sofa neben meinen angezogenen Beinen ein zusammengerolltes Wesen fehlt.

Vielleicht war Vladi an Tagen voller Aufgaben auch mal eine Last, mit seinen Ausrutscherpfützen, mit der Orientierungslosigkeit selbst nach drei Jahren in der neuen Wohnung, mit seiner Tragebedürftigkeit sogar zum Sofa hoch oder dem immer schriller gewordenen Miauen. Dennoch vermissen wir ihn nun. Beim Nachhausekommen stromern die Blicke ins Leere. Und meine Füße auf dem Sofa frieren ohne das lebendig warme Kissen wieder mehr. Wir werfen uns vor: War er überhaupt schon betagt genug?

So trösten wir uns vielleicht ein wenig häufiger als gewohnt mit der an sich verachteten Tätigkeit (wobei Tätigkeit kein treffendes Wort für das Fernsehen ist), Du im Sessel, kopfschüttelnd oder manchmal vernehmlich kommentierend, die ausgebreitete Zeitung auf Deinen Knien wie ein Schottenrock, und ich auf dem Sofa, die kalten Füße in die kleine Wolldecke gegraben, mit vielleicht noch einem Stoß Papiere in der Hand, kritisch über die Brille auf der Nasenspitze äugend. – Und mitunter, wenn die Glieder endlich warm sind, obwohl Du wieder die Heizung kaum höher drehen wolltest, nicke ich behaglich ein.

Gar nicht so übel wäre das als Zeichnung eines Deiner «Eulenspiegel»-Karikaturisten, eine kleine Fußnote zur modernen Zeit vielleicht. Neulich am Rand eines verworrenen Krimis kamen wir darauf, und Du hast uns den Abend gerettet mit Deinem schallenden, ansteckenden Lachen.

Weniger zum Lachen ist mir, wenn wieder einmal detailliertes Sexgeschehen dargestellt wird. Zu zahlreichen Filmen gehört das offenbar heute dazu, in abstoßender Überdeutlichkeit. Kaum wagen wir dabei, einander anzublicken.

«Die Leute wollen das sehen», sagst Du. Ich kann das einfach nicht glauben. Nicht in dieser Art. Wo bleibt da das Geheimnisvolle, vielleicht auch die gute Kinderstube und die Phantasie? Von Liebe ganz zu schweigen.

Aber Dir behagen derartige Szenen womöglich doch mehr, als Du das äußerst? Du bist, schon familiär, eher ein Sportler, ein Pragmatiker, auch was den Körper betrifft. Ich dagegen bin nur schwer in der Lage, über solche Themen zu sprechen, das gebe ich zu. Ich kann nur mutmaßen, dass es Dir gefallen könnte, wenn ich mich auch mal nackt vor Dir räkeln oder gar ein Tänzchen in Reizwäsche wagen würde wie manchmal die Damen in den Fernsehfilmen. – Eine abwegige Vorstellung für mich.

Wenn mir so ist, folge ich Deinen Avancen oder strecke meine Hand nach Dir aus und gebe mich Dir hin, wie man so sagt. Ich leide auch nicht darunter, so schlimm verändert scheint mir mein Körper, auch die letzten Wunden der Totaloperation sind verheilt. Doch das Nachthemd dabei auszuziehen, ein Schauspiel daraus zu machen, ist mir nie in den Sinn gekommen. Und ich bilde mir ein, dass Du auch nicht danach fragst. Ich denke ja, Du würdest fragen?

46

«Deine Kollegin weiß doch Bescheid?» Idas Blick tastet den Flur hinunter, an Rollstühlen und Wandgriffen entlang, und zurück zur Zimmernummer auf der blassgrünen Tür. Sie klopft noch einmal. Keine Reaktion.

«Komm», sagt Ole, «wir gehen rein.»

Vorsichtig öffnet sie. Im Zimmer wirkt es schon dämmrig. Die schwere Gardine ist bis auf einen Spalt zugezogen und färbt das Licht gelbgrau, wie übriggeblieben vom Abend zuvor. Auch die Luft ist abgestanden.

Rufe dringen vom Flur herein, kräftig, fordernd. Ole schließt die Tür. Das Dämmerlicht ist nach und nach durchlässiger. Im Bett vorn mit höhergestelltem Kopfteil liegt eine erhaben wirkende Gestalt, statuenähnlich.

«Das ist sie, oder?», flüstert Ida.

Sie stehen nah beieinander in der Mitte des Raums, unschlüssig, benutzen nicht die beiden Stühle. Ida versucht, durch den Spalt der Gardine zu sehen, die das Fenster verbirgt wie eine Mauer aus Sand. Sie zuckt zusammen: Auch im hinteren Bett liegt eine Person. Vom Kissen kommt leises Schnarchen.

«So können wir nicht warten», flüstert Ida weiter.

Im Wandfernseher über ihr wechselt stumm das Bild.

Ole sieht zu, die Stirn in Falten gezogen, beugt sich dann über das vordere Bett. «Waldtraut?»

Die Züge der alten Dame sind bitter. Haare, weiß wie das Kissen. Der Hals ist weich und aufgedunsen.

Ole wiederholt ihren Namen. Er sieht Ida an, legt seine Hand auf die Schulter der Kranken. «Traude, Besuch.»

Ihr großer Kopf ruckt, schüttelt den Schlaf ab, sehr langsam.

Ida tritt näher: «Guten Tag, Frau Behrend.»

Zögerlich öffnen sich ihre Lider. Die Schlafende im anderen Bett ächzt.

«Da bist du ja», sagt Ole.

Die Kranke stellt umständlich ein Bein auf. Sie blinzelt, ihre wasserhellen Augen tasten suchend umher.

«Du erkennst mich doch?» Oles Lächeln ist mühsam.

Ihr Blick bleibt schwimmend, als wäre anderes wichtig. Schwarz und leer öffnet sich der Mund, schließt sich, öffnet sich halb.

Ida sieht sich um, sieht das Tablettennäpfchen auf dem Nachttisch, den vollen Teepott. «Vielleicht … Durst?», fragt sie.

Der Blick der Frau treibt an Ida vorbei, doch Bewegung kommt in den liegenden Körper, mühsam, wie in ein zu fest vertäutes Schiff. Die großen Hände kämpfen sich von der Decke frei. Dann ein dumpfer Stoß, Scheppern. Und noch mal stößt der Arm der Kranken gegen den Nachttisch, ein Arm in Gips. Der Tee im Becher schwappt über.

«Mir ist ein bisschen schwach zumute», murmelt Ole. Er geht vorsichtig am zweiten Bett vorbei, kippt das Fenster, lässt sich auf einen der Stühle fallen.

Ida blickt auf die Teepfütze und zur Tür, wo Schritte hörbar sind. Doch die Tür bleibt zu. Schließlich nimmt sie die Tasse und führt sie zum zahnlosen Mund.

«Oh, würdest du mich mal so versorgen, wenn ich krank bin.» Ole lacht leise vom Fußende.

«Würde ich, wenn du so am Verdursten wärst», sagt Ida kühl. Sie zeigt auf den Gipsarm und den Nachttisch daneben und auf die andere Bettseite, wo der gesunde Arm auf der Decke liegt, aber kein Platz für Tisch oder Tee ist.

Nach ein paar Schlucken ist die alte Dame wach genug, um mit schmalem Mund über Schlafseufzer ihrer Zimmergenossin zu lächeln. Worte aber strengen sie an.

«Das Bein muss noch ab, also, das da, Gips», sagt sie langsam und rau. «Doch dann geht's zum Glück nach Hause, bald.» Sie lacht rasselnd. «Hier stecken sie einen ja am besten gleich nach der Mittagsruhe ins Bett.»

«Immerhin, dein Humor ist dir nicht verloren gegangen», sagt Ole nach einer Pause.

Die hellblauen Augen sehen ihn indifferent an.

«Du warst eine tolle Chefsekretärin», sagt er und klopft auf das metallene Fußende des Betts.

Sie streicht fast schüchtern mit der freien Hand die weißen Haare glatt. «Erst noch zur Reha ...», murmelt sie.

«Das waren noch Zeiten.» Ole schaut von ihr zu Ida. «Alles, Vorträge, Briefe, Referate, hat Waldtraut getippt, bis fast zur Wende, für die ganze Abteilung.»

Forschend folgt die frühere Chefsekretärin seinem Blick.

Ida lacht aufmunternd. «Ich war auch zunächst einige Jahre Sekretärin, wussten Sie das?»

Die Frau ächzt, räuspert sich. «Heute interessiert das keinen Deut mehr, unser Marxismus-Leninismus. Würden wir so sozialistische Sachen heute an der Hochschule ausarbeiten, würden sie uns noch ins Gefängnis stecken, wer weiß.»

Danach wirkt sie bald wieder müde.

Ole drückt vorsichtig das Fenster zu. Im anderen Bett, vor der gelben Gardine, regt sich bis zum Schluss nichts. Das Gesicht bleibt zur Wand gedreht. Unter der Decke ist ein zierlicher Körper zu ahnen. Betroffen verlassen Ole und Ida den Raum, er schließt die blassgrüne Tür.

Auch Ida schweigt auf dem Rückweg durch niedrige, weiß gestrichene Flure. Manchmal bleibt ihr Blick an Schildern hängen, «Geriatrie»,

«Psychiatrie», «Ausgang zur Universität Erfurt». Draußen unter den ersten Bäumen des Krankenhausparks bleibt sie stehen, atmet tief. «Vergissmeinnicht-Augen», sagt sie.

Ole sieht sie an, erschöpft und bedrückt. Er nimmt ihren Arm.

«Wer hat doch davon geschrieben», fragt Ida, «hatte ich das in einer Veranstaltung?»

Er überlegt.

«Wahrscheinlich Schiller», sagt sie. «Aber erst jetzt verstehe ich, was das bedeuten könnte: Vergissmeinnicht-Augen. Und du?» Sie hält sich mit beiden Händen fest an seinem Arm.

«Waldtrauts Augen», sagt Ole, «sind sehr hell.»

«Aber so kann ihr Blick früher nicht gewesen sein.» Ida lächelt bitter, «das kann ich mir nicht vorstellen.»

«Na ja, sie ist seit bald zwanzig Jahren in Rente und ist älter als wir.» Er schüttelt den Kopf, findet ein kleines Lächeln. «Vergissmeinnicht-Augen, das hätte die Sektion mal damals sagen müssen. Ich glaube, Eiskönigin hat sie mal jemand genannt.» Ole wendet sich zum Gehen.

Doch Ida lässt ihn nicht los. «Ich bin mir noch über eines klar geworden», sagt sie und sieht blass aus.

Er bleibt stehen, erschrocken.

«Die Vorstation für die Reha ist das vielleicht», sagt Ida, «oder für die Unendlichkeit. Das ist ja wohl klar. Und ich wünsche deiner Kollegin das Beste.» Sie macht eine Geste, Oles Mantelstoff weiter fest in ihrer Faust. «Aber für mich habe ich beschlossen, dass ich diesen Weg nicht will.» Sie spricht nicht laut, aber mit schneidender Bestimmtheit. «Wenn die geregelten, vernunftbegabten Bahnen erst mal verlassen werden müssen, dann will ich kein Krankenhaus. Keine Pflegestation. Kein ‹Feierabendheim›. Ja?»

Der Blick hinter ihrer Brille ist dunkel. «Bevor ich gezwungen wäre, unselbständig zu vegetieren, Ole, würde ich lieber freiwillig aus dem Leben gehen.»

Er nickt. «Das verstehe ich. Ich weiß nicht, ob ich … Halten wir das fest.» Seine Stimme ist brüchig.

Ein Kuss auf ihren Mund, eine lange Umarmung. Dann gehen sie unter den Bäumen der Krankenhausallee weiter.

47

Wir sitzen beide an unseren Schreibplätzen über Vorbereitungen, Du für die PDS-Versammlung am Nachmittag, ich für meinen Post Certificate English Course. Beide Veranstaltungen zur gleichen Zeit, und ich entschied mich für den Englischkurs. Das missfällt Dir. Erst höre ich Dich durch die geöffnete Wohnzimmertür brummeln. Dann stehst Du von Deinem Schreibtisch im kleinen Zimmer auf, kommst rüber und versuchst, mich zu überzeugen. Der Englischunterricht, zumal mit einem nicht unerheblichen Teilnehmerbeitrag verbunden, sei nicht so wichtig wie Deine Veranstaltung. Überhaupt sei die politische Arbeit bedeutender als die sprachliche, auch eigentlich als die literaturvermittelnde, für die ich meine Bemühungen verschwende. Du sagst das nicht wirklich hart und abwertend. Aber Du dringst darauf, ich möge mein Engagement stärker in die politische Arbeit einbringen, in Phasen der Wahlvorbereitung zumindest.

Ich möchte für mich entscheiden, gebe ich zu verstehen. Ich möchte auf meine Bedürfnisse hören, soweit das eben möglich ist, möchte entscheiden, was ich tun will, und bitte, das zu akzeptieren.

Wir haben dann nicht wieder darüber gesprochen.

Tritt zwischen uns etwas häufiger jetzt eine gereizte Stimmung auf? Immer dann, denke ich, wenn wir, getrieben von einer Aufgabe, schon eine andere bedenken müssen. Dann werden Nichtigkeiten Anlass zu Missverständnissen und spitzen Bemerkungen. Wenn ich in meiner Arbeit am Schreibtisch gestört werde – «Das Mittag ist fertig!», dabei habe ich es so vorbereitet, damit ich nur noch einen letzten Handgriff machen muss, aber nicht in Eile –, dann ärgert mich die Ungeduld.

Die kleinen Einmischungen sind es, die mir Verdruss bereiten.

Meine nicht ganz freundlichen, knappen Bemerkungen, die dann entsprechende Entgegnungen hervorrufen – manchmal ist das auch umgekehrt –, gefallen mir selbst nicht. Aber es ist die Anspannung, die sich nicht zurückhalten lässt.

Ich bedaure, dass solche Situationen immer ein bisschen Kühle ins Zimmer bringen. Zum Glück verstreicht sie meist bald wieder.

48

Stimmen schallen durch den morgendlichen Wald, schon bald nach der einsamen Bahnstation. Idas ist darunter, hell, gutgelaunt, und Oles resonanzreiche Stimme auch. «Grün schimmern wie Smaragde alle Höhn, fallera», singen sie. «Wir wandern ohne Sorgen singend in den Morgen, noch ehe im Tale die Hähne krähn.»

Dann bleibt der Wald im Tal und scheint nur vorsichtig Späher auszuschicken: Büsche trotzen am Hang der Hitze und junge Fichten. Neben den niedrigen Bäumchen sehen die Wanderer wie Riesen aus. Zwölf sind es oder mehr, fast jeder mit Rucksack. Ein paar stützen sich gegen das Abrutschen am Hang auf Wanderstöcke, auf lange aus Plastik meist, Stöcke wie fürs Skifahren.

«Vielleicht legen wir uns auch solche zu», sagt Ida zum größten der Riesen, der vor ihr geht. Mit Bedacht setzt er zwei Stöcke abwechselnd auf den trockenen Boden.

«Ich bin ein bisschen wacklig neuerdings», sagt sie, schaut unsicher an seinem breiten Rücken vorbei zu Ole.

Der Mann atmet schwer und wendet sich halb zu ihr. «Ja, sind ganz gut. Aber Zauberstöcke sind's nicht.» Er lacht, auch sein Bauch lacht. «Willst du sie mal testen?»

Ida wehrt sanft ab.

Ole ganz vorn gestikuliert, die übrigen Wanderer bleiben stehen. Einer geht eilig ein paar Schritte hinter die Bäumchen.

«Hier brauch ich die gar nicht so», sagt der Riese. Er gibt ihr einen der Stöcke, nestelt an der Handschlaufe des zweiten. «An der Uhr verfangen, Mist.» Auf sein Knie gestützt, steht er, ein Rinnsal läuft vom Hutrand über Schläfe und Wange, die nackten Arme glänzen feucht.

Auch Idas Gesicht glänzt vor Anstrengung und Hitze, doch sie lächelt. «Ich weiß, Benno, du nimmst mir das nicht übel. Wie du hier am Berg stehst, müssten nur noch Bart und Haare ein bisschen wachsen, dann wärst du ein famoser Rübezahl.»

Er löst die Handschlaufe, überlegt. «Etwa der, der Nachbarn zu Tode kitzelt, um zu lachen?»

Ole ist nach hinten zu ihnen gekommen. «Das hast du dir gemerkt.»

«Na klar», poltert Benno. «Wir Humorfreunde merken uns so was! Und dass er eine arme Frau beim Baden entführt hat. Zum Glück bist du nicht so die Baderin, oder?»

Ida wiegt den Stock in der Hand. «Früher ...»

«Der Schwimmer bei uns bin mehr ich.» Ole grinst, betastet interessiert den Teleskopstock.

Benno reicht Ida feierlich den zweiten Stock. «Und ich bin nicht so der Kenner von Literatur. Aber das war eine tolle Exkursion da, ins Riesengebirge. Und auch hier in unseren Breiten bin ich immer gespannt, was du am Ziel zum Besten gibst.»

«Und das ist alles wunderbar.» Ole breitet die Arme aus wie ein Schwimmer. «Nur als Wanderleiter heute sage ich: Bis dahin ist es noch ein ganzes Stück.» Seine Arme schieben, treiben, wie beim Schmetterlingsschwimmen.

«Und es sind bestimmt jetzt schon dreißig Grad», stöhnt eine Frau mit grauem Zopf und Holzwanderstock.

«Eigenartig», Idas Stimme ist gesenkt, «beim Probewandern war es, glaube ich, auch schon so heiß, oder? Richtig ein Déjà-vu.»

Langsam steigt die Gruppe weiter, mit Ole an der Spitze. Je höher am Hang, desto weniger wird gesprochen. Schuhe knirschen auf Felsstein und Sand, manchmal knackt ein Zweig, jemand ächzt. Fern rauscht eine Straße. Sonst ist es still.

Die langen Stöcke sind fremd in Idas Händen. Sie geht wie ferngelenkt; ein Schritt leicht, ein Schritt schwer, wie eine indische, an Stäben geführte Marionette. Ernst und fast geduckt, dann wieder anmutig mit ihrem geknoteten Halstuch und dem Kastanienhaar. Sie hebt den Kopf, lauscht. Irgendwo im flirrenden Blau ist Lerchengesang. Immer feiner, höher. Verglühend. Sie stolpert. Verzieht das Gesicht.

Die Frau hinter ihr stützt sie.

«Geht schon», sagt Ida. Mit fahrigen Fingern kramt sie eine Schirmmütze aus der Tasche.

Bald der Gipfel. Ein Turm. Die Wanderer sitzen in seinem Schatten, schweigend, mit Brotbüchsen, Wasserflaschen. Ole liegt ausgestreckt am Rand, den Kopf auf seinem Rucksack. Unter der hohen Sonne klingt sein Schnarchen wie Zikadenzirpen. Auch Ida hat die Augen geschlossen, Stirn und Lider sehen grau aus im Schatten des Mützenschirms.

Frieder Wiethaupt erhebt sich als Erster. Er macht eine Runde auf dem hinteren Teil des Plateaus, ein zierlicher, achtsamer Wächter. Bückt sich manchmal zum hellen Felsen. Nach und nach kommt auch in die anderen wieder Bewegung. Auf der Vortreppe verteilt eine Frau kleine Flaschen, jüngere Teilnehmer verschwinden im Turm.

Benno hebt die Faust mit dem Fläschchen. «Ihr auch?», ruft er. «Oder kommt zum Geistigen sogar noch was Geistreiches dazu?»

Ida schüttelt den Kopf, sieht abgekämpft aus. Schweißperlen auf ihrem Gesicht.

Frieder Wiethaupt hat seinen Gang beendet, setzt sich mit leisem Ächzen neben sie. Er legt die Finger auf die Lippen, zeigt auf den noch ruhenden Ole. Sinnt in die weite Landschaft.

«Ich weiß, man hat nicht mehr immer einen guten Tag», sagt er leise und sieht sie kurz von der Seite an. «Und, tja, weil deshalb Gertrud heut nicht mit ist, habe ich, glaube ich, für dich was gefunden.» Er spricht sanft, mit einem leichten thüringischen Einschlag. «Eingedenk der Zeiten, in denen ihr in unserem Haus gewohnt habt. Ihr wart sehr nette Mieter.»

«Ach, danke, Frieder. Wir sind ja auch nicht vor euch geflüchtet.»

«Na ja, Gertrud kann schon auch mal bisschen harsch sein mittlerweile», sagt er, dreht einen Stein in der Faust. «Aber an Vladis Lieblingsplatz zwischen den Rosen hat sie ein Foto von ihm aufgestellt, gleich als sie gehört hatte, dass ihr den Kater verabschieden musstet.» Er lächelt sein vorsichtiges Lächeln, streckt dann die Faust vor, öffnet sie. Ein Stein auf seiner Handfläche, flach.

Ida beugt den Hals. Oben am Stein ist etwas Dunkleres, wie die Verzierung einer Torte, in Form einer winzigen Hand vielleicht, einer gestreckten, mit langen, gleichmäßigen Fingern an einem übermäßig schmalen Handgelenk.

«Weil du doch der Natur so verbunden bist», sagt Frieder.

Sie nimmt den Stein vorsichtig und dreht ihn.

«Seelilie», sagt er andächtig. «Mindestens 200 Millionen Jahre alt.»

Idas Hand zuckt erschrocken.

«Aus dem unteren Muschelkalk?», sagt Ole, die Augen noch geschlossen. Er lächelt matt. «Ja, ich höre alles. Und du siehst, Frieder, ich habe meine Lektion aus deinen Wanderleitungen gelernt.»

Abwärts auf halber Höhe eine nächste Pause. Die Wanderer drängen sich auf zwei Bänken an einem Denkmal. Frieder liest vor, Ole umkreist einen Teich dahinter. Unter einer Weide zieht er schnell Hemd und Hose aus. Steigt mit gut trainierten Schwimmerbeinen in den Teich.

«Und», ruft Benno, «müssen wir neidisch werden?»

Ole geht in die Hocke, prustet, taucht bis zu den Schultern ein. Das Wasser ist grün.

Weiter unten stehen Linden am Weg. Wie aufgewacht aus einer verfrühten Siesta warten in ihrem Schatten die Fliegen. Daumennagelgroß, schwarzgrün, gespenstischer Schmuck immer wieder auf den nackten Armen und Beinen. Nur Ida trägt eine helle Hose, die bis zu den dünnen Fußgelenken reicht. Müde wischen Hände nach den Fliegen.

«Schont eure Kräfte lieber», sagt Ole, «um auf eure Kniegelenke aufzupassen! Die Füße nie mit den Hacken aufsetzen, auch nicht bergab.» Er führt es vor, dynamisch, zu seiner Seite öffnet sich die Lindenreihe: «Zuerst die Fußspitze oder gleich der ganze Fuß. Und ein kleines bisschen dabei in die Knie ...»

Danach wird der Weg schmaler, wird ein Pfad in den Wald, den Fliegen bald zuwider. Die Sonne verschwindet in milchigem Wolkennebel, die Stämme werden länger.

«Hier kommt wohl kaum jemand vorbei. Der reinste Zauberwald», sagt Ida zu ihrer Nachbar-Himbeerpflückerin, einer Frau mit kurzen, schwarzgrauen Haaren. «Zittergras, Farnkraut, Glockenblumen, Moos. Hat das nicht was von der Kindheit?»

Die andere lächelt. «Ich bin in Frankfurt aufgewachsen, ich kenne fast nur Gänseblümchen.»

Der Weg hat sich aus dem Dickicht gewagt, Ida geht Seite an Seite mit Ole. «Da drüben», er zeigt auf eine Kirchturmspitze hinter der Lichtung, «ist die Bushaltestelle. Und der Tisch fürs Mittagessen!»

Freude in der Gruppe.

«Und vielleicht haben wir», sagt die Frau mit dem Holzwanderstock, «heute wieder mal etwas Demut gelernt.»

«Oder die Kraft der Sonnencreme.» Die jüngere Frau lächelt.

Ida dreht Frieders Stein zwischen den Fingern, steckt ihn in ein Handtaschenfach. Tastet ernst an ihrer Hüfte.

Ein zerstreut-besorgter Blick von Ole streift ihre Mütze.

Bevor er etwas sagen kann, bleibt sie stehen. «Aber jetzt will ich auch noch meinen kleinen Beitrag nachholen.» Sie tupft sich die Stirn, lächelt die Anstrengung weg. «Er passt zu diesem Tag. Oder eigentlich sind es zwei, ich kann sie auswendig», sagt sie, und ihr Körper streckt sich, «was keine so üble Mühe war. Es handelt sich um Haikus, also japanische Kurzgedichte, mit der Silbenform 5 – 7 – 5.» Nun ganz Lehrerin, sieht sie in die Runde, überfliegt die verschwitzten Gesichter. «Aber man kann – und sollte – sich auch einfach an ihrer Schönheit freuen.»

Sie wartet, bis das Rascheln verstummt.

«Wenn sich kein Blatt regt / dann sind selbst so unheimlich / die Sommerblüten.» Und mit Blick in den Wald: «Ein kühler Abend – / der Sommer wird gehalten / vom Schrei der Grille.»

49

Schon beim Zähneputzen morgens schwirrt mir ein Wort durch den Kopf, ein Wörtchen, leicht genug, um wie ein Schmetterling zu flattern, und schwer genug, um mit Marmor und Granit auf einem Grab zu liegen. Mir ist, als hätte ich es schon vor dem Frühstück mehrmals benutzt. Ich nehme mir vor, einen Tag lang darauf zu achten. Auf das Wörtchen «ach».

(«Achten» aber zählt nicht mit.)

Nun, wie begann dieser Tag?

Mit Aus-dem-Traum-gerissen-Sein, wie so oft. «Ach Gott», murmle ich, noch halb im Schlaf, meine Lider wollen sich nicht voneinander lösen. Du aber hast mich gehört. «Was ist?»

«Erst sind wir Rad gefahren», murmle ich. «Zwischen zwei Flüssen, die immer näher zueinanderwuchsen. Wir fuhren und fuhren, und der Weg wurde immer schmaler.»

Du tastest im fast dunklen Zimmer nach meiner Hand, als säßen wir im Theater, und eine traurige Szene würde beginnen. «‹Nehmen Sie das Boot!›», sage ich, «hat immer wieder jemand gerufen.»

«Wer?» Ich weiß es nicht.

«Ganz knapp bevor die Flüsse zu einem zusammengeflossen sind, haben wir die Räder hingeworfen und sind in ein Motorboot geklettert», erzähle ich weiter. «Und Du hast es sogar in Gang bekommen.» Du drückst meine Hand. «Und dann ist das Boot losgeschossen wie ein Pfeil. Gesteuert hast Du, mit Kraft. Aber Bremsen oder Verlangsamen war nicht möglich.»

Jetzt sagst Du: «Ach Gott.»

Meine Augen suchen eine Zimmerecke, wo das Licht noch diffus genug ist, um die entgleitenden Bilder des Traumes nicht zu vertreiben. «Eigentlich eine herrliche Fahrt», sage ich, «unübersehbare Wiesen und Äcker zu beiden Seiten, flache, große Landschaft. Siehst Du, und mir fehlen die Details, um das Wunderbare daran zu beschreiben. Durch eine Brücke ging es noch, oder einen Tunnel, kühl und dunkel, und immer schneller. Der Fahrtwind hat unsere wachsende Beunruhigung einfach weggestreichelt. Doch plötzlich ein großer Stoß, eine Sandbank vielleicht – und ich bin aufgewacht.»

Ein typischer Traum eigentlich. Du willst mir auch Deinen erzählen, aber zu spät, er ist schon, wie das Motorboot, uneinholbar davongesaust. Dann müssen wir noch mal eingenickt sein.

Ich löse irgendwann meine feuchten Finger vorsichtig aus Deinen. «Wie spät ist es?» Die Rollläden verbergen noch die Antwort.

«Kommst du zum Schwimmen mit?», fragst Du.

«Ach nein.»

Beim Frühstück: «Ach, wir haben keinen Leinsamen mehr.»

Aber Post ist schon da, von den Berlinern. «Ach!»

Du hast Dir ein Hemd ausgesucht, für die Beerdigung Deines früheren Rektors.

«Ach, das würde ich nicht nehmen.»

«Ach, hat das gut geschmeckt», sagst Du nach dem Mittagessen.

Ich habe meine Vorbereitungen auf den Unterricht fertig: «Ach, endlich Schluss.»

Ich beginne meinen neusten Brief an unsere älteste Enkelin: «Ach, Ella ...»

Goethes Faust beginnt: «Habe nun, ach! Philosophie, Juristerei und Medizin ...»

Du blickst mir über die Schulter und seufzt: «Ach, ich denke jetzt auch manchmal, wie es gewesen wäre ...» Hätte der Berufsschulinspektor damals nicht gesagt: «Wir würden dich gern zum Stellvertreter machen, aber dazu gehören die Fächer Staatsbürgerkunde und Geschichte», dann wärst Du bei deutscher Literatur und Grammatik geblieben. Dass Du den Wechsel nicht abgelehnt hast, ärgert Dich heutzutage wieder mehr. Du sprichst davon, immer stärker in die politische Richtung gedrängt worden zu sein. Ein wenig erstaunst Du mich damit. Gerade Du? Aber beginnt das Leben, sich zu neigen, fällt uns auf, was gefehlt hat ...

Im Nachhilfeunterricht wollen wir zu Anfang ein Diktat schreiben. «Ach, schon wieder», stöhnen die Schüler. «Ach, das ist doch nicht lang», muss ich trösten.

Vielleicht dreht sich eines der nächsten Diktate ja um ihr «ach nee»? Wenn ich es schaffe, ihnen Lernen als Spiel zu vermitteln, dann macht es ihnen auch Spaß. So manche Aufgabe, an deren methodischer Vorbereitung ich lange gebrütet habe, verrät den Kindern diesen Aufwand nicht.

Wir haben einen Kaffeegast.

«Ach», sagst Du, «mitten in der Woche?»

Ja, so ist es. Irma, meine frühere Kollegin am Institut. Neulich, als ich sie in der Stadt traf, sah sie so traurig aus, dass ich sie für den nächstmöglichen Termin eingeladen habe. Sie wollte sich nie hervortun. Manchmal ging sie wohl ein bisschen unter zwischen selbstbewussten Kollegen und modischen Studentinnen, mit ihrer unaufdringlichen Art und der dünnen, recht früh ergrauenden Dauerwelle. Wenn ihre Augen müde wirkten, hatten sie ihre Gründe. Und trotzdem war sie immer loyal, wäre immer zur Stelle, wenn man sie braucht. Eigentlich eine der ganz wenigen, die ich Freundin nennen könnte. Habe ich ihr das mal gesagt? So eine Offenheit fällt mir schwer.

Irma erzählt, wie leer die Russischkurse in der Volkshochschule leider nach wie vor sind. Dabei ist sie eine souveräne Lehrerin. Sie unterrichtet noch einen kleinen, treuen Stamm. Wie soll man da nur motivieren, seufzen wir, «Ach ...».

Aber eine Idee hat sie: Sprache lehren vor Ort in den Ländern, mit kleinen Reisegruppen. Wir wünschen ihr von Herzen Glück.

Dann gibst Du den Anstoß, ich solle erzählen, wie meine Asylbewerberkinder mich letzte Woche empfangen haben. Singend! «Frau Wächter kommt, Frau Wächter kommt!»

«Ach, göttlich», sagt Irma, wir lachen zusammen, Tränen in den Augenwinkeln. Ja, ein seltenes Geschenk war das, eine Gänsehaut berufshalber. Und das weit in der Rentenzeit. Ich sollte glücklicher sein. Auch die Lehrerbildungsstudentinnen, die naturgemäß weniger impulsiv waren, habe ich lieber unterrichtet eigentlich, als dann eine Fachbereichsleiterin zu sein. Aber ach, ich schweife ab.

«Und, wie geht es dir jetzt», frage ich vorsichtig, «wo ...» Ungeschickt stellt man sich an in solchen Fällen, wagt kaum auszusprechen, was leider ein Fakt ist. Irmas Mann hat sie vor einigen Monaten für eine Jüngere verlassen.

«Ach ja», sagt sie, «was soll ich sagen. Ich habe jetzt wenigstens mehr Zeit.»

«Ach» ist natürlich kein Wort im Sinne einer Einheit von Form und Bedeutung. Wie auch andere Interjektionen soll es die emotionale Wertung ausdrücken, und die kann ja höchst unterschiedlich sein. Offenbar wird sie erst durch den Kontext, aber viel mehr durch die Intonation.

Das könnte ich vielleicht den älteren Kindern erklären. Ich könnte mich darüber mit den meist so gesprächsfreudigen Erwachsenen aus ganz Europa unterhalten, wenn alles gutgeht und ich im nächsten Jahr wieder einen Sommerkurs «Deutsch für Ausländer» gebe. Wird es der letzte sein, der vorletzte?

Ach, und einen Tagesordnungspunkt sollte ich nicht vergessen, obgleich er zu den Themen gehört, die ich gern zur Seite schiebe. Ich musste mich beeilen, habe noch eine Tasche Bücher mitgenommen, um daraus zu kopieren. Ich wollte nur schnell den Termin bei der Orthopädin abhaken – und damit zugleich die manchmal jetzt piesackenden Sorgen loswerden um unsichere Beine und eine schmerzende Hüfte. Nimm mir nicht übel, dass ich Dir so wenig davon berichte. Weder kann noch möchte ich ein Mensch sein, der dem Körper und seinen Schwächen viel Bedeutung zumisst. Die Ärztin hat die Röntgenbilder betrachtet wie ein Kunstwerk und hat genau untersucht. Beim Abtasten meiner langen Zehen sagte sie: «Tragen Sie immer diese Schuhgröße?»

Ich musste lachen und bejahte. Sie daraufhin: «Ach was.» Und erklärte mir, dass ich eine Größe größer tragen müsste.

Ich rechtfertigte mich, weil doch der Fuß schmal sei und die Schuhe dann zu locker säßen.

Nein, sie beharrte. «Aber was viel wichtiger ist: Ich denke, um eine Hüftoperation kommen wir nicht herum.»

«Ach.» Wie genau meine Intonation da war, kann ich nicht mehr sagen. Eine solche Notwendigkeit hatte ich bislang weit von mir geschoben.

«Ein Routineeingriff.»

Nun dann. Die Überweisung halte ich in den Händen.

Was kommt da wohl auf mich zu?

Ich erzähle Dir das Ganze am Abend.

«Ach je.» Du klärst mich auf, wer alles im Bekanntenkreis eine neue Hüfte hat. Kurz habe ich den Eindruck, das leidige Schuhthema brächte Dich mehr auf?

Ich gewinne bald meine Ruhe zurück. Und ich staune, mit wie wenigen Silben wir durch den Tag kommen könnten …

50

Zwei Radios laufen halblaut, im Wohnzimmer, in der Küche, ein sprödes, modernes Stück. Ole räumt den Geschirrspüler aus, klappert mit Tassen und Tellern eine schrille Oberstimme. Tigert durch die Wohnung. Bringt eine Schüssel, ein Glas in den Wohnzimmerschrank, stellt den Wasserkocher an. Es klingelt. Vor dem Spiegel kämmt er mit schnellen Strichen seine Haare über den Scheitel.

Seine Schwiegertochter steht da, mit ernsten Augen und roten Wangen.

«Das ist schön, Astrid, dass du kommen konntest, trotz deines Drucks mit der neuen Arbeit.»

Ole sieht zu, wie sie die flachen, weißen Schuhe und die Jacke auszieht.

«Die Wohnung ist so leer, dass ich Beklemmungen bekomme», sagt er. «Die ersten zwei Nächte habe ich Ida neben mir atmen gehört.» Er lacht, ein halbes, wundes Lachen, führt sie ins große Zimmer.

«Und geht's Ida denn besser?»

«Sie spricht immer noch kaum. Und hat mich heute begrüßt mit: ‹Schon wieder?› Sie hat kein Zeitgefühl, ihr ist alles zu viel.»

«Aber die Operation ist doch gut …»

«An sich ja. Nur die Narkosenachwirkung dauert sehr lange. Vier Tage schon. Sie weiß nicht, wo sie ist. Und sie trinkt viel zu wenig», sagt er, «gravierend. Sie bekommt auch Infusionen. Aber die reißt sie raus, vor allem nachts.» Er steht mit einem Ruck auf. «Wenn das nicht schnell besser wird, bekommt sie einen Termin mit einem psychiatrischen Arzt.»

Astrid schüttelt vor der angebotenen Kekstüte den Kopf, zeigt auf ihr weitgeschnittenes T-Shirt.

«Ich kann nachts kaum schlafen», sagt Ole nach einer Pause. «Johanniskrauttee hilft gar nicht. Ich habe tatsächlich Schlafmittel gekauft.»

Astrid nippt am Tee. «Das wird schon wieder, braucht manchmal eben länger in dem Alter, oder?» Sie sieht sich um. «Und womit kann ich dir nun helfen?»

«Ja, ganz schön anstrengend, mal so allein», ruft Ole aus dem Schlafzimmer. Er kommt wieder mit dem Bügelbrett, dann mit einem Wäschekorb.

«So schlimm sieht's hier doch gar nicht aus.» Astrid schließt das Bügeleisen an.

«Ein bisschen Übung hab ich ja durch unsere Arbeitsteilung.» Ole lässt sich in einen Sessel fallen. «Und ich habe mir so fertige Einzelschnellportionen gekauft.» Er lacht etwas. «Nur Plätten oder Nähen, so was kann ich gar nicht.»

Er sieht zu, wie ihre Hand mit dem Bügeleisen zügig über einen grauen Ärmel reist, die andere Hand nachschiebt, zurechtrückt, die erste wieder bügelt, dann das Eisen parkt. Ihre Hände legen zusammen, ziehen das nächste Stück heran. Ein Handtanz.

Ein paar Minuten sitzt Ole still, wie am Meer.

Astrid bemerkt es, versucht, leise zu bügeln. Ole springt auf, die Meditation ist zu Ende.

51

Meine Hüfte ist anders nun, besetzt von innen mit Stahl. Totalhüftgelenkendoprothese.

Ich habe aber die Zähne zusammengebissen und habe geübt. Die gemeinsame Reha haben wir selbst bezahlt. Und siehe da, ich kann die Beine wieder bewegen, fast wie vorher benutzen.

Und ich, bin ich auch anders?

Im Krankenhaus war ich anders, eine ganze lange Weile.

Ungefähr so:

Ich erwache in dumpfer Bewusstseinstrübung und wähne mich im Hades, wie ich ihn in meinen Vorstellungen habe: Fast völlige Dunkelheit umgibt mich. Ununterbrochene, melodielose Töne rinnen durch einen mir unbegrenzt und flach scheinenden Raum. Ich fühle mich schwer und unbeweglich auf meinem Lager inmitten anderer Lagerstätten, vernehme Stöhnen, nehme schattenhaft vorbeischwebende Gestalten wahr, geschäftig bewegen sie sich ab und zu über mich. «Wann bin ich dran?», höre ich mich fragen.

«Sie sind fertig», die Antwort. Ich wage nicht, meinen Körper abzutasten. Dann ein heller Schein. Ich werde in meinem Bett durch die Gänge gerollt, etwas mitleidig von den Patienten zur Kenntnis genommen. In meinem Zimmer begrüßen mich meine Bettnachbarn mit einem aufmunternden Zuwinken, das ich schwach erwidere. Ich dämmere vor mich hin. Geschafft, denke ich und überlasse mich einer willenlosen, von Erschöpfung erzwungenen Müdigkeit.

Die Erklärungen des Operationsarztes erreichen mich nicht ganz. Ich verstehe so viel, dass entgegen den Vorabsprachen doch eine umfassendere Operation nötig und deshalb schließlich auch eine Vollnarkose unumgänglich gewesen sei.

Zur Stärkung werden mir meine eigenen Blutkonserven tröpfchenweise wieder zugeführt. Mein Ruhebedürfnis und die Besinnung auf meinen Zustand sind so groß, dass ich kaum Interesse am Geschehen außerhalb des Krankenhauses habe. Mich belasten Mitteilungen über Grüße von Freunden und Besuche mehr, als sie mich erfreuen. Auch nach Informationen aus der Tagespresse steht mir nicht der Sinn. Ich möchte keine Telefongespräche, nicht Rundfunk hören, schon gar nicht fernsehen – nur Ruhe.

Dann nimmt mich diese Ruhe immer mehr gefangen. Am nächsten Morgen kann ich mich nicht lösen aus den Fängen der Träume. Bedrohlich hängen sie bei der Visite hinter den Ärzten. Hämisch, dunkel, wolkenhaft bringen sie alles in die Schwebe. Ich weiß nicht mehr, bin ich in einem Krankenhaus, in einer Anstalt? Jung oder alt? Ich sehe meine Mitpatienten und bin unsicher: Sehe ich mich selbst?

Eine alte, gebückte Patientin soll eine Spritze bekommen, in den Bauch.

«Da hin, ja?», sagt die Schwester. «Kurz unter den Bauchnabel.»

«Was?», antwortet die Frau entsetzt. «Einen Bauchnabel habe ich nicht.»

Ich bin ebenso bestürzt.

Am Nachmittag versammeln sich an den drei anderen Betten Besucher, je drei oder vier Personen. Die sollen, anders als die Alte, keinen Gedächtnisschwund haben? Laute Gespräche füllen den Raum, zersplittern in einzelne Worte, mischen sich, dringen als Durcheinander an meine Ohren. Als Du kommst, bin ich völlig zermürbt. Ich kann Dich kaum verstehen, sinnvoll antworten schon gar nicht. Mein Mund ist wie mit Watte gefüllt, genauso meine Finger. Als ich das angebotene Fruchtmus essen will, verweigern sie mir den Dienst, als wäre ich eine Schlenkerpuppe. Der Löffel stößt an meine Wange, verteilt das Mus auf meiner Bettdecke. Ich bin außer mir. Die Besucherstimmen klirren weiter auf mich ein, in nadelspitzen Scherben, meine Seele ist wund. Ich verkrieche mich hinter meine Augendeckel und möchte nicht einmal Dich mehr sehen.

Trotzdem brauche ich nachts Schlafmittel. Ohne pocht eine Unruhe in mir, die mich durch die Gänge scheucht. Mut zum Gehen sei gut, sagen die Schwestern. Trotzdem schimpfen sie: Zu wenig achtsam, zu abrupt. Und ohne Krücken auch noch. Sie nennen die «Unterarmstützen». «Und der Blutdruck viel zu hoch», mahnen sie. Wieder muss ich Tabletten schlucken. Empfindsam wie ein Kind bin ich, weiß nicht, wohin, halte mich fest an meinem Taschentuch.

Tags ist weiter dieser Nebel um mich. Ich sehe die Tagfarben wechseln von Messinggold über ein zartes Rosa, ein helles Blau, ein Graugemisch bis zu Tiefdunkel und umgekehrt.

In einer der Nächte sehe ich das Spiel des Windes mit einer losen Plane auf dem Hausdach gegenüber, wie einen Film. Haie jagen Delphine, Katzen springen auf Bulldoggenköpfe, ich bin mir sicher, Vladi ist dabei, er sieht mich an und rührt mich bis ins Innerste. Ich sehe Mehlsäcke, dick gestapelt, wie in Geschichten meiner alten Tante Lotti, dann flattern rote Fahnen wie bei den Paraden unserer bewegten Jugend. Und zum Schluss werden aus den wehenden Fahnen die windgekämmten Wiesen um meine kleine Kindheitsheimatstadt, das Flüsschen Freudenträne schlängelt sich hindurch.

52

«Zweite Etage, Gelenkchirurgie.» Ole hört die Fahrstuhlstimme, sieht sich kurz im Spiegel. Ein ernstes Gesicht, in dem alle Teile groß sind und klar: Nase, Wangen, Kinn. Er nimmt die Mütze ab, die Haare darunter sind dunkler grau, im diffusen Licht.

Er geht durch den Krankenhausflur. Hinten verlässt eine Ärztekolonne ein Zimmer, bleibt stehen, berät sich. Ole will vorbei, die Mediziner setzen sich in Bewegung, verschwinden in Idas Krankenzimmer.

Zunächst scheinen die anderen Patientinnen an der Reihe. Seufzend setzt sich Ole auf einen Stuhl in der Nähe, schließt halb die Augen.

«Na, Frau Doktor, wie geht's?», ist irgendwann wieder die Chefarztstimme zu hören. Ole hebt den Kopf. «Verhältnismäßig gut?», hört er. «Sagen Sie doch lieber: Gut!»

Er lauscht, sein Gesicht verliert an Anspannung. Ida scheint dem Arzt zu antworten. Geschwächt und leise, aber es ist ihre Stimme. Weder hoch noch tief, beherrscht, ein wenig kühl. Wie Waldseewasser.

«Gleich wird der Kollege zusammenfassen», ist aus dem Krankenzimmer zu hören. «Gibt es denn noch Probleme, etwa mit dem geistigen Beisichsein?»

Die Kollegenstimme ist leiser. Nur besonders betonte Wörter dringen aus dem Zimmer. «Postoperative kognitive Einschränkung … Durchgangssyndrom … nicht so selten …»

Ole im Flur hört gespannt zu.

«Sie müssen nun», ist wieder die Oberarztstimme zu hören, «schon wegen der Thrombosegefahr den Rehamaßnahmen folgen, Ihre Beweglichkeit wiedererlangen. Sie sollten mehr trinken. Und, Frau Wächter, auf Ihren Blutdruck achten. Der Bluthochdruck war sicher ein Risikofaktor für Ihre postoperativen Scherereien.»

Ida antwortet leise.

Er lacht. «Dann sage ich schon mal: Auf ein hoffentlich nicht baldiges Wiedersehen, Frau Dr. Wächter.»

Der Oberarzt voraus, verlassen die Mediziner das Zimmer. Eine Frau mit Gehhilfen folgt ihnen. Ole ist aufgestanden, grüßt.

Eine Krankenschwester steht noch an Idas Bett, als er um die Ecke schaut.

Ida sitzt auf der Bettkante, das Gesicht konzentriert. «Das ist mein Mann!», ruft sie in die kleine Runde, als sie ihn sieht.

«Wir wollten gerade einen Gang versuchen», sagt sie danach zu ihm. «Also ich, mit ... Hilfe.»

«Ach ... Ida, ich bin so froh, dass du wieder bei dir bist.» Ole legt die Arme um sie.

«Sie können auch stolz sein», sagt die Schwester. Die alte Patientin im Nachbarbett nickt abwesend. «Ihre Frau war Lehrerin, ja? Sie hat mir heute Vormittag sogar schon bei der schriftlichen Beurteilung einer Schwesternschülerin geholfen. Und Fachliteratur empfohlen.»

Erschöpft sieht Ida aus. Aber sie bejaht.

53

Sie müssen schon etwas mitmachen!» Eine barsche Stimme durch die Milchglastür war meine erste Begegnung mit der neuen alten Beweglichkeit. Eine forsche Physiotherapeutin, ehrfurchtgebietend. Aber mit mir hatte sie es nicht so schwer. Ich bin eine gefügige Patientin. Zwar verlangten mir die Übungen Anstrengung ab, doch bin ich ein Leichtgewicht und beweglich durch die Wandertätigkeit. Schon im Krankenhaus habe ich erste Runden durch die Gänge gedreht: nie ohne Gehhilfen, darauf bestanden die Schwestern, nachdem ich in der narkoseverwirrten Phase wohl nur knapp um schwere Stürze herumgekommen war.

Treppen stellten das nächste Ziel dar während der Reha, in Begleitung eines hochgewachsenen Physiotherapeuten im zweiten Studienjahr. Langsam und ausdauernd müssen Hüftoperierte an Treppen üben, also war Zeit für Gespräche. Wie kamen wir auf «Kabale und Liebe»? Wohl weil ich meine Tätigkeiten erwähnte und er überlegte, welche literarischen Werke ihm aus den Gymnasialjahren erinnerlich wären. (Es gibt also Schüler, die gern lesen!) Über die Fremdbestimmheit der Luise konnte er sich richtig ereifern: «Die Eigeninitiative eines Tischtennisballs.» Ich habe so etwa entgegnet: «Aber ein reines Herz. Und besondere Augen.» Er musste überlegen, natürlich. Nach einigen Treppenstufen und einem kleinen Hinweis fiel ihm das Zitat sogar ein. «Vergissmeinnicht-Augen». Und er war ziemlich gewitzt. «Wenn Augen ‹Vergiss mein nicht› sagen, will oder kann einer nicht mehr lange leben.» Ich musste an Waldtrauts Augen denken.

«Den Mädchen heutzutage mangelt es sicher nicht so an Handlungskraft», habe ich noch gesagt. Und er hat mir seine Enttäuschungen geklagt, weil er «zu anständig» sei. Ich meinte, das sei doch sympathisch, und er hat mich für meine Treppenfortschritte gelobt.

Und nun, soll ich stolz sein?

Du schienst später zu staunen über solche kleinen ungewohnten «Flirts».

Ich tappe herum wie ein dräuender Kinderschreck mit meinen zwei stabilen «Unterarmstützen». Zwar versprach einer der Therapeuten, ich könnte zu Silvester wieder mit Dir, mein Ole, tanzen. Doch im Moment ist ein richtiger Hüftschwung tabu. (Und wann überhaupt haben wir das letzte Mal getanzt?) Ich darf mich nicht bücken, um die Schuhe anzuziehen, darf meine Beine weder im Stehen noch im Sitzen übereinanderschlagen. Nach einem Spaziergang habe ich mich hinzulegen, die Füße am besten etwas hoch. Deine Mittagsruhe hat also gewonnen! Auf die Seite wiederum darf ich mich auch nicht drehen, und wenn, dann mit einer Decke zwischen den Beinen. Ich glaube, das erste Mal fühle ich mich wirklich zu den Alten gehörig.

Freilich, Du unterstützt mich. Geduldig absolvierst Du die Gehübungen mit mir während der Kur, die wir aus eigener Tasche bezahlt haben, weil ich laut Ärztemeinung schon zu gut genesen war für eine stationäre Nachbehandlung. Du weist mich auf Fehlhaltungen hin, gibst einer Therapeutin oder Schwester Mitteilung über meine noch vorhandenen Schmerzen und Unsicherheiten, selbst gegen meinen Willen.

Du machst das womöglich besser, als ich es im umgekehrten Falle könnte. Und ich weiß kaum, wie ich mich revanchieren sollte. Oft fühle ich mich zu traurig, zu schwer…gängig. Nach Art der Jugend jedenfalls geht es nicht. Denn nicht nur Tanz ist momentan noch zu vermeiden, sondern auch ein intimes Stelldichein, zum Beispiel.

54

«Und, alles in der Küche bewältigt?» Ole kommt die Terrassentreppe hoch, zu Ida, die mit Buch und Notizen in der Halbsonne sitzt. Gestresst balanciert er eine Einkaufskiste auf den unebenen Stufen.

«Nein.» Ida legt den Stift ins Buch.

Mit nervösen Händen setzt Ole die Kiste auf dem zweiten Terrassenstuhl ab. «Ja, und?»

Ida streicht ihm trockene Blätter von der Jacke. «Wir haben doch einen Engel im Haus.» Sie sieht ihn an, zwei, drei Sekunden lang.

«Ach», Ole stößt die Terrassentür mit dem Ellenbogen auf, «der Engel aus Sondhausen, ja.»

Er trägt die Kiste durch das Wohnzimmer, durch den kleinen Flur, in die Küche. Lore steht dort, in einer fliederfarbenen Schürze, und poliert Besteck.

«Zurück vom Zwiebelmarkt?», fragt Ole.

Sie sieht auf, zart das Gesicht, geschäftig. «Ah, ja, wieder da.» Ihr Lächeln lässt sich kaum Zeit, aufzublühen.

«Und hast du schöne Zwiebelzöpfe gekauft?», fragt Ole.

«Nicht mal nur einen.» Lore neigt den Kopf. «Riesige Mengen an den Ständen, es war so schwierig, sich zu entscheiden.» Sie spricht mit melodiöser ostpolnischer Zunge, jedes R fliegt rollend auf wie ein kleiner Schwarm Enten.

«Nicht einen? Obwohl du extra hergefahren bist?»

Sie beugt sich über den nächsten, mit Stoff ausgekleideten Besteckkoffer und ordnet Messer ein. «Mein Zwiebelmarktereignis war Idas Zwiebelkuchen.»

«Na, das ist richtig.» Ole räumt Einkäufe in den Küchenschrank. «Und wieder am Helfen ...»

«Nur den Backrost habe ich gereinigt, ihr habt ja immer so viel um die Ohren.» Lore wischt sich mit dem Handrücken über die Haare, die fein und hell sind wie dichter Nebel am Fluss.

Ole stellt Milch und Quark in den Kühlschrank. «Und die Schürze steht dir. Ida trägt sie gar nicht so häufig.»

«Ach ...» Lore hakt die Verschlüsse der alten Besteckschachteln ein, verlegen. «Du weißt doch, wenn ich nur ein bisschen gebraucht werde, geht's mir gleich besser.» Sie stellt den Silberreiniger neben den Herd. «Im roten Köfferchen ist das Besteck noch von Omi Reh, oder? Einen sehr ähnlichen hatten wir in Wolhynien auch. Lange verloren.» Die Enten ihres gerollten R flattern ruhig, dann geht sie mit den beiden flachen Kofferkästen hinaus.

Im Wohnzimmer sieht Lore sich um. Die Tür des Eckschranks ist angelehnt. Sie drückt sich schlank am vorderen Tisch vorbei und legt die abgeschabten Besteckkoffer vorsichtig wie alte Alben in den Schrank. Lore steht unsicher, setzt sich in den nächsten Sessel. Sie blinzelt unter dem vielen Licht des breiten Fensters. Ihre rauen

Finger streichen über Papiere auf dem Tisch wie über die Blätter eines Strauchs: über ausgeschnittene Zeitungsseiten, glatte Buchumschläge, knittrige Einbände von Notizkladden. Die Finger pflücken ein Buch vom Tisch. Wo ein Lesezeichen herausschaut, blättert sie es auf. Anstreichungen und Randkommentare in Idas ebenmäßiger Schrift. Lore kneift die Brauen zusammen. Mittel- und Zeigefinger folgen den Unterstreichungslinien.

... ich muss Ihnen sagen, dass ich ohne Arbeit, ohne Inszenierungen oder irgendeine Betätigung eigentlich nicht leben möchte, denn Leben bedeutet für mich in erster Linie arbeiten. Und ohne arbeiten zu leben ist sinnlos. Und sinnlos leben, bedeutet Schluss machen.

Sie nestelt die Brille aus der Strickjackentasche, zieht das Buch näher.

Da ich doch schon sehr alt bin, ist ja damit zu rechnen, dass ich bald abtreten muss. Da habe ich auch gar keine große Sorge. Ich empfinde das Sterben als eines der größten Ereignisse für einen Menschen, wenn er das bewusst erlebt und nicht unter Qualen. Unter Qualen sterben ist unangenehm, aber tot sein halte ich nicht für sehr unangenehm, wenn man ein erfülltes Leben hinter sich hat.

Sie murmelt Sätze mit, scheint zu nicken. Es knackt, Lore fährt zusammen.

Ida steht im Gegenlicht, drückt die Terrassentür zu. In ihrer Hand abgeschnittene Blumen. «Ich möchte dir ein paar mitgeben, ja? Sind zwar nur noch Reste. Aber jetzt, wo du deinen prächtigen Garten nicht mehr hast ...»

«Ach, Rehlein.» Lore steht vom Sessel auf.

«Unsere Enkelinnen», sagt Ida nah an ihrer Wange, «schwärmen immer noch von deiner riesigen Himbeerhecke. Als wäre das ein ganzer Wald gewesen.»

Einen Moment stehen die Schwägerinnen umarmt da, Kopf an Kopf, kastaniendunkel und nebelhell.

Lore begutachtet mit kleinen Augen den Strauß. «Eine Herbstzeitlose dabei? Na, wir werden uns schon nicht gleich vergiften, was meinst du?» Sie macht eine Geste, das Buch rutscht von der Tischkante. Eilig bückt sie sich danach.

«Lass nur», will Ida sie bremsen.

Lore ist blass. «Ich hab nur reingesehen», sagt sie, «weil der Name da steht, Wolfgang Heinz, wie mein Lieber, dein Bruder, der schon so viele Jahre nicht mehr bei uns ist.» Der Blick ist ausweichend.

Ida nickt langsam, legt die Blumen weiter hinten auf den Tisch.

Lore versucht ein Lächeln. «Ihr immer mit euren vielen Büchern ... Surrt einem da nicht am Abend der Kopf?» Der kleine Entenschwarm ihres rollenden R flattert mit nervösen Flügeln.

55

Ein Spaziergang, vorsichtig, mit meinen Krücken. Orgelklänge locken mich in eine Kirche. Auf einer der hinteren Bänke lasse ich mich nieder. Die Bänke davor sind lückenhaft besetzt. Die Orgel steht auf der Stirnseite, aber den Organisten sehe ich nicht. Mein Blick wird auf eine viel zu große Uhr darüber gelenkt. Ein Altarbild fehlt. Das riesige Zifferblatt ist erleuchtet, der Rand hat Einbuchtungen wie bei einem Sonnenrad. Die Ziffern sind römische, sie kommen mir eigenartig vor, fast wie menschliche Körper; die Zeiger ebenfalls, die immer wieder aufblinken, in der Art von Weihnachtsbeleuchtung. Doch plötzlich heben sich die Zeiger, sind nun wirklich als Männer in schwarzen Anzügen zu erkennen. Sie lösen die Ziffern – Männer in der gleichen Kleidung – von ihren Befestigungen am Zifferblatt, das nun als beleuchtetes Hakenkreuz unheilverheißend gleißt. Die Männer stürzen sich auf die hypnotisierten Menschen in den Bänken, schlagen auf sie ein. Flüchtend versuchen einige, die schwere Eingangstür zu öffnen, mit dem Ergebnis, dass auch von draußen ähnlich Gekleidete in das Gotteshaus eindringen. Ich weiß nicht, wohin, und versuche, mich hinter einem Ofen zu verstecken, ungelenk, meine Hüfte knackt. Falle ich zuerst auseinander, oder werde ich zuerst von den Häschern erwischt? Irgendwann kämpfe ich mich aus dem Netz des Schlafs in panischer Angst.

Noch lange dauert es, bis ich mir der Realität gewiss bin und der Druck von meiner Brust gewichen ist. Wir hetzen durch die Tage. Wer schwingt die Peitsche? Wohl eigentlich nur wir allein.

Ich sitze am Vormittag über den Vorbereitungen zum Förderunterricht. Dicke Ordner habe ich mit schriftlichen Vorlagen, schon aus der Zeit, als ich Deutsch-Methodik unterrichtet habe. Aber jedes Mal bereite ich mich wieder neu vor.

Nach meinem nicht ganz glücklich bereiteten Mittagsimbiss liegst Du auf dem Sofa, dem vorderen, bei uns beiden beliebten. Eine Platte hast Du ausgegraben, keine kalt glitzernde CD, eine Schallplatte, die wir schon länger besitzen. Mich freut der Mohnblumenhorizont auf ihrer Hülle, Musik und Stimme sind angenehm. Über die Zeilen, die ich höre, muss ich eher schmunzeln. «Ganz entspannt, ganz ruhig, die Augen sind geschlossen. Alles geschehen lassen ... Wärme strömt durch den Körper ...» Dir scheint die Beschwörung zu helfen. Entspannt steigst Du später ins Auto für die Fahrt zu einem Vortrag in Jena.

Ich renne nach dem Unterricht ins Lesecafé. Aber ich komme vergeblich, überarbeitet offenbar – die Veranstaltung ist erst am nächsten Tag.

56

Der Frühlingsanfang naht bald, es wird Zeit, auf den Friedhof zu gehen und das Grab meiner Mutter vom Winterpelz zu befreien. Die angetrockneten Fichtenzweige und die

Kränze mit den künstlichen Blumen wollen nicht mehr passen. Dankbar scheint die Erde darunter Atem zu holen und sich recken zu wollen. Und ich sehe: Tulpen und Hyazinthen haben sich nicht aufhalten lassen in ihrem Drang nach Luft und Licht, haben ihre Spitzen schon vorgeschickt unter dem alten Schmuck. Etwas schwindsüchtig sehen sie noch aus in ihrem blassen Grün. Sonne ist nun gefragt. Ich lockere die feuchte Erde und pflanze blaue, rote und gelbe Tupfer. Aus den immergrünen Säulen zu beiden Seiten des Grabsteins zupfe ich die braunen, filzig gewordenen Blätter des letzten Herbstes. Die Efeuumrandung wird in die rechte Form gebracht, zu lange Ranken müssen sich anpassen, wie vorlaute Schüler in einem Klassenverband.

Du bringst das zusammengeharkte Laub weg und gießt die frisch gepflanzten Blumen an. Mehr können wir noch nicht tun.

«So, Omi», sagen wir, «jetzt hast du's wieder schön.»

Ein gemütliches Grab, kann es das geben? Nicht wenige gehen gern auf Friedhöfen spazieren, zum Beispiel weiß ich das von unseren älteren Enkelinnen. Mein Vergnügen war dies nie so ganz. Dafür habe ich immer davon geträumt, neben meiner Mutter begraben zu werden. Schon bald nachdem sie gestorben war, habe ich an einen letzten Platz neben ihr gedacht, nicht an einen an Deiner Seite. Hast Du mir das übelgenommen, ein wenig? Ich könnte es verstehen.

Du hast das Thema dann vermieden. Wir waren ja auch noch jung.

Aber seit einigen Jahren sprechen wir wieder über das Begrabenwerden. Wann fingen wir damit an? Ich glaube, tatsächlich bald nachdem wir Rentner waren, recht bald in den neunziger Jahren. Ich habe eines Tages im Rundfunk wieder «Die Unvollendete» gehört, die mich ja durch die anstrengende

Phase meiner Doktorarbeit gerettet hatte, vor dreißig Jahren. Und plötzlich war mir klar: Dieser Schubert muss mich auch auf dem letzten Weg begleiten. Seitdem ist das Thema manchmal auf dem Tisch. Nüchtern, fast heiter, als ginge es darum, eine Reise auszusuchen oder ein paar teure Schuhe. Ist das ein Zeichen des Alterns? Eines, das sich eingeschlichen hat, halb gegen unseren Willen, schon in den Jahren, in denen wir uns immer versicherten, dass wir uns nicht alt fühlen?

57

Die Wohnungstür fällt ins Schloss. Etwas wird polternd abgelegt.

«Rumorst du?» Ida sieht durch die schmale Glaswand zwischen Wohnzimmer und Flur Ole, wie er seinen Schal auf die Kommode wirft, die Lippen fest zusammengebissen.

«Haben dich die jungen Wilden wieder geärgert?»

«Wieder die Tagesordnung gesprengt, solche Spinner à la Recht auf Faulheit.» Er winkt ab.

«Erst mal langmachen, bisschen?» Sie zeigt auf das helle Sofa neben dem Schreibtisch, ihr Mund ist gutgelaunt, das Eckchen Zahngold blitzt. «Ich hol dir was zu trinken. Und dann lese ich, wenn du willst, meinen neusten Brief an Meemchen vor. Ein ganz launiger diesmal.»

«Apfelmost?», ruft sie und kommt aus der Küche zurück: mit ihrem neuen Gang, zögerlich und achtsam, als wären die Beine aus Glas. Sie setzt sich Ole gegenüber, legt den Briefbogen vor sich, rückt die Brille zurecht.

«Meine gute ‹große Schwester›», beginnt Ida zu lesen, «Deine Antworten bilden schon wieder einen ansehnlich gewordenen Stapel. Wie die Zeit voranjagt. Jede Woche eine Nachricht, manchmal besondere Erlebnisse, oft Alltagseinerlei, doch immer wertvoll. Wollen wir diese gute Tradition beibehalten, so lange wir noch können. Ein

Leben ohne Euch, die noch aus der Kindheitswelt da sind, vermag ich mir nicht vorzustellen.»

«Und das soll mich aufheitern?», knurrt Ole mit einem kleinen Lächeln vom Sofa her.

«Nur die Vorrede», sagt Ida und fährt fort: «Ich habe jetzt meine längere Zahnbehandlung begonnen. Tja, über so gute Substanz wie Ole, der bis auf einen noch alle seine Zähne hat, verfüge ich leider nicht.

Aber die letzte Woche hat noch Spannenderes gebracht. Von Oles Schlafstörungen hatten wir ja berichtet. Die Atemaussetzer während des Schnarchens vor allem waren im Fokus. Zu sehr hatten sie ihn und auch mich beunruhigt und wach gehalten. Um ihnen auf den Grund zu gehen, verbrachte er drei Nächte im Krankenhaus.»

Ole schließt die Augen und nickt.

«Fast am schlimmsten war für Ole», liest Ida weiter, «dass während der Untersuchungstage Mittagsruhe untersagt war. Kannst Du Dir vorstellen, Meemchen, mit welcher mal leidender, mal amüsierter, mal bedeutsamer Miene er dann am Abend dort saß, auf dem Bett? Mit vielen Kabeln und Schläuchen, wie ein gefangenes Tier. Welches? Bei seinem Zimmernachbarn hätte ich tatsächlich gesagt: wie ein angeketteter Elefant.»

Vom Sofa kommt ein Lachen.

«Denn er war nicht nur von beachtlicher Größe und Fülle», liest Ida, «sondern hatte außerdem einen dicken Schlauch am Mund, ganz, ja, wie ein Rüssel. Beim schwimmgestählten Ole dagegen war ein anderes Utensil im Gesicht befestigt. Und nun lächele mit mir, denn es war ein so wunderbar zu unserem Ole passendes Messutensil: ein rotes, breit zwischen Nase und Mund sitzendes Ding, an den Rändern hochgezogen, wie ein übergroßes Lächeln! Ob sich wohl Ole so im Spiegel gesehen hat?»

«Bei mindestens zwei oder drei Toilettenbesuchen hat es mich angegrinst», sagt er. «Nicht einfach auszuhalten …»

«Das kann ich mir vorstellen», sagt Ida und liest weiter: «Ich jedenfalls und Stefan, der so lieb war, mich zu fahren, wir haben Ole nach der Anstöpselung so gesehen und konnten uns nicht ohne ein fast ebenso breites Schmunzeln verabschieden. Bestimmt hat das dazu beigetragen, dass der Schlaf in dieser zweiten Nacht für den Überwachungskandidaten, wie er sagte, leidlich war. Trotz Elefant in seiner Nähe.»

Ole sieht seine Vorleserin mit milden, müden Augen an.

«Und was ergab die dreitägige Kontrolle?», liest Ida. «Dass die Atemaussetzer nur bei Rückenlage auftreten, weshalb nun eine zusammengerollte Decke (auf Empfehlung der Ärztin) verhindern soll, dass der Kandidat sich auf den Rücken legt. Dieser einfache Trick hat sich schon bewährt, auch für mich: Ich muss ihn weniger häufig anstoßen nachts.»

58

Leonhard will uns um unseren Rat fragen, sich aussprechen. Darum ist er zu uns gekommen.

Nach dem plötzlichen, tragischen Tod seiner Frau, der ihn in eine schwere Depression brachte und einen Klinikaufenthalt unumgänglich machte, scheint er nun wieder etwas mehr dem Leben zugewandt. Übriggeblieben ist das Gefühl von Verlassenheit und seelischer Kälte.

Langsam, tastend spricht er über sich: «Ich kann so nicht weiterleben, mal hier eine Freundlichkeit, mal dort. Ich brauche jemanden, der sich um mich sorgt, immer.» Er zögert, sieht uns nacheinander an, als er sagt: «Ich werde Birte heiraten, wenn sie mich will.»

Wir kennen sie, sie ist dreißig Jahre jünger und war oft bei Luise und Leonhard zu Besuch, eine ewige Studentin, die ihnen mitunter aufdringlich und lästig erschienen war und über die sie sich beide mehrmals uns gegenüber abfällig geäußert hatten. Nun dieser Sinneswandel. Sehnsucht nach Jugend, Hoffnung auf Unterstützung im Alter, Pflege bei nachlassenden Kräften? Egoistische Wünsche?

«Auch mit Rücksicht auf ihre materielle Sicherstellung.» Er scheint sich ihres Einverständnisses sicher zu sein.

«Ich habe schon immer an dir gehangen», das hat sie ihm wohl zu verstehen gegeben.

Und er?

Auf über sechzig Annoncen habe er nicht geantwortet, nicht imstande, sich mit einer fremden Frau zu treffen. «Versteht ihr das?», will er wissen.

Womöglich schon. Doch ich zögere mit meiner Antwort und kann manche Bedenken nicht verschweigen. In meinem Kopf habe ich Erinnerungen an die Zeit nach dem Tod Luises: an sein Bekenntnis, nicht wieder zu heiraten, es gebe keine Frau nach ihr, ihr gleichwertig. An Todesgedanken sogar bei Leonhard, weil ein Leben ohne sie unerträglich sei.

Ich erinnere mich auch daran, dass sie einmal zu mir gesagt hatte, sie würde nur für ihn leben wollen. Das wusste er auch.

Nun dieser Sinneswandel, diese ungeduldige Eile. Ich bin enttäuscht und etwas betroffen, dass das Bild seiner Frau so schnell verblasst ist.

Als Leonhard in sein Auto steigt, schwerfälliger als früher, sagst Du zu mir: «Das würde ich auch tun – wenn ich, was hoffentlich nie passieren wird, in dieser Situation wäre. Das musst du doch verstehen.»

Mir wird ganz kalt. Ich sage nichts darauf.

59

Ein Zettel auf dem Küchentisch. Ole kommt in die Küche, in Jacke und Mütze, den Einkaufskorb in der Hand. Er überfliegt Idas saubere Schrift:

Kaffee

Kaffeesahne

Gelierzucker

Honig

Vergissmeinnicht.

Er murmelt etwas. Klemmt die Mütze zwischen die Beine, nimmt den Kugelschreiber vom Tisch. Und schreibt ganz unten in die Ecke: «Bestimmt nicht, nein!»

60

Heute Abend ist schon wieder Englisch. Ich muss mich noch vorbereiten, und dabei nehme ich mir jedes Mal vor, täglich etwas zu lesen und zu übersetzen. Eine Stunde vorher genügt natürlich nicht. Ich brauche mich nicht zu wundern, dass ich Schwierigkeiten habe, die fremde Sprache zu verstehen: vom Band her oder aus dem Munde der Englischlehrerin, die temperamentvoll und schnell spricht. Da bekomme ich manchmal Minderwertigkeitsgefühle und wage nicht, mich an der Konversation zu beteiligen aus Furcht, dass mir die richtigen Vokabeln nicht einfallen. Immer häufiger habe ich dieses Problem. Besser ist es schon, wenn eine schriftliche Aufgabe vorliegt, zu deren Bewältigung man etwas Zeit hat und auch nachschlagen kann. Außerdem fällt es mir nicht schwer, grammatische Zusammenhänge zu erkennen und kontextuale Bedeutungen herauszufinden. Und wenn ich dann wieder so richtig drin bin, macht es Spaß, und es reizt mich weiterzumachen.

Du sähest es wohl lieber, wenn ich aufhörte. Du merkst, dass mich diese zwei wöchentlichen Stunden doch anspannen. Wozu? Das frage ich mich manchmal auch. Mich treibt etwas. Was? Erproben, was ich noch bewältigen kann – und dann auch die Genugtuung, wenn ich mittendrin bin, als Älteste unserer Gruppe. Alterstraining?

61

Ich sage eine andere Verabredung ab und spute mich, um einer lieben früheren Mitarbeiterin, die seit längerem schwerkrank ist, zu ihrem 65. Geburtstag zu gratulieren. Fast wäre mir der Termin entwischt. Vor einigen Tagen habe ich noch mit Carla telefoniert und mich darüber gefreut, dass sie guten Mutes schien. Ich denke unterwegs an die interessanten, mitunter aufreibenden Jahre, in denen wir neben dem normalen Arbeitsalltag für die Gewerkschaft Unterricht und Erziehung tätig waren. Sie war eine noch jüngere Kollegin, und besonders die Arbeit im Unicef-Komitee hatte auch sie berührt, die Tagungen mit unseren polnischen Kollegen zum Beispiel, über verschiedene Fragen zu Kinderrechten oder auch Aufklärung (im geschlechtlichen Sinn).

Dann stehe ich erwartungsvoll vor ihrer Wohnung, sicher werden auch andere ehemalige Kollegen schon dort sein. Ich klingele, den Blumenstrauß aus dem Papier wickelnd. Es dauert etwas lange, ehe die Tür geöffnet wird von einer jungen Frau mit ernstem Gesicht.

«Ich möchte zu Frau Zierer.»

«Frau Zierer ist nicht mehr hier. Sie ist heute im Krankenhaus verstorben.»

Ich weiß nicht mehr, was ich darauf gesagt habe. Den Blumenstrauß gab ich ab.

Was kann man schon sagen, wenn einem die Worte im Halse stecken bleiben.

«Durch den Wind» bin ich gleich doppelt, als ich am Abend zum Treffen des Lehrer-Veteranen-Clubs komme. Mein Schirm hat nicht standgehalten und ist verkrüppelt, und der Badspiegel im Bürgerzentrum zeigt mir ein Zerrbild meiner selbst: rote Gesichtshaut, ein verzagter Ausdruck, die nasse Frisur scheint über den Gang zum Friseur am Vortag zu feixen.

Dann nehme ich Platz zwischen den Frauen und sehr wenigen Männern, begrüße frühere Kolleginnen, auch einige, die bei mir studiert haben, sind darunter. Aber ich sehe sie nur wie durch eine dicke Glaswand, selbst nachdem ich die Brille geputzt habe.

Frau Schröder ist dran, unsere engagierte Leiterin, obwohl wir jüngst ihren neunzigsten Geburtstag begangen haben. Am Anfang ihres Vortrags heute steht eine Entschuldigung – den beabsichtigten Text hat sie wegen der kleinen Schrift nicht lesen können. Es gibt jedoch einen Ersatz: Ausführungen über die Rolle der Mütter. Vieles scheint mir überholt. Überhaupt ist mein Kopf nicht in der Lage, viel aufzunehmen. Immer wieder sehe ich das traurige Gesicht der jungen Frau vor mir. Ob es Carlas Tochter war?

Bald nach dem Ende des Vortrags gibt es Unruhe. Unser ältestes Mitglied, noch betagter als Frau Schröder, erhebt sich mit bekümmertem Gesicht und kämpft sich an der Seite einer ihrer ehemaligen Schülerinnen durch das Stuhlbeingewirr zum Ausgang. Sie wohnt in einem Altenheim, fühlt sich sehr einsam dort, weil sie nicht die gewünschten Gesprächspartner hat. Nun kommt sie bei Wind und Wetter, kann nicht mehr gut hören, nicht mehr lesen – aber sie will dabei sein, um die Atmosphäre mitzubekommen. Dann ist ein Leuchten in ihren

Augen. Und sie werden feucht, wenn sie sich, wie heute, vor dem Kaffeetrinken verabschieden muss, um den Bus noch zu bekommen. Einmal hast Du sie gefahren, und sie hat vor Dankbarkeit geweint.

Danach beginnt die Aufbruchsstimmung. Frau Schröder fängt mich am Ausgang noch ab. Einen Überfall habe sie auf mich vor: ob ich die Leitung aus ihren Händen übernehmen möchte demnächst, vielleicht im nächsten Jahr. Ein bisschen ist mir in meinem windgeschüttelten Kopf wie vor meiner Verrentung damals vor fast zwanzig Jahren, wenn ich in einem Jahr eine soundsovielte Prämie bekommen habe und nicht sicher war, ob es Grund zur Freude oder eher eine neue Bürde ist.

62

Immer wieder bringst Du das Gespräch auf unsere Lebensgestaltung. Du bist nicht zufrieden, möchtest, dass wir mehr miteinander als nebeneinander leben. Aber das tun wir doch. Tun wir nicht fast alles gemeinsam? Wir sind den ganzen Tag zusammen, besuchen gemeinsam Veranstaltungen, unsere Kinder und Freunde. Wir besprechen unsere Vorhaben, entscheiden nichts ohne Einverständnis des anderen. Auch wenn Du mir neuerdings vorgehalten hast, dass ich manches anders entschieden hätte? Ich bin mir dessen nicht bewusst. Gegenseitige Rücksichtnahme haben wir uns als an sich selbstverständliche Verhaltensregel angewöhnt.

Bei allen meinen gesellschaftlichen Aktivitäten bist Du dabei, nimmst Anteil, unterstützt mich nach allen Kräften. Du fährst mich zu Terminen oder meine Einladungen zu den Briefkästen der Empfänger. (Manchmal, wenn es sich sehr gut trifft, sind Deine politischen Wurfzettel zugleich zur Weitergabe bereit, mitunter sogar an die gleichen Adressen.) Unentbehrlich hast

Du Dich gemacht. Und ich begleite Deine politische Arbeit, soweit meine Zeit das erlaubt; im Geiste jedenfalls immer und habe für manche kleine Eigenart Verständnis.

Stets gibt es etwas, worüber wir reden, unsere Meinung austauschen. Wir machen uns gegenseitig aufmerksam auf ein Buch, einen Zeitungsartikel, einen Film, eine Veranstaltung. Bei unterschiedlichen Meinungen geraten wir nicht an unüberwindbare Grenzen.

Und doch. Du hast nicht ganz unrecht. Wir müssten mehr Zeit haben füreinander, der eine den anderen mehr spüren lassen, dass er nicht nur neben ihm am Tisch sitzen möchte. Es ist kühler zwischen uns geworden, ohne dass wir es wollen.

Alles, was wir bedenken, was wir planen und was wir tun, richtet sich nach außen. Wir halten zu wenig Einkehr, um unser Zusammenleben überhaupt wahrzunehmen.

Wie zwei Teile eines Schienenstrangs sind wir. Nichts geschieht ohne das Wissen oder den Rat des anderen, Reisen werden nur gemeinsam unternommen. Selbst einzuschlafen, ohne den anderen neben sich zu wissen, gelingt nicht, und wenn der eine sich morgens räkelt, kann auch der andere nicht mehr in Ruhe liegen. Einer ist ohne den anderen nicht zu denken.

Und doch fehlt es an etwas Wichtigem: Das spüren wir, manchmal weniger, manchmal mehr. Du drückst es aus, ich schweige darüber. Wir sprechen über Dritte und zu wenig über uns. Zuneigung und Zärtlichkeit, diesen Gefühlen dem anderen gegenüber, weichen wir immer mehr aus, sodass sich allmählich eine Scheu entwickelt, sie zu entdecken oder zu entlocken. Wir dürfen uns nicht an diesen lauwarmen Zustand gewöhnen. Aber mit dem Willen allein ist es nicht getan. Wir haben einfach keinen Raum für Zärtlichkeiten, werden befangen, gehemmt. Wir? Ich?

63

Die Radios schicken ihre Musik, wie drei Flüsse, die zusammenfließen. Küchenradio, Badradio. Dazu Rauschen, als wäre irgendwo ein Wasserfall. Und stromschnellengleich ein ganz anderer Takt aus der Anlage im Wohnzimmer, eine Stimme: «Und zack, und zwei, nicht müde werden ...» Ida, auf den Zehen federnd, macht die Augen klein, blinzelt zur Schrankwanduhr. «Grundhaltung», sagt die Stimme, «Arme hoch.» Sie nimmt die Arme nach unten und rollt die dünne Schaumstoffmatte zusammen.

Im Flur lauscht sie kurz. Die Badtür ist angelehnt, Wasser rauscht mit dem Strom. Sie geht in die Küche.

Zwischen dem Leinsamenschraubglas und der goldenen Pillendose liegt auf dem Frühstückstisch ein Schirm. Sie stutzt. Sieht dann das Blatt Papier.

Meiner lieben Ida zum Internationalen Frauentag 2006 alles, alles Gute und

1. zur jederzeitigen Verbindung bei besonderem Bedarf ein neues Handy

2. einen Minischirm für die Handtasche, um gegen Nässe geschützt zu sein

3. eine herzliche Einladung zum gemeinsamen Mittag- oder Abendessen bei unserem Griechen, Termin wäre zu bestimmen, von mir aus noch heute.

4. Und schließlich noch zum Stichwort FRAUEN bei Goethe:

«Frauen sind unüberwindlich: Erst verständig, dass man nicht widersprechen kann, liebevoll, dass man sich gern hingibt, gefühlvoll, dass man euch nicht weh tun mag, ahnungsvoll, dass man erschrickt.»

Gefunden in «Die Wahlverwandtschaften».

Wie recht hatte der Mann!

Das meint Dein Ole

64

Immer mehr Träume drängen sich in meinen Schlaf, belagern mich, schleichen selbst in die Tage, scheinen noch nach mir zu rufen, wenn ich schon wach bin. Jetzt besonders, in milden Nächten, wenn die Fenster weit offen bleiben, schrecke ich manchmal zusammen. Rufe glaube ich zu hören, ähnlich der Stimme meiner Mutter.

Heute Nacht bin ich sogar zu Besuch bei ihr. Sie wohnt … wo? Zunächst scheint es das Marienhaus gegenüber zu sein, in seiner alten Form: das inzwischen abgerissene Krankenhaus, in dem sie gestorben ist. Wir gehen durch die Zimmer, sehen für einen Fensterblickmoment unser heutiges Wohnhaus auf der anderen Straßenseite. Dann, mit jedem Schritt, verändert sich die Traumlandschaft, wird flacher, naturhafter. Nun ist mir klar, sie wohnt noch immer dort, wo wir, nach Flucht und Bombenangriff, äußersten Mangel am Notwendigsten leidend, Zuflucht auf kleinstem Raum gefunden hatten. Unser reichster Besitz: dass wir uns hatten. Auch weitere Angehörige wussten wir am Leben, das gab uns Zuversicht. Wenn nur Frieden wäre und wir alle beisammen.

Ich bin also bei meiner Mutter in Umleben, und wir schlafen, wie damals, eng aneinandergeschlungen in einem Bett. Am Tag gehen wir vertraute Wege aus dem Dorf hinaus, zwischen reifenden Kornfeldern, am Wald entlang, sonntags zur Kirche. Wir sind allein und glücklich über unser Zusammensein. Der Abschied am Abend ist für uns beide schmerzhaft. Ich sehe ihre Augen, als ich ihr aus dem Zugfenster zum letzten Mal die Hand gebe, hoffnungslos und flehend. Ich erwache und habe Tränen in den Augen.

65

Konzentriert, im Takt der leisen Radiomusik, rührt Ida im Topf auf dem Herd. Stellt niedriger, kontrolliert mit dem Löffel: keine Haut auf der Milch.

Das Telefon klingelt. Sie blickt im Gehen zur Küchenuhr. Gleich acht.

«Guten Morgen, Joachim», sagt sie. «Ja, du willst mir sicher vom gestrigen Besuch bei Meemchen im Krankenhaus erzählen? Wie geht es deiner Mutter?»

Sie hört der leisen Stimme von Joachim zu. Sie nickt nicht, sie sagt nichts. Nur am Ende des Gesprächs einen undeutlichen, halben Satz.

Wie ferngesteuert geht sie zurück in die Küche, schiebt den Topf mit der übergekochten Milch zur Seite. Qualm und zischende Kruste auf dem Herd, die Platte glüht rot. Ida sieht hinein wie in einen Sonnenuntergang. Irgendwann stellt sie den Herd aus.

Sie geht wieder zum Telefon, sucht im Adressbuch, langsam, tippt mit leerem Gesicht.

«Lore?», ihre Stimme bricht weg.

«Wer ist da?», ruft Lore freundlich aus der Leitung.

Ida versucht zu sprechen, schafft es nicht.

«Wer? Wer ist das?» Lores Stimme kommt lauter aus dem Hörer, der Entenschwarm ihres rollenden R fliegt aufgebracht. «Wer, Herrgott? Ich bitte darum, worum geht es denn?»

Kaum hörbares Stammeln von Ida, dann Schluchzen. Lore hat aufgelegt.

Erfrischt, die Haare nass und Morgensonne im Gesicht, kommt Ole zurück in die Wohnung. Stellt die Schwimmtasche ab, zieht die Sandalen aus. Er öffnet die Wohnzimmertür. Seine Miene friert ein.

Ida sitzt auf dem hinteren Sofa, mit tränennassen Wangen.

Ole eilt hin, stolpert über das Telefon auf dem Teppich, flucht kaum hörbar.

«Meemchen?», fragt er nah an ihrem Ohr.

Sie nickt, weint, ihre Schultern unter seinen Händen beben.

66

Ich habe einen Brief geschrieben an eine, die nie mehr die Brille dafür aufsetzen wird. Weil ich nicht wusste, was ich sonst tun sollte, und gegen mein Gefühl von Winzigkeit und Unrast. Würdest Du die Stirn runzeln darüber? Ich denke, nein. Erzählt habe ich Dir trotzdem nicht davon, weiß selbst nicht, was mich zurückhielt. Aber spätestens hier wirst Du den Brief irgendwann lesen.

Die letzte von uns drei Geschwistern bin ich nun. Und die Welt dreht sich weiter, etwas kühler als vorher.

Der erste, stechendste Schmerz ist vorbei. Deine Trauerfeier und Grablegung waren würdevoll, natürlich, für Dich, die Witwe eines Pfarrers. Und trotzdem tat mir die Seele weh.

Ach, Meemchen, wie wir Dich am Ende unseres letzten Besuchs auf Deiner Vortreppe stehen sahen, so bist und bleibst Du mir vor Augen: ein wenig gebeugt von den Jahren, aber stolz und sanft und herzlich, eine Erscheinung fast wie aus unserer Kindheit, mit Deiner wie von Zauberhand stets glatten, weißen Schürze. Weiß unsere Taschentücher, mit denen wir gewinkt haben bei der Abfahrt, bis die Arme schmerzten und bis wir uns nicht mehr sahen. Wird es überhaupt ein Wiedersehen geben, ja, dieser schwere Gedanke war aufgetaucht, tut es immer mal in unserem Alter. Aber man schiebt ihn beiseite.

Wie lange ist das her? Ein Vierteljahr wohl. Oder mehr? So oft in den letzten Tagen habe ich mit mir, mit uns gehadert, weil wir danach zu zurückhaltend waren, zu höflich oder gar bequem, wie will man es nennen. – Weil wir Dich nicht noch einmal besucht haben. Weil wir den Rat befolgt haben, den ich von irgendwo gehört zu haben glaubte: mit unserem Besuch bei Dir zu warten, bis Du kräftiger wärst, die Reha hinter Dir hättest, wiederhergestellt seist. Wie blauäugig war das. Schwach warst Du schon nach Deiner Ohnmacht im Garten. Und nach Deinem Zusammenbruch dann, der sich als Schlaganfall herausstellte, musstest Du ins Krankenhaus. Ansprechbar zwar, ein wenig, aber kaum in der Lage, Dich zu äußern bis auf den einen Wunsch: nach Hause zu dürfen. Aber das war medizinisch nicht möglich. Du warst unglücklich ans Krankenhaus gebunden, und wir, vier Fahrtstunden entfernt, sind einfach unserem Alltag gefolgt. Wie konnten wir nur? Auch unsere kleinen Reisen haben wir absolviert; der Sommer schritt Woche für Woche voran, und wir waren nicht einsichtig genug, sie abzusagen. Die von uns organisierte Bustour nach Creuzburg etwa, auf Spuren der heiligen Elisabeth, die so gütig zu Armen und Kranken war, ach, Erzählungen davon hätten Dich noch anrühren können. Genau wie Berichte von unserer Reise nach Bayern, wo Patrick, unser Enkel, neuerdings lebt. Du würdest Dich freuen, wie er, mit dem ich mich so oft durch Hausaufgaben gekämpft habe, nun seinen Weg gefunden hat. Ein starker junger Mann. Ein wenig erinnert er, schweigsam und arbeitsam, an unseren Vater.

Und eine zweite schwesterliche Entschuldigung möchte ich Dir geben dafür, dass wir selbst an Deinem Begräbnistag zeitlich knapp kalkuliert haben. Du weißt, Meemchen, dieses Erbe unserer Mutter habe am meisten ich übernommen. Unterwegs noch aufgehalten zu werden, hatten wir nicht eingeplant. Aber so kam es, dass wir in höchster Zeitnot einige Meter vor dem Friedhof in den Wald gefahren sind und uns dort, Verbrechern auf der Flucht gleich, die Reisekleidung ausgezogen und die

Trauerkleidung angezogen haben. Ich glaube, Du hättest Dir ein Lächeln nicht verkneifen können, ja?

Deine Kinder vor allem waren schon beunruhigt, fürchte ich, als wir in letzter Minute eingetroffen sind. Gesprochen haben wir nicht, angesichts des Sarges unter seiner dichten Blumendecke. Spätestens beim Singen des Chorals hätte ich es auch nicht mehr gekonnt, so zugeschnürt war mir der Hals.

Mit wie starker Stimme unsere Mutter die Kirchenlieder geschmettert hatte, das hast Du, meine immer dem Glauben treu gebliebene Schwester, sicher auch bis zum Schluss im Kopf gehabt. Nur als junges Mädchen war mir das peinlich. Ob auch Du so eine Phase hattest? Wie sehr bedaure ich es, dass wir zwar über vieles sprachen, an langen gemütlichen Nachmittagen in der Veranda oder im Garten Deines schönen Hauses. Aber manches blieb auch ungesagt. Gerade Untiefen der Gefühlswelt, nicht wahr. Nein, Gefühle offen zur Schau getragen hast Du nicht, noch weniger als ich.

Doch als Kind jedenfalls, und im Grunde immer, hatte mich die starke Mutterstimme stolz gemacht. Ebenso wie mich meine neun Jahre ältere, schöne, gewitzte, auch in den schwersten Zeiten bis zur Erschöpfung patente Schwester mit Stolz erfüllt hat.

67

Die Ärztin stellt bei mir wieder zu hohen Blutdruck fest. Ich merke das nie. Manchmal, wenn ich es annehme, sind es Normalwerte, und dann sind sie wieder unerwartet hoch. Trotz Tabletten, die ich brav einnehme, obgleich mein Rachen mit Widerwillen reagiert.

Aber ich fühle mich müde, schwach. Die Ärztin will wissen, wie ich mir dieses Befinden erkläre.

Ja, etwas stressig ist die letzte Woche, überhaupt die letzte Zeit wohl gewesen. Literaturnachmittage, Förderunterricht, Englisch, Besuch …

Und, unbelehrbar: Gleich in den Stunden nach dem Arzttermin habe ich mich voller Elan in Nächstes gestürzt. Den Rückweg von der Ärztin hatte ich, um durchzuatmen, am Parksaum entlang gewählt. Zumal der Herbst uns diese unerwartet warmen Tage beschert. So in Gedanken war ich, dass ich erschrocken weggesprungen bin, als ein Kind mit seinem kleinen Fahrrad einen Schlenker machte. Ich bin ihm ausgewichen, und aus dem Gebüsch heraus, gleich neben mir, hat mich der mächtige Bronzekopf Fürnbergs angesehen, ganz nah der in sich versunkene, ein wenig strenge, auch milde Blick. Da war ich mir sicher: Zu Louis Fürnbergs fünfzigstem Todestag nächstes Jahr will ich etwas machen. Auf dem restlichen Weg habe ich versucht, mich an ein Gedicht von ihm zu erinnern, das ich einmal sehr mochte. Heißt es «Spätsommer»? «Sommerabend»? Nur einige Zeilen kommen mir in den Sinn:

«Leis raschelt's in den Bäumen.
Wir sitzen und wir träumen.
Es war ein guter Tag.»

Überlagert immer wieder von den überdreht schmetternden Liedzeilen, für die Fürnberg wohl den meisten eher bekannt ist oder sogar verschrien: «Die Partei, die Partei, die hat immer recht …» Diese schon unfreiwillig (oder freiwillig?) komische Schmissigkeit war auch mir eigentlich immer fremd. Wobei, zu «Das neue Leben muss anders werden» hatte ich damals das starke Gefühl guter Zukunft. Du auch, Ole, das weiß ich. Und selbst im «Partei, Partei»-Lied steckt ja Poesie:

«Sie hat uns alles gegeben.
Sonne und Wind und sie geizte nie.
Wo sie war, war das Leben …»

Dennoch, er war eben nicht nur ein dichterischer Tambourmajor der frühen DDR. Und das hat mich gleich wieder in Aktion geführt, wo ich mich doch ausruhen wollte.

Aber was soll ich lassen? Hier sitzen und die Wände anstarren? Ich kann nicht anders. Ich mache nach wie vor einen Wochenplan. Es ist mir mitgegeben, mich ständig in einer Aufgabe oder mehreren, manchmal zu vielen, zu bestätigen. Der Eindruck, etwas Sinnvolles zu tun und zu bewirken, scheint mir lebensnotwendig. Und wenn etwas tun, dann ganz und gar. Die Nebenwirkung: hoher Blutdruck. Oder auch andersherum?

Ein Familienerbe, diese Veranlagung. Und wenn mich jemand fragen würde, welchen Tod ich mir einmal wünsche: Ich glaube, den der Erschöpfung, den des sich fallen lassenden Müdeseins.

Das Bändchen, in dem die Fürnberg'schen Naturgedichte stehen müssten, kann ich leider nicht finden. Nach langem Suchen denke ich, dass wir es verborgt haben müssen. Einen Sammelband aber finde ich.

Als ich so auf der Terrasse sitze und die Augen zufallen unter den noch einmal erstaunlich warmen Sonnenstrahlen, höre ich etwas. Ich denke zunächst: Vogelgesang. Einige schwarze, schöne Vögel wie mit Perlenketten habe ich in «unserem» Nussbaum am Zaun gesehen. Stare wohl. Dann aber sind Worte dabei, zu ahnen, ein Lied. Ein Chor muss das sein, der übt. Vielleicht irgendwo gegenüber im neuen Marienhaus-Bau, unter den schon fast kahlen, hohen Kastanien? Sehen kann ich die Übestunde nicht. Doch ich lausche nun hin, und ein Wort verstehe ich: «Abend». Das Buch klappe ich zusammen, spähe zur Uhr, denke, dass Du gleich nach Hause kommen wirst. Ich stehe auf, um Abend-Brote zu schmieren, und mir ist ganz feierlich zumute.

Teil 3

WEILE

(2007–2008)

68

Tage des Zaubers, Tage wie im Traum. Hergefahren war ich skeptisch, mit zwiespältigen Empfindungen und wenig Schwung. Aber nun bin ich ganz hier, inmitten dieses Gebirges, das nicht einfach aus Bergen und Felsen besteht, sondern aus Schichtungen, Türmen, mysteriösen, dunklen Riesengestalten, aus Klecker- und Zuckerbäckerburgen, hoch und höher. Und ringsum sitzen die Tafelberge wie besonnene Wächter. Elbsandsteingebirge. Eine besondere Wanderreise ist das, ich glaube, die meisten aus der Gruppe fühlen so. Wehmut kommt auf. Wer weiß schon, wie viele solcher intensiven Erlebnisse uns noch vergönnt sein werden.

Manche rückschauende Gedanken, wie die an einen Jahrzehnte vergangenen Urlaub hier mit unseren drei Jungs, sind passende Fußnoten dazu.

Von der einschüchternd imposanten Festung Königstein aus etwa blicken wir ins Weite und auch weit zurück: Wie in einem vergilbten Film sehen wir Kurt und Stefan als dreikäsehohe «Polizeiachser» über das Plateau rasen, hören Uwe in weichem Kinderthüringisch sagen: «Warum steht der Herbst denn vor der Tür? Lasst ihn doch rein!» Und Du zitierst Deinen Vater, der, älter als so mancher Baum ringsum, am Hang des Ettersbergs saß, in die Sonne blinzelnd: «Hier bleib ick!» Und nachher auf der Rückbank unseres Trabants war ein Foto entstanden, das uns so bewegt hat. Dein Vater, von Eindrücken übermannt, fest eingenickt, das Gesicht freundlich, groß, verschlossen, ein 94-jähriger Greis. Und an seine Schulter gelehnt schläft ein kleinerer, ebenso ermüdet-ernster Kopf, damals höchstens im Alter von vier: Marta.

Ach, wie wären wir wurzellos ohne unsere Erinnerungen.

Wir rasten, ächzend auf dem Rückweg von einem massiven, wie oben abgeschnittenen Berge. Ich muss ein paar Schritte von der Gruppe weg, da schaut mich eine Silberdistel an. Fast möchte ich sagen, sie blinzelt, mit ihrer breiten, trockenen Blüte, innen pelzig, außen schimmernd unter dem weißen Himmel. Eine derart seltene Pflanze duckt sich neben mir ins Gras, einfach so, nicht allzu weit vom nächsten Hof. Angeknickt ist sie, scheint mir flehend zuzulächeln. Nach kurzem Zaudern nehme ich sie mit, in Gedanken bei den Legenden, die eine meiner alten Tanten früher beschworen hat. Eberwurz nannte sie die Silberdistel. Blitze und Geister könne die vertreiben, genauso einen untätigen, traurigen inneren Schweinehund. Enorme Kraft würde die Pflanze verleihen, aber auch anderen zu diesem Zweck Kraft entziehen. Dem Eber, zum Beispiel …

Im Linienbus werden die blühenden Zweige in meiner Hand bewundert. Dann wird auch die Distel erspäht, der Fremdkörper im Frühlingsstrauß. «Wissen Sie nicht, dass Sie gegen das Naturschutzgesetz verstoßen?»

Das Argument «war schon geknickt» fällt mir nicht ein. Überhaupt möchte ich im Boden versinken.

Der nächste Tag führt ins Umland, wo die Berge nicht ganz so schindend schroff sind und die Wälder umso majestätischer, auch jetzt im Frühjahr. Es lockt mich, von meiner Mutter zu erzählen, Geschichten, die ich als Mädchen immer wieder hatte hören wollen: über die Bälle, die willkommene, festliche Abwechslung für sie als junge Frau. Und über den Rückweg, der danach zu bestreiten war, selten mit dem elterlichen Pferdegespann, häufiger zu Fuß. Jeder Tänzer brachte seine Partnerin nach Hause, richtige Wanderungen müssen das gewesen sein, in kleinen Grüppchen, durch den Wald, nachts. Immer mal bog ein Pärchen ab in eines der Dörfer oder zu einem Gehöft. Und wo der Wald sich öffnete und den Blick freigab auf das dunkle, von winzigen Lichtpünktchen gesprenkelte Land, blieben sie stehen. Gesungen haben sie, dort: «Wer hat dich, du schöner Wald, aufgebaut so hoch da droben …» Bestimmt wurde auch getuschelt, geschmust, verbotenerweise. Und Monogramme wurden in die Rinden der umstehenden hohen Bäume geritzt. Ganz passend zu diesem Eichendorff-Lied: «Was wir still gelobt im Wald, wollen's draußen ehrlich halten, ewig bleiben treu die Alten, bis das letzte Lied verhallt.»

Bei einem unserer wenigen Besuche dort in meiner früheren Heimat – wir beide bereits, auch wenn wir uns nicht so fühlten, in der Rolle der ewig treuen Alten, denn meine Mutter war schon tot –, da hatte ich geglaubt, noch verzerrte Buchstaben an manchen Stämmen zu erkennen. Du warst Dir unsicher. Aber Du hattest auch nicht dieses märchenhafte Bild im Kopf: meine Mutter und die anderen jungen Gestalten in langen, im Mondschein leuchtenden Kleidern, die Männer in dunklen Anzügen verschluckt von der Nacht, wenn nicht ein Taschenlampenkegel sie ertappt hat. Und immer wieder der Gesang. «Lebe wohl, lebe wohl, lebe wohl, du schöner Wald!»

69

Die Landschaft wird hügelig nach einer flachen Etappe, zieht grünbraun an den Fenstern vorbei, einzelne Häuser auf halber Höhe, wie eine Modelleisenbahnkulisse. Ole sitzt am Steuer. Ida lehnt ein wenig schief im Beifahrersitz, schaut nach draußen.

Als ein Tunnel sich über der Schnellstraße schließt, duckt sie sich. Die Tunnelröhre ist lang. Grau-schwarz ist nun alle Landschaft, bis auf blasse Lichtpunkte oben, eine lose Reihe, und leuchtende Schilder manchmal, grün, rötlich, unwirklich wie ferne Schiffslichter.

«Wie heißt dieses Märchen», sagt Ida, «wo jemand irgendwann bei jedem Schritt Schmerzen hat?» Sie sinnt in die hypnotisierende Wasserwelt des Tunnels. «‹Die kleine Meerfrau›, oder?»

Ole nickt zerstreut.

Dann wird einer der Lichtpunkte groß und größer, öffnet sich, das Land ist wieder weit.

«Was ist denn mit der Meerjungfrau?», fragt er nach einer Weile.

«Ach, hab nur so einen Vergleich gesucht.»

Als kein Auto in der Nähe ist, sieht er sie an.

«Ach, zuerst», winkt Ida ab, «da war kaum wirklich zu spüren, um welche Körperregion es überhaupt geht.»

Ole schaltet ungeduldig.

«Aber heute sind die Schmerzen doch mehr, und so ... täppisch. Vielleicht einfach von der Hüfte.»

«Der neuen?», fragt er nervös.

Ihre schmalen Finger zucken in einer unbestimmten Geste. «Vielleicht auch nur starker Muskelkater. Das Bergauf-Bergab, über Wurzeln, durch Gestrüpp und so weiter ... Fällt mir eben schwerer als früher.»

Ole seufzt, lenkt durch die langgezogene Schleife eines Autobahnkreuzes. «Meerjungfrau ...», murmelt er dann. «Nur die Schwimmbegeisterung wäre ausbaufähig.» Vor der nächsten Kurve fasst er kurz ihre Hand.

Ida sieht still aus dem Fenster. «Meerjungfrauen sind oben ohne, oder?», sagt sie, als sie die Abfahrt nehmen. Sie zeigt auf die Trinkwasserbehälter-Hügel kurz vor der Einfahrt zur Stadt. «Weißt du noch, wer hat das gesagt: ‹die Busen von Weimar›? War das Uwe?»

Ole lacht, ein befreiendes Gleich-zu-Hause-Lachen.

Unter der Autobahnbrücke sind Worte an die Wand gemalt. Ida dreht den Kopf danach. Zu spät, die Brücke liegt schon hinter ihnen.

Etwas steif, aber freundlich der Nachbarin winkend, die im ersten Stock das Balkongitter wischt, geht Ida von der Parknische zum Hauseingang. Sie sucht in ihrer Handtasche.

«Danke, Olchen, hast uns gut gefahren.»

Ole stellt die Koffer ab, beugt sich vor für einen Kuss. Frühlingslicht tastet durch die schmale Glaswand vom Wohnzimmer in den kleinen Flur.

«Ach, wirklich, wie schön ist doch unsere Wohnung», sagt Ida. «Eigentlich will man gar nicht mehr weg.» Ole hilft ihr aus dem Mantel.

«Es blinkt», ruft er. Drückt die Taste am Anrufbeantworter. Sie verschwindet, die Mütze noch auf dem Kopf, im Bad.

«Erzählst mir gleich», sagt sie durch die Badtür, und noch etwas, das untergeht im Rauschen der Lüftung.

Sie hängt die Mütze an die Garderobe.

«Also zuerst Gertruds verirrter Anruf, wie angekündigt», sagt Ole aus der Küche. «Und Marta möchte uns endlich wieder besuchen.»

Ida kommt freudig mit einem kleinen Päckchen dazu.

«Und», Ole schüttelt über der Spüle die leere Brotdose aus, «Jan und Annika bedanken sich fürs Ostergeschenk. Armin erkundigt sich, wie unser Urlaub war. Und dein Neffe Bruno hat mal wieder angerufen.»

Sie kramt in einer Schublade mit Scheren und Schleifenbändern. «Was für eine seltene Überraschung.»

«Er klingt immer noch so ein bisschen ernst», sagt Ole. «Und es schien dringend.»

Ole bringt das Geschenkpäckchen zum Nachbarn, sortiert die angefallenen Zeitungen und Briefe, halbherzig. Lauschend hebt er den

Kopf. Noch mit dem Telefon in der Hand, setzt sich Ida zu ihm. Wirkt abwesend. «Sie suchen sie.»

«Wen?», fragt Ole.

«‹Es tut mir leid, euch zu ängstigen›», gibt Ida zögernd wieder, «hat Bruno gesagt: ‹aber sie suchen meine Mutter.› Lore wird vermisst.»

Ole sieht sie verständnislos an.

«Vielleicht wieder nur eine Fehleinschätzung.» Ida streicht ein Stückchen Klebeband am Batteriefach des Telefons glatt. «Das war doch schon mal. Weißt du noch?»

Er zieht die Stirn kraus.

«Vor ein paar Jahren, oder?», sagt Ida. «Da war auch schon die Polizei beauftragt. Und dann: Bei einer Nachbarin war sie einfach, spontan, und hatte nur die Zeit vergessen?»

70

Dieser Frühling bleibt eigenartig, feucht und mild, unwirklich. Und zum Traumhaften gehören wohl die albtraumhaften Züge.

Zur großen Sorge um Lore kommt die kleine Sorge um meine Hüfte.

Du lässt nicht locker, fährst mich zum Orthopäden nach Bad Berka. Die Beweglichkeit der Gelenke testet der, vor allem die des künstlichen Hüftgelenks – und hat nichts auszusetzen, erstaunlicherweise. Auch die Röntgenaufnahme wirkt in Ordnung. Und die Schmerzen? Antwort: Überanstrengung – «Wandern Sie mal ein Weilchen nicht mit, entspannen Sie sich!» Na dann. Für die schnelle Wirkung gibt es ja auch noch Tabletten. Eine mehr im Tablettendöschen, was soll's?

Alles in Ordnung also? Nur das Alter foppt, macht mich manchmal taumelig neuerdings. Als ich den Arzt danach frage, brummt er etwas, das ich kaum verstehe und nicht mehr weiß.

Einmal bin ich gestürzt in der Wanderwoche, einmal habe ich fast schlappgemacht.

Aber was wiegen diese Schwierigkeiten gegenüber den Eindrücken, die unsere Augen gewonnen haben? Zumal sie, denke ich, in dieser Konzentration nicht wiederholbar sind.

Frau Freyer ruft aufgeregt an. Jemand hat nach einer Lesung zu ihr gesagt: «Beschädigen Sie nicht Ihre Seele?»

Erstaunt ist sie, bestürzt. Was meinte derjenige damit?? War das eine Missachtung ihrer Leistung? Sie kann es sich nicht erklären.

Ich kann es auch nicht. Oder ging es vielleicht um ihre sehr verinnerlichte Sprache beim Vortrag? Oft haben wir bewundert, bei gemeinsamen Veranstaltungen, wie sie mit voller hoher Stimme voller Hingabe immer dabei ist. Kein Wunder, als frühere Schauspielerin, Stimmbildnerin, Sprecherzieherin, eigentlich: Sprechkünstlerin.

Aber inwieweit kann die Seele dadurch beschädigt werden? Die Seele?

71

Schreibmaschinenmusik dringt aus dem Wohnzimmer, Tippmusik, ein langsamer Satz. Ole tritt von hinten an den Schreibtisch, die Jacke noch an, das flächige Gesicht blass.

«Du bist schön warm», sagt er, hält Idas Wangen und Hals zwischen seinen Händen. Murmelt: «Ich hatte den falschen Pullover an. Ist doch noch zu dünn für dieses Wetter.»

Sein Blick streift ein Gedichtbändchen, «Fürnberg», dann das Schreibmaschinenblatt. «Die bunten Wälder gingen in mich ein», liest er. «Schön. Der Titel für den nächsten Literaturtreff?»

Idas Kopf zwischen seinen Händen nickt. Schmiegt sich kurz an.

«Konzentrieren unter den Bedingungen fällt schwer. Aber ich probiere es. Wenn wir schon nicht Lore suchen gehen.»

Ole setzt sich auf eine Ecke des Sofas, nah am Schreibtisch. «Wir können ja nicht helfen, fürchte ich», sagt er schwach. «Fotos hat die Polizei ja, von Bruno. Und uns würde das auch zu sehr mitnehmen.» Er legt eine Zeitung vor sich auf die Tischdecke. «Willst du wirklich ...»

Ida nickt, ihr Gesicht sieht klein aus, ratlos.

Er blättert, tippt raschelnd auf eine Stelle. Schleppend steht Ida auf, setzt sich neben ihn. Sie schieben ihre Brillen zurecht.

Helle Aufregung in der Unterstadt.

Beide lesen still.

Mit zahlreichen Polizeibeamten, Berufsfeuerwehr und Polizeihubschrauber wurde gestern nach der in Sondhausen vermissten Frau gesucht.

Ida presst ihre Hand auf den Mund.

Die Rentnerin Hannelore R. ist ca. 160 cm groß, schlank, rüstig und hat weißgraue, nackenlange Haare. Ein Polizeisuchhund verfolgte die Spur der Frau von ihrer Wohnung bis zum Fluss Zorge nahe dem Stadtpark.

Sie sehen sich an. Ole legt den Arm um ihren Rücken.

Dort verlor sich die Spur. Trotz des Großaufgebots und der Suche mit Booten im Fluss konnte die 85-Jährige bislang nicht gefunden werden.

«Die Zorge», flüstert Ida durch ihre dünnhäutigen Finger, «dort haben Lore und ich die Toten treiben gesehen, nach dem großen Bombenangriff.»

Ole nickt, zieht sie näher zu sich.

«Beachten Sie auch die Bildstrecke auf Seite 5», liest Ida vor mit bitteren Mundwinkeln.

Er blättert um: Feuerwehrleute in einer grauen, fast dörflichen Straße. Ein Hubschrauber über einer schräg fotografierten Dächerreihe. Schüchtern gelbe Forsythiensträucher an einem Flussufer. Ratlose Uniformierte davor. Ein Schlauchboot an einer Leine. Dann ein Bild von einem Dackel.

«Das soll der Spurensuchhund sein?» Ole sieht ungläubig aus.

«Dackel haben gute Nasen.» Ida beugt sich über die Zeitung. «Aber ... das gibt es nicht, er gleicht wirklich unserem Raudi.» Ihre Fingerspitzen verharren über der bräunlich-dunklen Flanke. «Nur dass der wohl nicht zuverlässig eine Spur zu einem Fluss gewiesen hätte. Seit seinem Einbrechen im Teich hat er Wasser gehasst. Und dafür meine Mutter geliebt, seine Retterin. Auch wenn der Förster Honig ihn eigentlich Meemchen verehrt hatte.» Sie versucht ein Lächeln.

Oles Blick springt über die Nachbarseite. «Hier, ein 49-Jähriger wurde erschossen. Am gleichen Tag.» Er atmet rauschend.

Das Papier knittert, so fest hält Ida den Zeitungsrand. Neben ihrer Faust die Zeile: *Wer kann Hinweise zum Aufenthalt oder Verbleib von Frau R. geben?*

Schweigend, ernst überfliegen sie den Rest der Galerie. Am Ende ein Foto von Lore. Ihr Nebelhaar über einer roten Bluse, der Kopf leicht gesenkt, die Augen klein wie gegen zu helle Sonne. Ihre Hand ist in Bewegung, könnte zeigen: «So groß ist mein Urenkel schon», oder: «Komm nur her.» Hinter ihr, verdeckt, ist eine Frau zu ahnen, ein schattiger Mundwinkel, ein schlanker, nicht ganz junger Hals, kastanienbraunes Haar.

72

Wie soll man manche Dinge fassen? So, wie die Kehle zugeschnürt ist beim Erfahren beklemmender Neuigkeiten, scheinen nach und nach diese ganzen Wochen zugeschnürt.

Zehn Tage haben wir gewartet, vierzehn, zwanzig, haben gebangt und gezittert wie in einem der neumodischen Krimis. Der Polizeikontakt war nur ein Intermezzo, es kamen keine Fragen mehr. Auch Zeitungsartikel über die Vermisste erschienen nicht mehr. Bruno, der viel angerufen hatte, schwieg. Die Suche schien aufgegeben. Ich dachte schon bei mir, Lore lebt heimlich woanders weiter, wer weiß, in einem nebligen Häuschen in ihrer ukrainischen alten Heimat? – Und dann kam doch die Nachricht, die erahnte, die verdrängte, die bestürzende.

Seitdem verfolgt mich durch Halbschlaf und Schlaf der Traum von Lores letzten Stunden. Detaillierter mit jedem Mal. Ich sehe, wie sie aufsteht, früh, zügig die nötigsten Handgriffe tut, dann die Lampe löscht und beobachtet, wie der Morgen langsam über die ferne Hügellinie des Harzes kriecht. «Am Rand der Nacht riecht die Luft noch nach Gebirge», hat sie das mal gesagt? Sie wäscht Tasse und Teller ab, in ihrer Extraschüssel im Becken, in einer winzigen Pfütze. Sparsame, bescheidene Lore; nur zu ihrer letzten Geburtstagsfeier hatte sie viele Gäste geladen und größer als sonst aufgetischt, auftischen lassen.

An der Wohnungstür, so sehe ich es vor mir, dreht sie sich um, schaut mit ihren besorgten Augen, ob alles an seinem Ort ist. Die Fotos ihrer Söhne, ihrer Tochter, die vor zwei Jahren starb. Auch die Männerhose auf dem Wohnzimmertisch, mit einem Zettel dran: «Onkel Ole soll sie zurückkriegen.» Du warst mit dem Hosenbein bei unserem letzten Besuch an dornigen Zweigen hängengeblieben. «Das flick ich!», hat Lore gleich gesagt. «Keine Diskussion.» War das beim Gang zum Grab von Heinz? Ich bin unsicher, Monate ist das her. Sie wollte uns nicht mehr bei sich haben danach, obwohl wir sie gern unterstützt hätten, zumal nachdem sie sich selbst aus dem Krankenhaus entlassen hat. Mit Schmerzen. Gürtelrose, poetisch dieser Name. Und doch muss die Krankheit quälen können, stechen können wie ein Dornenkranz. Und sie blüht nicht nur im Bereich des Gürtels, auch das hat Lore durchblicken lassen.

Aber war in ihrer Wohnung je etwas nicht an seinem Ort?

Vor einem Jahr erst hatte sie die anderthalb Zimmer bezogen und sie genauso anspruchslos eingerichtet, genauso ordentlich gehalten wie die Wohnung zwei Etagen drüber, die vorher ihre war, jahrzehntelang, seit dem Tod meines Bruders.

Sie ist schnell auf der Straße, ohne Treppensteigen, «Zehn Schritte, und ich kann mir selber in die Fenster sehen», hatte sie lachend nach dem Umzug gesagt. Auch beim Sparkassenautomaten an der Hauptstraße ist sie schnell. Dort wird an diesem Morgen auf Video aufgenommen, wie sie Geld abhebt, viel Geld. Eine kleine, weißhaarige Frau, bekümmert und vielleicht ein wenig gehetzt, die nach rechts und links blickt, bevor sie die Geheimnummer tippt und sich zwei- oder dreimal furchtsam umsieht. Deshalb schließt die Polizei Zwang nicht aus, ein Verbrechen.

Das Geld aber, wird sich später zeigen, deponiert sie an einem sicheren Ort. Mit einer Botschaft dabei: «Für meine Beerdigung.»

Dann sehe ich sie nur noch in grüner Umgebung. Zum Fluss geht sie. Auf welchem Weg ganz genau, ist nicht klar. Der Dackel der Polizei, wer weiß, vielleicht hat er sich getäuscht, womöglich einen anderen Gang von Lore verfolgt, einen Weg aus den Vortagen, zum Einkaufen, zum Arzt? Oder ist sie vor diesem Tag nicht mehr aus dem Haus gegangen, fühlte sie sich zu sehr gezeichnet von ihrer Krankheit mit dem sarkastischen Blumennamen? Die großen Parks der Stadt aber liegen beide an dieser Strecke zum Fluss, deshalb sehe ich sie von da an im Grünen. Und es passt zu dem Landmädchen, das sie einmal war und irgendwie immer geblieben ist: den Rest des Lebenswegs am grünen Ufer zu gehen.

Mal ist die Zorge unscheinbar, fließt ganz gerade durch die Stadt, unaufgeregt, nicht viel mehr als ein Rinnsal zwischen Grassaum und Häusern. Dann windet sie sich doch, ein bisschen, hastet verwunschen über Steine eines alten Wehrs, träumt mit den Uferbäumen, versteckt sich unter nah heranrückenden Ästen und Büschen und Schilf. Und ähnelt dem Flüsschen in meinem Kindheitsheimatort, der Freudenträne. Auch Lore hat diesen Namen manchmal gesagt, nachdem sie allein zu uns gestoßen war, hochschwanger, wenige Monate vor unserer Flucht, ohne Heinz, der «im Feld» war. Wenn sie konnte, ist sie mit mir spazieren gegangen. Und Freudenträne, das klang besonders passend aus ihrem Mund, floss heraus auf zwei rollenden R.

Vielleicht denkt sie an dieses andere Flüsschen auf ihrem stillen Weg. Oder an ihre, unsere ersten Wochen hier in Sondhausen mehr als sechs Jahrzehnte zuvor, an das Gefühl der Sicherheit im schier unerschöpflich großen Pfarrhaus von Meemchen, wo noch etliche andere Geflohene Unterschlupf gefunden hatten. An das kriegstrotzend feierliche Osterfest neben der majestätischen Kirche. – Und an das Gefühl der größtmöglichen Unsicherheit im Bombenkeller gleich danach. Ausgebombt, gingen wir in die gleiche Richtung wie jetzt Lore, haben den Kinderwagen mit ihrem Söhnchen über kokelnde Trümmer gehoben. Und wie dankbar wir waren, als wir in Umleben, einquartiert bei dörflichen Familien, zur Ruhe kommen konnten.

Immer wieder blickt Lore um sich, mit ihren besorgten, verschwinden wollenden Augen. So sehe ich es vor mir. Wird sie verfolgt? Sie lässt die Wehre der Zorge hinter sich, die hohen Bäume des Stadtparks, die schmale Brücke, die Straßenbrücke … Nicht viele Autos sind zu dieser Stunde unterwegs und noch weniger Menschen ohne Auto. Mal eine Frau mit Hund, ein Radfahrer oder jemand, der etwas geduckt zum Arbeitsamt auf der anderen Seite des Flusses strebt. Trotzdem, Lore findet keine Ruhe. Das Ufer ist zu hoch, die Straße drüben zu nah, misstrauisch fixiert sie Lkw oder den Stadtbus, die nicht verborgen werden von den noch fast kahlen Kronen der Uferbäume.

Der Weg durch die Stadt zieht sich. «Stehen bleiben!», verlangen irgendwann Lores Schmerzen. Wo am nächsten Tag laut Zeitungsbild eine Handvoll Gaffer dem Schlauchboot zusehen werden, das auf der Suche nach ihr ist, da stützt sie sich auf ein Geländer. Nur kurz, eine Pause im Sitzen gönnt sie sich nicht, zu groß die Gefahr, nicht mehr hochzukommen. Sie beißt die Zähne zusammen, eilt weiter, eine zarte, wehe Frau mit nebelfeinem Haar und dunklem Regenmantel.

Die Häuser werden niedriger, wahren Abstand. Bäume und Sträucher kriechen näher ans Wasser, so nah, dass sie sich spiegeln können. Kein asphaltierter Weg begleitet mehr den Fluss, höchstens ein Pfad, und graue Schlingpflanzenranken. Erschöpft, verschwitzt hört Lore auf, zu gehen. Lauscht, atmet. Allein. Sie zieht den langen Mantel aus, legt ihn auf einen Baumstumpf. Dann tastet sie mit kleinen Schritten in den Fluss. Kurz zuckt sie zurück, als die Schuhe nass sind, die Füße, die Knöchel unter den dünnen Strümpfen. Hosenbeine, Waden, Knie – nass. Das Wasser muss kalt sein, noch letzte Erinnerung haben an den Winter. Schlamm wirbelt träge auf, die Schritte werden schwerer. Fünf Meter vielleicht, sechs, schon ist sie über die Mitte des Flusses hinaus, nass bis fast an den Gürtel. Sie watet ein paar Meter mit der Strömung, nach rechts, nach links. Es wird flacher manchmal, jedoch nicht tiefer. Sie wankt, macht eine Bewegung, als wollte sie sich ins Wasser legen; das Gesicht entsetzt, zermürbt. Schwimmunterricht gab es nicht in Lores Schule, das hat sie mir erzählt. Ein Hund bellt nicht weit weg. Sie zuckt zusammen, hastet verstört ans Ufer zurück.

Fest in den Mantel gewickelt, trotzdem schlotternd, so träume ich es, nimmt sie ihren Marsch wieder auf. Mit letzten Kraftreserven geht sie weiter am Fluss entlang, aus der Stadt. Nur selten begegnen ihr Menschen, dann dreht sie sich weg.

Irgendwann öffnet sich der Blick: keine Häuser mehr, viel einsames Grün und nah am Fluss ein Kiessee. Wieder sieht es ein wenig wie in meinem Kindheitsheimatstädtchen aus; das nicht zu große Wasserrund, das leicht erhöhte Ufer auf der anderen Seite, ein lockerer, junger Wald, in den auch Ziegen passen würden, wie damals in Schkupa.

Einmal habe ich dort am Ziegensee als Mädchen erlebt, wie ein Nachbarskind ertrunken ist. Ich saß an unserer Feuerbohnenlaube, habe den Dackel gestreichelt, und der kleine Kopf hinten im See ist einfach verschwunden. Still untergegangen ist er, ohne Winken, Kämpfen, Rufen. Begreifen, was ich gesehen hatte, konnte ich erst später.

Lore setzt sich einen Moment ins struppige Gras. Sie nimmt die Brille ab, ihre Augen eng gegen die Kühle des Sees. Die Wangen sind rot, vom Wind oder von ihrer Krankheit. Diesmal geht sie entschlossen, jugendlich. Die Jacke raschelt. Kies knirscht unter ihren Sohlen. Das Wasser gluckst um ihre Hüfte, ihre Arme. Sie schiebt sich langsamer weiter, hustet. Ein Schwarm Enten fliegt hinten am Schilf auf. Sieht sie ihnen nach? Der Kopf liegt im Nacken, klein, nur noch Nase, Mund, Kinn; er scheint hektisch zu nicken. Die Arme sind ausgebreitet, als würden sie Vogel spielen – ein paar Flügelschläge, dann Ruhe. Und Lores Haare verschwinden mit dem Rest Morgennebel im See.

73

«Ob du's glaubst oder nicht, mein erster Rhabarberkuchen dieses Jahr. Ich weiß nicht, ob er ganz gelungen ist.» Ida stellt die Platte zwischen drei Kaffeetassen und Teller und setzt sich, mit verlegenen Schultern.

«War gar nicht leicht, noch Rhabarber zu bekommen.» Ole schneidet den Kuchen in handliche Quadrate.

«Da freu ich mich doch.» Die Frau auf dem Sofa beißt in eins der flachen Stücke. Sie rückt tiefer ins Polster, nur noch die Fußspitzen berühren den Teppich.

Ida sieht mager aus neben dem gemütlichen Gesicht unter der kleinen Welle sandfarbener Haare. «Ach, Bertha», sagt sie, «wenn Abrechnung ansteht, fühle ich mich ganz winzig. Wie vor einer Prüfung. Oder wie Stefan oder Uwe an ihrem ersten Kindergartentag.»

Bertha lacht, ihre Füße schaukeln. «Deine Söhne haben sich doch alle gut geschlagen! In meiner Gruppe musste niemand Angst haben, hoffe ich doch.»

«Was hat doch Stefan sogar mal gesagt?»

«‹Frau Sauer heiraten!›» Die Besucherin lacht, ihre Haare zittern wie kurzes Küstengras.

Fröhliches Kauen und Erzählen, Tassen und Löffel klappern.

«Wir dürfen nur nicht zu lange kartelkern», raunt irgendwann Ole, «wenn wir nachher noch zur Versammlung wollen.»

«Sollten wir», sagt Bertha, «so einen Aufbruch zu neuen Ufern erlebt man ja nicht alle Tage.»

«Und eine weitere Vereinigung!» Ole lacht. «Die Linke, so falsch klingt das erst mal ja nicht.»

Die kleine Frau hilft ihm, das Geschirr in die Küche zu tragen.

Ida legt einen Ordner auf den Tisch: «Literaturtreff Finanzen». Sie öffnet ihn umständlich, breitet Quittungen und Listen vor sich aus. Schüttelt den Kopf, schiebt die Brille höher, blättert in den Ordnerfolien.

«Jedes Jahr wieder: eine Gleichung mit vielen Unbekannten»,

murmelt sie, als Ole kurz ins Zimmer kommt. «Es wird auch nicht besser.» Ihr Lächeln hat einen nervösen Rand.

Die Badtür klappt, Rascheln im Flur. Mit vorsichtigen Händen stellt dann die Besucherin eine Geldkassette auf den Tisch. «Vierhundertachtundsiebzig», sagt sie mit ein wenig Stolz.

«Dank unserer unermüdlichen Spendensammlerin.» Idas dünne, rötliche Finger machen eine Geste quer über den Tisch: «Willst du nicht auch den Rest übernehmen? Ich bin eigentlich zu nichts weniger geeignet als zu einer Finanzfrau.»

Die andere stutzt. Lächelt ihr bescheidenes Lächeln. «I wo, kaum vorstellbar, dass du mal was nicht perfekt machst.»

Bücherquittungen und Fahrscheinkopien sortieren sie, beugen sich über Rechnungen, Programmzettel und Teilnehmerlisten. Einträchtig meist, manchmal unsicher.

«Vielleicht kann ich helfen?», ruft Ole von nebenan. Er bringt das Fotoalbum des letzten Jahrs, schlägt eine Seite auf. Unter Veranstaltungsbildern klebt ein Zeitungsausschnitt.

«Kenn ich den?», fragt der Gast auf dem Sofa.

«Der Literaturtreff des Vereins Hohe Aue und dessen Leiterin Dr. Ida Wächter», liest Ole zügig und betont, «haben zum zweiten Mal nicht nur vor, sondern auch auf das Podium geladen. Ein Dutzend Brecht-Verehrer lasen selbstgewählte Texte des listigen Augsburgers, aus Anlass des fünfzigsten Todestages des Dichters.»

«Ja, das war schön», sagt Ida. Bertha nickt.

«Ein ungewöhnlicher Termin der seit fünfzehn Jahren bestehenden Veranstaltungsreihe», liest er weiter, «eine unaufdringliche Ehrung des Klassikers, fern von oberflächlicher Eventkultur.»

«Aber», sagt Bertha, «die geringen Spendenzahlen dafür stimmen wohl leider.»

«Vielleicht, damit es sich auch rentiert, müsst ihr doch Eintrittsgeld verlangen?», fragt Ole beim Hinausgehen.

«Nicht, solange wir diese Revisorin haben», sagt Ida. Noch einmal rechnen sie mit vor Konzentration geröteten Gesichtern. Eng nebeneinander zwei fast gleiche Frisuren, ein abenddunkler Kopf und ein strandnachmittagsheller.

Später ziehen alle ihre Jacken an.

Bertha lacht. «Marmelade habe ich jahrzehntelang nicht mehr selber gekocht!»

«Willst du ein Glas?» Ida ist schon im Flur, nimmt den Kellerschlüssel vom Haken.

«Wenn das so ist, wechsle ich doch den Pullover», murmelt Ole, geht ins Schlafzimmer.

Noch ohne Schuhe, steht Bertha auf dem Parkettstück zwischen Teppichrand und Schwelle. Von Ole ist nichts zu hören und auch nichts aus Richtung der offenen Wohnungstür. Sie geht ein, zwei Meter ins Wohnzimmer zurück, auf den Teppich. Schaut aus dem breiten Fenster, in die Bäume mit den wie hineingestickten roten Blüten und auf die weißen, orange- und holzfarbenen Flächen der Marienhaus-Gebäude. Ihr Blick fällt auf das in der Schreibmaschine eingespannte Blatt. Sie hat die Brille noch auf und tritt einen Schritt näher.

Fassen? Nein, kann ich es immer weniger. Hätte ich es ahnen müssen? Dass sie das wahrgemacht hat. Bewusst im kalten Wasser derart eine Tat zu wagen und – auch erst dem Moment Platz zu gewähren für diese schwere Entscheidung … ihn nicht vorbeiziehen zu lassen … Wie kann so etwas gelingen?

Nach zwei Wochen unten im Kiesbett muss ihr Körper wieder hochgekommen sein, muss auf dem See getrieben sein wie die Toten nebenan in der Zorge 60 Jahre zuvor. Oder wie hat der Arbeiter, der das Ufer reparierte, sie sonst gefunden?

Ein toter Leib kann schon durch die Berührung einer Wasserpflanze am Grund gehalten werden, wusstest du das? Und ebenso kann eine nur leichte Erschütterung ihn zum Aufsteigen bewegen, wenn es Zeit ist. Früher hätte ich so etwas Unheimliches nicht lesen wollen. Mit einem Mal aber ist es nah.

Den Verlust noch schmerzlicher macht, dass Lores an Dramatik nicht arme Lebensgeschichte mit ihr untergegangen ist – unerzählt zu weiten Teilen. Und nicht nur die schwesternhafte Schwägerin, auch Meemchen selber hat so wenig hinterlassen von dem, was sie erlebt hat und gesehen und gedacht. Was aber bleibt von uns, wenn nicht Erinnerungen, Geschichten?

Bertha nimmt die Brille ab, massiert die Nasenwurzel. Und fährt zusammen: Ole steht hinter ihr.

Er nickt. «Können wir? Ich weiß nicht, ob die Partei auf uns wartet …»

Ida taucht in der Tür zum Flur auf. Vor der Brust das Marmeladenglas, stolz, oder so, als wollte sie sich dahinter verstecken.

74

Immer noch nicht habe ich es mir abgewöhnen können, einen Terminplan für jede Woche zu machen. Die einzelnen Tage erscheinen vor meinen Augen wie Negative. Ich sehe zunächst nur die Konturen, blass, grau, teils unkenntlich. Unsicher könnte man sein, ratlos, was darin zu sehen wäre. Oder aber neugierig. In Tatendurst muss man die Ratlosigkeit ummünzen: damit sich herausstellen kann, wie sich die Tage entwickeln.

Doch ich plane immer viel zu viel. Nicht nach dem, was ich kann, sondern mehr, was ich tun möchte. Meistens schaffe ich es nicht. Dann bin ich am Ende der Woche unzufrieden, übellaunig. Gestrichen wird nicht, stattdessen aufgeschoben.

Schon das Führen des Tagebuchs verlangt mir manchmal jetzt Kraft und Zeit ab wie für einen ganzen Aufsatz. Das kenne ich so nicht. Und doch möchte ich so viel festhalten noch, das Tagebuch vielleicht sogar noch einmal, ein letztes Jahr, ganz durchgängig führen.

Vielleicht sollte ich gelassener in die Tage gehen? Du rätst es mir immer wieder – aber bist Du eigentlich anders?

Ich weiß, Lampenfieber ist auch Dir nicht fremd. Ich höre an Deiner Stimme, wann es so ist. Etliche Male hast Du sie in Veranstaltungen des Literaturtreffs als Sprecher, als Vorleser verschiedenen Autoren geliehen. Und ich denke, anderen Hörern klingt sie interessant, wenn sie so hauchig aus Deinem Mund kommt, ein wenig gepresst, wie eine kleine Schwester des Windes. Ist nicht sogar die Radiostimme von Kurt, unserem Ältesten, ähnlich? Unangenehm ist sie mir auch keineswegs, doch ich höre, dass dann die Aufregung aus Dir spricht.

Und die kenne ich ja selber gut. Ob man mir das anmerkt, weiß ich nicht. Früher hast Du behauptet, nein. Und heute?

Ich glaube, so viel Aufregung wie gestern, vorgestern habe ich kaum je gespürt.

«Die bunten Wälder gingen in mich ein» – ist der Veranstaltungstitel zu herbstlich für diese helle Jahreszeit? Was ist noch zu bedenken? Hat sich die viele Arbeit gelohnt? Werden genug Interessenten in den Gewölbekeller kommen? Sind Blumen besorgt, für die Dekoration, für die Mitwirkenden? Sind die Dankschreiben fertig, die Honorare bereitgestellt? (Peinlich, wie gering.)

Dass ich ankündigte, nicht selber auftreten zu wollen, hat die Bibliotheksleiterin erstaunt. Und auch Dich? Die Besucher würden mich schließlich kennen, wenigstens eine kleine Einführung mit Vorstellung der Mitwirkenden erwarten … Dabei solltest Du wissen, dass ich mich langsam zurückziehen möchte. Ich habe Angst, dass sonst … dass die Anforderungen mich irgendwann umreißen könnten oder ich … etwas umreiße? Jedoch gegen Euch beide vermochte ich mich nicht durchzusetzen.

Aber Mut und Mühe waren nicht umsonst. Achtzig Besucher, ein großer Erfolg. «Der Frühling zündet die Kerzen an», sangen alle im Saal gemeinsam zu Anfang. Fast schon ein erster Moment für Gänsehaut. Frau Freyer und Frau von der Lühe machten ihre Sache bewährt gut, und der Schauspieler Schwarzbach bestand seine Premiere bei uns, traf die richtigen Nuancen zwischen Naturversunkenheit und Kampfgeist. Die Gitarristin baute gelungene Brücken zwischen den Programmteilen. Und ich glaube, nicht nur Fürnbergs anwesende Angehörige waren ihm, dem vor fünfzig Jahren Verstorbenen, in den anderthalb Stunden noch einmal nahe. – Etwas weniger dem Megaphonträger, etwas mehr dem Dichter.

«Mein Herz war leicht, es ging im blauen Rauch,
der abends aufstieg von den Stoppelfeldern,
und wo ein Vogel fortflog, war es auch.
Es war ein Herbst, der schmiegte sein Gesicht
in alle Falten, alle Tränenspuren.
Die Schatten schwanden von den Sonnenuhren,
und wo der Träumer hinsah, war es Licht.»

75

Ida balanciert das Tablett mit Tellern und Gläsern über die hohe Schwelle nach draußen. Ole zieht die Terrassentür hinter sich zu, bis nur noch eine Hand durch den Spalt passt. Die Radiomusik aus dem Wohnzimmer ist sehr leise jetzt, mischt sich mit dem Rauschen der Stadt und der umstehenden Bäume. «Als wären wir heute noch nicht genug an der Luft gewesen», seufzt er.

Ida, in einem der drei Stühle, lächelt müde, nimmt die Teller vom Tablett und stellt sie auf den Tisch: schmale, überbackene Brotscheiben und Paprikastreifen. Minimalismus auf weiß-blauem Porzellan. «Improvisiert, aber gelungen, oder?»

Ole nickt.

Sie nimmt ihr Besteck in die Hand. «Wann haben wir überhaupt mal so spät gegessen?»

Er runzelt die Stirn, kaut zügig. Nach ein paar Bissen geht er ins Zimmer. Setzt sich wieder, stellt Worcestersoße auf den Tisch, legt sich einen gemusterten Schal um den Hals.

«Dein Künstlerschal», murmelt Ida.

Er bückt sich, reibt seine Wade unter dem gemusterten Wanderstrumpf. Verbissen isst er danach weiter, die Gabel hebt und senkt sich wie ein Dirigentenstab. Wolken treiben, geben die Sonne frei, Oles Brillengläser werden dunkel.

Ida isst mit Ruhe. «Du hast ja nicht schuld gehabt», sagt sie.

«Ach, das war einfach Schiete!» Düster brütet er, schneidet resolut, sein Messer kratzt schrill am Teller. Er blickt nicht auf. «Ein Desaster. Um halb vier zurück, und das ohne Mittagessen!» Trotz der Schalsuche hat er einen Vorsprung, legt bald das Besteck klirrend auf den leeren Teller.

«Hätte Gundula gewusst, dass das Lokal zuhat …», sagt Ida.

«Ja!», poltert Ole. «Aber ich hätte nicht auch noch diese ‹Abkürzung› empfehlen dürfen, ohne mir völlig sicher zu sein.»

«Nicht jeder bereitet Wanderungen so geduldig vor wie du, wenn du die Leitung hast.» Beschwichtigend legt Ida ihre Finger auf Oles: Mager sind sie, aber fast lang genug, um seine zuzudecken.

In einem Zug trinkt er sein Glas aus, atmet rauschend. «Schmeckst du, was alles drin ist?», fragt er dann. «Ein Schlückchen vom neuen Wein, hast du das gemerkt?»

Sie verschluckt sich, hustet. Schnell ist er auf den Beinen, klopft ihr auf den Rücken. Hüstelnd winkt sie ab. Er bleibt stehen, mit fragendem Blick. «Alles in Ordnung, mein Samariter», sagt sie räuspernd.

Er steigt über die Terrassenschwelle, murmelt: «Lokus.»

Unentschlossen stochert Ida im Essen. Blinzelt gegen die spätsommerliche Sonne hinter den Kastanien. Als Ole das Dessert vom Wohnzimmertisch mitbringt, legt auch sie Messer und Gabel parallel ab. Ein Rest Überbackenes lauert noch daneben auf dem Teller. Wandert in Oles Mund.

Mit dem Nachtisch lehnt Ida sich zurück. Ole zieht das Sonnensegel höher. Ein Gähnen stemmt seinen Mund weit auf. Sie löffelt langsam, sieht aus, als lausche sie.

«Hörst du wieder die Amsel?», fragt Ole. «Ich hab sie leider länger nicht gesehen.» Vor dem letzten Löffel hält er selber inne, horcht durch den Türspalt zum Zimmer. Radionachrichten, sehr leise. Er schüttelt den Kopf.

Sie sehen sich an. Ida wippt leicht und sagt: «Das wäre mal eine Amsel.» Ihr Mund zeigt fröhlich Zähne, das Eckchen Gold blitzt.

Ole sieht beinahe enttäuscht aus. «Du wusstest das?»

Sie neigt unbestimmt den Kopf.

Immer deutlicher zeichnen sich Liedfetzen vor den Stadtgeräuschen ab. Mal schütter, kaum wahrnehmbar, mal voller, höher, eine Welle, die wieder abbricht. Stimmen, die versuchen, gemeinsam zu singen; kein Chor, der einen Auftritt hat.

«Zum Schmunzeln», sagt Ole. «Wo das wohl herkommt?»

Idas prüfender Blick streift die beiden breitschultrigen Neubauten gegenüber, die papierweißen Wände, die Markisen und Fenster, die wie flache Hüte aufsitzenden Holzdächer. «Ja, irgendwo da?» Ihr Blick verliert sich am ziegelroten, alten Bau weiter hinten. «Oder aus dem Schloss da.»

Ole zuckt rhythmisch die Schultern. Singt mit fast geschlossenem Mund mit: «Die Gedanken sind frei, wer kann sie erraten. Sie fliegen vorbei wie nächtliche Schatten ...»

Liedzeilen reißen ab, knüpfen anderswo wieder an. Beide hören zu, schmunzelnd, wippend, dann angestrengter. Die Stadt brummt, lässt Busse klingen oder Lkw von der Hauptstraße, keinen Gesang. Oder doch wieder: eine fixere, aufstrebende Melodie. Ole schlägt an der Tischkante den Takt.

«Das kenne ich, von meinem Bruder damals!» Ida horcht, singt leise: «Was die Welt morgen bringt, ob sie mir Sorgen bringt, Leid oder Freud?» Ihr Ton wird sicherer: «Komme, was kommen mag, Sonnenschein, Wetterschlag, morgen ist auch ein Tag, heute ist heut! Morgen ist auch ein Tag, heute ist heut.» Sie schließt die Augen, ihr Gesicht ist glatt in der Nachmittagssonne.

Ole legt die Hand an ihre Wange.

«Ich werde wohl wirklich nicht mehr so oft mitwandern können», sagt sie. «So was wie heute zeigt mir doch meine eingeschränkten Kraftreserven.»

Er holt Luft.

«Und ehe die Hüfte wirklich gefährdet wird …», ist Ida schneller.

Ole wiegt den Kopf.

«Aber jedes verpasste gemeinsame Singen, ob auf dem Berg oder im Tal», sie lacht ein bisschen, «vermisse ich jetzt schon.»

Sie schauen über die flachen Dächer und den renaissanceroten Giebel drüben. Autos fahren vorbei, dann treiben noch einmal Liedfetzen heran: *So leben wir in Freud und Leid, bis dass der Tod uns beide scheidt.* Frisch klingt die Melodie, munter, Ida macht einen Ansatz zu schunkeln. *Dann ade. Dann ade, ade mein Schätzelein.*

«Ich muss an Marta denken», sagt sie, «die so schön gesungen hat.»

Ole lacht sein herzliches Lachen. «Ja, bei unserem ersten Urlaub in ‹Opa Weißbach› zum Beispiel: He-jo, spann den Wagen an …»

Ida singt weiter: «Sieh, der Wind treibt Regen übers Land.»

Junge Leute schlendern auf dem Gehweg vorbei, ihr Grienen wird durch die geraden, hohen Zaunlatten gerieben wie Käse. Ida duckt sich ein wenig. «Aber du findest wirklich keine aktuelle Adresse von ihr, oder? Zum Anrufen.»

Bedauernd presst Ole die Lippen zusammen. Er zieht den freien Terrassenstuhl näher, für seine wanderstrumpfkarierten Füße.

Ida scheint noch zu lauschen, folgt einer Wolke drüben.

«Bestimmt meldet sie sich bald aus Schottland», sagt Ole, «wenn sie sich im neuen Zimmer eingerichtet hat.» Ein Gähnen macht seinen Mund rund und dunkel wie die Sonnenbrillengläser.

«Ach so?» Idas Stimme ist leise. «Wahrscheinlich. Wir wissen ja noch selber, wie fordernd so ein Studium ist.»

«Und dazu im Ausland.»

«Alles genauso verständlich wie Ellas neue Arbeitsmoral.» Ida stapelt müde das Geschirr ineinander. «Nur ein Jammer, wie selten wir uns zuletzt gesehen haben.»

76

Ich gehe in unsere Buchhandlungen, um ein Geschenk für Dich auszusuchen. Ein Buch, das ich dachte bestellt zu haben, ist nicht geliefert worden. Die Bedienerin erklärt, ich hätte keine Bestellung ausgelöst. Eigentlich ist das unverschämt und ärgerlich. Doch ich finde neue, ziehe einige in die engere Wahl, blättere, immer «in Gefahr»: mich festzulesen. Ich gehe sogar noch einmal in die vorige Buchhandlung zurück. Es fällt mir schwerer als früher, mich zu entscheiden.

Gleich mir suchen weitere Leute in den Regalen, nehmen ein Buch heraus, stellen es wieder zurück, gehen zu anderen Regalwänden, wählen neu, schielen doch zum eben betrachteten Band. Ohne etwas gekauft zu haben, verlässt kaum einer den Buchladen.

Diese Käufer unterscheiden sich von denen in den Kaufhallen. Eine andere Begier treibt sie, ein Drang nach geistiger Nahrung. Sie wählen die Bücher nicht nach dem Preis aus, testen sie erst, indem sie sie durch Anlesen nach ihrem Wert befragen.

In den Kaufhallen dagegen, den Krippen zum Selbstbedienen? Die fahrbaren Körbe vor sich wie rasselnde Rennautos, drängen die Menschen an übervollen Regalen vorbei, die Angebote mit hastigen Blicken streifend wie im Jagdfieber. Möglichst viele der billigsten Produkte müssen in den Körben gehäuft werden. Manche der Jäger haben sich zu Kennern qualifiziert, denen keine Sonderangebote entwischen können. Konsumverhalten, wie es von den Händlern gewünscht wird. Käufer und Verkäufer sind der Meinung, gute Geschäfte zu machen.

Bin ich zu altmodisch, zu ängstlich, dass mir diese Hallen seit ihrem Aufkommen ein Gräuel sind? War ich vor der Wende mehr einholen? Vielleicht bei der netten Fleischersfrau Hänsgen oder im Milchladen. Doch auch nicht wirklich häufig. Ich bin eben kein Einkaufstyp. Im neuen Einkaufszentrum habe ich mich gleich verlaufen. (Sogar Dir geht es dort zu sehr durcheinander, oder?) Und ich mag Geld nicht, habe nur gerade so viele Münzen in der Tasche, um den Friseur zu bezahlen oder einen Blumentopf. Ansonsten kaufst Du ein, alles. Meine Kleidung suche ich still für mich aus und probiere sie an, brauche dabei höchstens die Meinung der Verkäuferin. Und später gehst Du in die Boutique und bezahlst. Wer hat sich neulich beim Gespräch darüber gewundert, eine unserer Enkelinnen? Uns aber ist das nie seltsam gewesen, oder? Du zahlst ja vom gemeinsamen Konto. Lange Jahre habe ich das Ausgabenbuch geführt, für uns beide. Alle unsere Ausgaben liegen füreinander offen zutage.

Und wenn ich ein Geschenk zu zahlen habe, greife ich zur blauen Sparmamsell, die über ihrem Keramikbauch auf der Schrankkante lächelt. Oder ich verlasse mich auf meine spezielle Schrankfachkasse, für deren Auffüllung ich manchmal heimlich etwas abgezwackt habe. Ganz verborgen kann Dir das kaum geblieben sein. Oder?

Auf dem Rückweg aus der Stadt – ja, nicht wahr, noch immer sagen wir «in die Stadt gehen», obwohl der Weg nur drei, vier Minuten lang ist –, auf dem Rückweg treffe ich eine ehemalige Kollegin. «Du siehst aber schlecht aus», sagt sie, «bist du krank?» – «Nein, ich fühle es jedenfalls nicht.»

Zu Hause befrage ich sogleich den Spiegel. Tatsächlich, abgespannt blickt er mich an. Müde Augen, tiefere Falten machen das Gesicht härter.

Warum ist Dir das nicht aufgefallen? Als ich Dich frage, sagst Du, ich sei blühender als die allermeisten Altersgenossinnen. Wir kommen aber überdies kaum dazu, uns gegenseitig kritisch anzusehen.

Eigentlich krank fühle ich mich nicht, doch auch nicht so ganz wohl. Matt, immer wieder. Vom Kopf her, von dem Bauch, den Beinen, dem Rücken, wie ein alter Gaul, dem ein zu schweres Joch auf Stirn und Nacken lastet. Von mir aus darüber sprechen mag ich nicht. Du tust es genug. Und täte ich es, fingst Du gleich an zu «unken», und dann wird es wieder eng im Bett: mit Butler, General, Aufpasser, Samariter …

Nun, manchmal hat einer von ihnen wohl sogar recht.

Sicher gönne ich mir zu wenig Entspannung. Aber wie denn, wann denn? Ich sage mir ständig: Das noch, und dann aufhören, und immer wieder: Nur noch ein Quartal zum Beispiel den Literaturtreff leiten, dann Schluss. Immer aufs Neue. Es will ja auch niemand übernehmen.

Soll man mich eben nicht angucken, ich vermeide es auch. Und wenn ich beim Friseur sitze und in den Spiegel sehe, so bin ich eigentlich ganz zufrieden mit mir – ich habe meine Brille nicht auf.

77

Die Klingel surrt, kurz, und noch einmal. Ida hebt den Kopf, steht auf, langsam, als könne sie sich nur schwer von den Büchern lösen. «Ach!», sagt sie dann.

Ein kleiner Junge steht im Hausflur. Er sieht sie wortlos an, fast ohne zu blinzeln, seine Wangen sind rot.

«Na», fragt Ida, «willst du vielleicht zu Ole? Er ist nicht da. Das Wandern dauert länger, er hat gerade noch mal angerufen.»

Ein bisschen presst der Junge die Lippen zusammen. Beide Hände sind hinter seinem Rücken versteckt, die Arme wie kleine Henkel angewinkelt.

Ida muss lächeln. «Was verbirgst du denn da?»

«Weil Sie immer so lieb zu mir waren», schießt er los, «im Sommer auch, als ich in die Schule gekommen ...»

Er stockt, nimmt eine Faust hinter dem Rücken hervor, schaut hinein, zeigt dann auch die andere. Ida folgt seinem Seitenblick zu den Fichtenzweigen auf den glatten Kacheln neben dem Fußabtreter.

«Ach, und da möchtest du unseren Strauß schmücken?»

«Zusammen.» Er strahlt.

Sie wartet, bückt sich lehrerinnenhaft nah zu ihm. «Da musst du mir erst mal zeigen, wie das geht.»

Der Nachbarsjunge grinst schüchtern und fummelt einen der Fäden über einen Nadelzweig. «Sie müssen auch hingucken», sagt er mit leichter Dialektmelodie.

Ida fährt zusammen und sieht von den Briefkästen rechts wieder zu ihm. «Selbst gebastelt?»

Er nickt schwungvoll.

Abwechselnd hängen sie alle Papieranhänger auf, mit vorsichtigen Fingern.

«Aber jetzt muss ich noch ein, zwei Seiten lesen», sagt Ida.

Auf dem Fußabtreter hockend, bastelt der Junge den letzten, störrischen Anhänger an den Nadelstrauß. Er sieht sie von unten herauf an und sagt: «Du hast aber eine schöne Kette», rappelt sich hoch und springt die Treppe hinauf.

78

Schon wieder wird ein Jahr zu den Akten gelegt. War diese Etappe lebenswert? Wer kann das wie weit von sich sagen? Immer will man vergleichen, klagen oder korrigieren. Aber wir wollen nichts aufrechnen oder abziehen. So wie es war, haben wir uns nach unserem Willen einbezogen.

Es gab Jahre, weißt Du noch, da haben wir in der Silvesternacht jeder für sich geheime Wünsche und Vorsätze aufgeschrieben, haben die Zettel verschlossen zwölf Monate verwahrt, um nachher zu überschauen, was aufgegangen war.

Ohne Spiel und Konfetti freuen wir uns heute einfach über Dinge, die gelingen.

Wenn ich es schaffen würde, vor allem, möglichst viel von meinem, unserem Leben festzuhalten – für Dich, für mich, vielleicht auch eines Tages für die Leseaugen unserer Kinder oder Enkel, das wäre ein Geschenk.

Das Tagebuch gehört dazu, an dem ich weiter fast jeden Tag versuche zu bauen. Und auch die Familienbriefe, die ich abgeschrieben und zusammengefasst habe, sind Teil dieser Bemühungen. Das nächste, letzte Ziel: unsere Lebensgeschichte aufarbeiten. Ich spüre, das rechtzeitig zu schaffen, ist schwer. Doch wenn es gelingt? Dann gibt es eine Spur von uns, unserer Familie, einschließlich Heinz oder Meemchen oder Lore, eine Spur, die mit Glück von einem der Nachgeborenen aufgenommen und weitergeführt wird. Dann wäre ich zufrieden, dann könnte ich gut von der Welt Abschied nehmen.

Vorbei ist unser Verlangen nach feucht-fröhlichen Silvesterfeiern, das Haus voller Gäste. Wir mögen's jetzt bescheidener und stiller. Doch Festkleidung legen wir an am Abend. Und Dir geht es mit mir genauso, denke ich. Auch wenn ich es nie zu einer Robe wie in einem Märchen gebracht habe.

Wir hören die Neunte von Beethoven, möglichst im Theater. Das alte Jahr lassen wir, nicht ohne Dankbarkeit, in unserer Erinnerung zurück. Und erwarten in doch so etwas wie feierlichem Gestimmtsein zu Hause das neue Jahr wie einen unbekannten, würdigen Gast. Der freilich so seine Abgründe hat. Eine Wahl lässt er uns nicht, wir werden ihm bis zur nächsten Markscheide verbunden sein. Ob er sich auf der langen Wegstrecke benimmt, ob er uns guttut oder Nachteiliges im Schilde führt, das muss sich zeigen.

79

Nach dem Essen große Aufregung und Hetze: Englischtreff am Nachmittag, und ich bin nicht vorbereitet! Nach kurzem Brummeln ziehst Du für Deine Mittags-«Dschuschung» aufs Gästesofa um. Ich suche meine Unterlagen, lese flüchtig den englischen Text. – Über den Begründer Magdeburgs, Otto I., über die kulturelle und wissenschaftliche Entwicklung der Stadt. Ich versuche, mir die Kette von Vokabeln einzuprägen. Nachher habe ich sie wieder vergessen, dabei ist der Text interessant. Du musst mich in letzter Minute mit dem Auto zum Treffen bringen.

In der Englischgruppe bekenne ich mich zur Überlegung, ob überhaupt weitere Treffen wünschenswert seien. Ablehnung, Enttäuschung, Bedauern bei den anderen Teilnehmern. Wir entscheiden schließlich: Erst einmal soll es weitergehen, aber seltener und nicht mehr mit schulmäßigem Abfragen, nur noch in lockerer Gesprächsform.

Auf dem Weg nach Hause liege ich mit mir im Zwist, ob die Entwicklung so akzeptabel ist, ob mein Begehren übertrieben war oder ich mich eher zu wenig durchgesetzt habe. Da steht mir plötzlich ein Mann im Weg. Auf mein «Entschuldigung» hin weicht er nicht. Ich bin aber nur für eine Sekunde alarmiert: zu freundlich ist sein Gesicht, gemütlich, ein wenig bauernhaft.

«Ja», sagt er, als kenne er meine Gedanken, «aus der Lesung.»

Also einer der Besucher unserer Fallada-Veranstaltung. Er freut sich, mich zu treffen, bevor er wieder abreist. Er will mir noch mal für die Veranstaltung danken. Ach, Ole, wie wohltuend. Den Briefwechsel von Fallada und seiner Frau, Suse Muschemusch, wie er mit schön kantigem brandenburgisch-mecklenburgischem Zungenschlag zitiert, den will er jetzt auch lesen. Und zwar nicht nur, weil er Fallada selbst damals noch in Feldberg erlebt hat. Faszinierend, denke ich und schaue in sein Gesicht, das mir in diesem Moment härter, doppelbödiger scheint. Und ich vergesse ganz, ihn über die womöglich nicht konfliktfreie Begegnung zu befragen.

«Wenn du fort bist, ist alles nur halb», sagt er. Als er den Buch- und Veranstaltungstitel wiederholt, bekomme ich fast feuchte Augen. Ja, was für ein zutreffender Liebessatz. Und hattest nicht sogar Du diesmal das Buch auf die Liste gesetzt?

Ach, und was für ein zwiespältiges Gefühl nach bald 20 Jahren: Eigentlich soll das die letzte meiner regelmäßigen Literaturveranstaltungen gewesen sein. Indem ich das schreibe, sehe ich Dich schon heftig nicken. Ich weiß, der hohe Aufwand ist auf die Dauer nicht durchzuhalten. Aber Anerkennung und Genugtuung der eigenen Arbeit werden fehlen …

80

Am Museumsbau vorbei eilt Ida durch den kleinen Park. Ein Holznashorn lächelt ihr entgegen, zwei Kinder tollen um den Rüssel des Rutschenmammuts, trotz des trüben Wetters. Sie streift den nackten Krieger über der Brunnenschale mit einem Seitenblick, schließt ihren obersten Mantelknopf, als sie die Straße überquert. Hinter den steinernen Blumen und den Eisenstreben des Friedhofseingangs hohe Bäume, karges Gras – ein seltsam lichter Zauberwald. Ida sieht auf die Uhr, atmet durch. Schiefe Eisenkreuze zwischen den Stämmen. Sie wendet sich nach vorn, oben am Allee-Ende ist ein Tempelgebäude ahnbar, weiß, als wäre es Teil des Himmels.

Eine Krähe irgendwo. Oder ein Knirschen, drüben bei den Gräbern an der Seitenmauer?

Aus einer Skulpturengruppe hinten löst sich eine Gestalt. Ein Mann. Er ruft: «Wo ist denn das Grab von Christiane Vulpius?»

«Nicht hier, da müssen Sie zum Jacobsfriedhof!» Sie macht eine Geste den Hügel hinunter.

Eilig geht Ida weiter, am Schild «Fürstengruft» vorbei. Hinter dem massiven Tempel recken sich die goldverzierten Kuppeln der russisch-orthodoxen Kapelle. Wie ein Schmuck, den sich der graue Wintertag angelegt hat. Nicht weit davon liegt eine Mädchengestalt hinter Glas, Ida hebt im Vorbeigehen kaum das Kinn. Wenige Schritte weiter liest sie auf einem Grabstein: «Herr bleibe bei uns.» Sie verharrt, scheint zu überlegen. Da, wieder eine Krähe? Knacken. Ida sieht sich um, plötzlich entsetzt.

«Ach, Olchen, ich bin so froh, dass du …»

Er schlägt den Arm um sie. «Du siehst ja ganz verfroren aus. Warum hast du dich denn versteckt?»

«Ach, ich dachte nur zuerst … mit deinem schwarzen Mantel … wie diese Männer vorher.»

«Was, vorher? Friedhofsgräber?»

«Irgendwelche. Vielleicht auch zufällig, es schien nur, als ob … Alles ist so seltsam jetzt manchmal, und dann dieses milchige Wetter. Da kann man sich schon mal verfolgt fühlen.»

Sie gehen eingehakt, Ida versucht zu lächeln, ihre Augenränder sind rot. «Einer ist plötzlich vor mir aufgetaucht, so ein betrübtes, rundes Gesicht, und hat gesagt: ‹Man hat mir meinen Strauß gestohlen. Vom Grab.›»

Auf der hohen Feldsteinbrücke wickelt sie einen halben Blumenstrauß aus dem Papier. Vor den romanisch gedrungenen Bögen der Trauerhalle drängen sich Menschen.

Drinnen sind viele Reihen schon besetzt, im mittleren Teil finden sie noch Plätze. Sie nicken Bekannten zu. Musik setzt ein.

Als der Trauerredner ans Pult tritt, sehen Ida und Ole sich an, für einen Moment. Je länger der Mann vorn spricht, desto rauschender stößt Ole seinen Atem aus. Sein Gesicht ist doppelt finster. Dann hält es ihn nicht mehr auf seinem Platz. Sie geht nicht mit hinaus, duckt sich in die Bank.

Mit dem Strom der Trauergäste verlässt auch Ida die Halle. Ole steht etwas abseits, mit vor Kälte dunklen Wangen.

«Wo ist überhaupt deine Mütze?» Er schlägt im Losgehen die Hände aneinander.

Ida greift in ihre Taschen. «Die muss ich irgendwo liegenlassen haben vorhin.»

Er hält inne. «Sollen wir sie holen?»

Sie schüttelt den Kopf.

Ole nimmt wieder ihren Arm. «Hast du das wirklich gemacht, den ganzen Weg gelaufen? Da staune ich ja.»

«Ich dachte, ich muss mich mal wieder mehr bewegen. Hat doch auch der Arzt …» Blass sieht sie aus, erschöpft.

«Entschuldige, dass ich vorhin einfach raus bin», sagt er, «ich kann diesen nuschligen Phrasendrescher einfach nicht aushalten, und dann noch in zu doller Lautstärke.»

«Ich ja auch nicht.» Ida streicht nachsichtig über den rauen Stoff an seinem Unterarm. «Wann hast du eigentlich den Mantel gekauft?»

«Na, doch mit dir, letztes Jahr im Schlussverkauf?» Er klopft sich Schneegriesel von der Schulter. «Und bei Omi warst du auch noch?»

Sie nickt. «Nur dass eingeebnet werden musste, ist immer noch schwer zu … akzeptieren.»

«Mit der Stelle bin ich mir aber sicher. Kannst du noch viele halbe Blumensträuße ablegen, illegal.»

Langsam gehen sie den geschwungenen Weg hinunter. Eine Trauerskulptur beugt sich in praller Nacktheit zur Seite, eine Hand auf der Stirn, die Beuge des anderen Arms verbirgt das Gesicht. Das Haar stürzt wie ein Tränenbach bis zwischen die weißen Schenkel.

«Erstaunlich», sagt Ida, «auf einem Friedhof. Gefällt dir das?»

Ole dreht sich um. «Ganz schön was dran. Aber wär mir nicht aufgefallen. Seit wann kuckst du denn nach so was? Jedenfalls du gefällst mir nach wie vor besser.» Ein schneller Kuss. «Und für uns?» Er hält ihre Hand fest. «Sollen wir uns mal um einen Platz bemühen?»

«Wenn das geht, zusammen: du mit deiner Feuerbestattung und ich in der Erde … Ich möchte doch mal in einem Baum münden.» Ihr Lächeln ist klein, wie in Holz geritzt.

«Wir müssen uns eben gut erkundigen», sagt Ole ernst.

«Aber pflegeleichte Gräber.»

Er rückt seine Mütze zurecht.

«Wer soll sie denn pflegen?» Ida ist aufgebracht. «Unsere Familienangehörigen, wo wohnen die denn? Überallhin verpflanzt.»

«Na ja. Eine typische deutsche Familie.»

Sie beharrt: «Selbst das Grab meines Vaters sehen wir höchstens zweimal im Jahr, obwohl es nur eine Stunde entfernt ist.»

Stumm gehen sie durch die Pforte in der Mauer. «ICH» steht mit Kreide an der Hauswand, da, wo Ole das Auto geparkt hat. Ida hat den Blick darauf gerichtet, solange er die Türen öffnet, sich fahrbereit macht.

Sie putzt sich die Nase. «Wenn unser Ende wirklich irgendwann gemeinsam wäre, kann keiner von uns beim anderen das Grab harken.»

«Ach, Idchen.» Er legt kurz seine mützenwarme Stirn an ihre kühle Schläfe. «Einen Leichenredner jedenfalls brauchen wir nicht unbedingt, oder?»

Ida hat unterm Taschentuch ihr kleines Lächeln zurück. «Lieber eine Lesung aus einer uns nahestehenden Dichtung.» Sie knüllt das Papier zurück in die Packung. «Und, weißt du was, aus Beethovens ‹Frühlingssonate› das Adagio.»

81

Besuch bei der Hausärztin gestern. Wieder hat sie eine Menge Überweisungen für mich, darin ist sie sehr beflissen. Die Ärzte haben sich uns als zuverlässige Respektspersonen herauskristallisiert, denen man nicht widersprechen mag. Dabei – eigentlich fördern sie durch ihre gründlichen Untersuchungen immer mehr das Misstrauen gegenüber dem eigenen Körper.

Du hast Dir einen neuen Hausarzt gesucht, möchtest, dass ich Dir folge. Nein, danach ist mir auch wieder nicht. Wieder sich neu gewöhnen, und dann noch an einen männlichen Arzt …

Ich zweifle daran, ob alle Verordnungen derart notwendig sind wie behauptet. Aber als disziplinierte Patientin füge ich mich und mache meine Pflichtaufgaben.

Zur Feststellung der Knochendichte etwa gehe ich heute Vormittag. Immer seltener muss man bei Untersuchungen angefasst werden, wird immer mehr dadurch zu einem Ding. Andererseits ist diese Dezenz auch ganz angenehm. Ich kann still daliegen und meinen Gedanken nachlaufen. Surrend fährt das Gerät über meine Wirbelsäule, über die Hüfte, hin und her. Es kitzelt ein bisschen, auf kalte Art fremd. Schüchtern frage ich danach die Arzthelferin nach dem Ergebnis: Hüfte in Ordnung, bei der Wirbelsäule sind die Werte nicht so ganz gut. Vorstufe zur Osteoporose wohl, ich soll die Einschätzung der Orthopädie abwarten.

Ach, das Älterwerden ist eben kein Jungbrunnen. Wie viel ruhiger würde man leben, wenn man nicht so genau über den Stand der Abnutzung seiner Körperbeschaffenheit Bescheid wüsste?

Auch über den Ärger kann man sich ärgern. Ich hadere mit mir wegen Schwächezuständen, wegen zunehmend düsterer Verstimmungen. Wohin ist mein Optimismus geflohen, meine Freundlichkeit, für die mir manchmal Komplimente gemacht wurden? Ob ich mich noch zusammenreißen kann?

Am Abend überrasche ich Dich mit einer Zustimmung. – Die Söhne, die Enkel treffen, ein kleines Fest feiern mit allen aus der nächsten Familie, die abkömmlich sind, wer weiß, wie lange wir noch Kraft und Möglichkeiten dazu haben. Bekannte und ehemalige Kollegen sehen wir viel häufiger als die meisten unserer Nachkommen. – Ja, sage ich also zu Dir, warum immer auf einen runden Geburtstag warten? Kurz entschlossen verfassen wir das Einladungsschreiben für Deinen 78. Anfang April.

82

Noch hält der Park den Atem an, noch blüht das hohe, gelbe Schloss an seinem Rand allein. Unter der Freitreppe und dem Kiesweg aber beginnt Wiese, in einem ausgedehnten Streifen. Rollt grün wie ein breiter, gewaltiger Teppich den Abhang hinunter, teilt den noch winterbraunen Wald drüben in zwei Hälften.

Stefan betastet die Treppensäulen, Kurt nickt. Die Schwiegertöchter Sibylle und Astrid stecken die Köpfe zusammen. Ivy wartet daneben. Am Rand der Kiesterrasse sitzt Tim und raucht, fachsimpelt leise mit dem braunäugigen Jacques ins Weite.

«Na, meine Töchter, da seid ihr ja», ruft Kurt.

«Ja», sagt Marta an der Schlosstreppe.

Ella bleibt stehen, schaut die Fassade hoch.

«Und unser Jubilar, und Idchen?»

Ellas Handbewegung sagt: Noch etwas Geduld. Sie fotografiert Kurts fragendes Gesicht und den sandsteinfarbenen Treppenbau dahinter.

Er sucht umständlich in den Manteltaschen. «Ja, nicht abzusehen, noch vor drei, vier Jahren …»

Marta hebt den Kopf.

«Dass das hier so schön wird», sagt Kurt.

Sie sehen sich um.

«Stimmt, als wir zum Klezmerkonzert hier waren. Wann war das doch?», fragt Marta. «Hinten im älteren Schlossteil, da waren das noch fast Ruinen.»

Ella nickt.

Dann kommt Ole, Ida bei ihm eingehakt. Ihre Beine wirken jugendlich unter dem Mantel, aber sie treten achtsam auf, wie in gläsernen Schuhen. Ole lacht, ein Entschuldigungslachen. «In fremden Gebäuden findet sich auch die beste Lehrerin manchmal nicht zurecht.» Er streichelt über Idas lange Finger.

«… muss man erst den Lokus lokalisieren», sagt sie, wie um sich aus den Blicken der anderen zu winden.

Überraschte Mienen, dann kollern Lacher die breite Wiesenschneise hinunter. Stefan hat die herzlich-tiefen Wangenfurchen seines Vaters. Das Lachen wischt Astrid die Sorgen von der Stirn, fängt Sibylle ein, lässt Jacques und Tim aufhören zu diskutieren. Ella hält den Fotoapparat hoch. Auch Ida lacht, mit offenem Mund und trotzdem prüfendem Blick. Ihre Ohrringe sind hell wie der Himmel und ihre Haare dunkler als hinten der noch winterschlafende Wald.

Astrid und Stefan mit Ivy verabschieden sich.

«Und wir?» Kurt schaut in die Runde.

«Wenn du so fragst: bis Buchenwald», sagt Marta.

Jacques an ihrer Seite nickt.

Ida sieht ihn an, forschend oder ein wenig besorgt.

«Es wäre schön, einiges zu sehen, zu ... erfahren», die Wörter kommen sehr deutlich aus Jacques' Mund.

«Du sprichst doch eigentlich französisch. Du hast Deutsch gelernt!», sagt Ida.

Er lächelt.

«Wenn ich als Geburtstagskind mal was anmerken darf», sagt Ole von hinten, legt eine Hand auf ihre Schulter, die andere auf die der Enkelin: «Bis Buchenwald, denke ich, ist zu weit. Und für die Gedenkstätte fehlt die Zeit. Aber hier lässt es sich doch auch gut spazieren.» Sein Wanderstock weist dahin, wo aus dem endlosen Waldpark ein gezähmteres, geometrisches Rasenstück wird.

Nach ein paar Metern bückt sich Ida. Zupft ein paar dünne Stängel ab, riecht an einer Handvoll blauer Blüten. Sie sieht irritiert aus. Kitzelt auch Ole damit unter der großen Nase.

«Ja», sagt er, «Idchen, fein. Veilchen. Mein vergessener Geburtstagsstrauß?»

«Riechen die nicht weniger als früher?»

«Was meinst du?»

Sie sieht ratlos aus über dem schmalen Goldrand, dann schiebt sie die Brille hoch. «Wer hat ein freies Knopfloch?» Ihr Blick über dem schmalen Goldrand der Brille streift ihren Mann, ihren Sohn, Sibylle an seinem Arm, die skeptisch zum rauchenden Tim sieht. Dann stoppt der Blick bei Martas Freund. «Vielleicht ein kleiner Ausgleich», murmelt Ida und puzzelt dem lächelnden Jacques die Blüte an den Kragen.

Eine efeuberankte Mauer hebt den Park, ändert ihn. Wie Eindringlinge sind manche Bäume aber auch hier Riesen. Auf einen zeigt Ella:

einen halben Riesen. Alt muss er sein, sein Umfang ist mächtig, aber nur aus einer dünnen Schicht Holz. Die raue Außenrinde fehlt zu Teilen, und das Innere fehlt. Vorn ist die dünne Schale weggebrochen, zeigt den leeren Bauch des Baums; schwarz und hoch die Öffnung wie ein zum Schrei verzerrtes Maul. Eine runde Öffnung weiter oben ist das Auge dieses Riesen, ein paar abstehende Zweige bilden sein Greisenhaar. Darüber aber, wo bei anderen Bäumen die Krone beginnt, ist dieser Baum zu Ende, abgesplittert, abgebrochen.

«Durch ein Gewitter?», fragt Tim.

«Ja», sagt Ole, «aber schon vor vielen Jahren. Kann sein, als unsere Jungs noch in der Schule waren.»

Ida tritt vor, als wolle sie die Rindenwand aus der Nähe ansehen. Dann macht sie noch zwei Schritte und steht im Bauch des Baums. Mit zugekniffenen Augen, versunken, das Kinn im dünnen Kragenfell, die Hände in den Manteltaschen. Nur das Gesicht und das lange, helle Halstuch schimmern, Haare, Hose und schwarzer Mantel sind von der Baumdunkelheit verschluckt.

83

Die Welt war so hell» – unser lange vorbereitetes Programm, sehr lange vorbereitet. Mitwirkende: Frau Eckmann, Du und ich, passende musikalische Darbietungen durch eine Musikstudentin.

Vor uns ein aufmerksames Publikum, trotz der sommerlichen Hitze. Einführende Worte von mir, diesmal halte ich mich an meine zum Glück noch gefundenen Notizen. Einigen der zirka 50 Personen, meist Frauen, fallen, bestätigen sie mir später, die «Nesthäkchen»-Bücher wieder ein, die sie in ihren Jugendjahren «verschlungen» haben. Ich rufe eines der Bücher in Erinnerung, indem ich Stellen vorlese – der Schulausflug in der Berliner Umgebung –, damit überhaupt eine Vorstellung von Else Urys Schreibweise möglich, erinnerlich wird. Ich merke, dass Dir Frau E. etwas ins Ohr flüstert und auf ihre Uhr zeigt. Bereits das muss mich verunsichern. Doch da fällst Du mir auch schon ins Wort, rufst, auch für die Gäste vernehmbar: «Zeit!» Ich möchte im Boden versinken, sehe mich veranlasst, meine Lesung abzubrechen.

Dieser brüske Hinweis ist mir unverständlich, und ich empfinde ihn als störend für den geplanten Ablauf. Enttäuschend!

Eine ähnliche Enttäuschung wie letzte Woche. Du weißt, wovon ich spreche. Oder bist Du Dir wirklich keiner Schuld bewusst?

Mit dem Auto warst Du unterwegs, um die nächste Wanderung vorzubereiten. Ich habe an meinen «Erinnerungsbildern» gearbeitet, habe, glaube ich, das schon Skizzierte über Lore Korrektur gelesen oder mit dem Meemchen-Kapitel einen guten Schritt gemacht. Dann habe ich unterbrochen und schnell gedeckt, denn ich hatte Deinen Satz im Kopf: «Zum Kaffee bin ich wieder zurück.» – Nein, warst Du aber nicht. Ich habe mich zunächst gefreut, noch weitermachen zu können, denn nicht immer komme ich zufriedenstellend voran.

Eine Stunde verging, anderthalb Stunden. Ich konnte mich nicht mehr konzentrieren. Gegessen habe ich, allein, den Kurantrag habe ich ausgefüllt. Dämmrig wurde es, und noch immer keine Handybenachrichtigung von Dir. Ich habe Stefan hergebeten. Und irgendwann warst Du da, mit ein paar Stunden Verspätung, unbekümmert, lachend. Nicht der Rede wert? Ich finde es rücksichtslos. Vertrauen «angeknackt».

84

Angestrengt blinzelt die Frau, die Beine vom Sattel zum Boden gestreckt.

«Ich fühle mich wie Rotkäppchen hier», wiederholt Ida, strahlt schüchtern, auf ihren Regenschirm gestützt.

Die Frau steigt vom Fahrrad, sieht nun freundlicher aus. «Noch schöner war es», sagt sie, «als die Tannen noch Tännchen waren. Da hat man von hier oben den ganzen Ort gesehen. Sogar das Albert-Bad.»

«Was?» Ole öffnet seinen Rucksack, faltet die Karte auf.

«Doch, tatsächlich. Hinter dem spitzen Kirchturm da, sehen Sie? Heute kann man's höchstens noch ahnen.»

Er nickt langsam, deutet auf einen Kartenpunkt unter dem Schriftzug «Ihr Kurort».

«Sie müssen wiederkommen, wenn die Rhododendren richtig blühen.» Die Frau lächelt. «Ein Gast hat mal gesagt: Dann ist der Park so bunt, dass er bis ins Weltall leuchtet.»

Ida rückt irritiert an ihrer Brille. Ole trägt sein verbindliches Lächeln. «Es wäre … reizvoll», sagt sie nach einem Blick zu ihm.

«Ja, unsere blühen gelb, blau, bis zu schwarzlila, nicht nur rosa und weiß.» Die Frau mit dem Fahrrad sieht stolz aus. «Sogar im Wald blüht Rhododendron.»

Ole schließt den Rucksack. «Nur zu gern, aber wir waren schon froh, dass diese Kur genehmigt wurde, für uns beide.»

Die Frau späht auf das Schild unter dem Ranzengriff. «So fit sind Sie, das ist doch toll, das sieht man auch, Dr. Wächter. Wahrscheinlich praktizieren Sie sogar noch?» Sie lacht, holt ein Faltblatt aus der Tasche: «Wenn's noch mal klappt, dann übernachten Sie bei mir!»

Die Radlerin fährt davon.

«Ein Quartier hier oben wäre auch nicht schlecht, oder?» Er verstaut das Blättchen.

Sie nimmt ihm wortlos einen der Wanderstöcke ab, läuft los, in einer Hand den Schlaufenstock, in der anderen den langen Schirm. Ole überholt sie, schreitet aus, die Landkarte als Motivator griffbereit. Als er sich umsieht, ist Ida weit zurückgeblieben.

«Da vorn machen wir richtig Pause», beschließt er, nachdem sie aufgeholt hat. «Und nun guck mal, was ich gekauft habe heute Vormittag, als ich anwendungsfrei hatte.»

«Die Bücher aus der Stadtbücherei», fragt Ida müde, «hast du mit hier hochgenommen?»

«Eins vielleicht. Aber noch was anderes.» Ole lacht sein Jungenlachen.

«Krch-krch-krch», äfft sie ihn nach, «wie ein Vogel.»

Er schaut sie erstaunt an.

Ihre Brauen heben sich ein kleines Stück, für ein halbes Lächeln. «Ich bin abgespannt», sagt sie. «Ich frage mich, ob diese Kur überhaupt was bringt. Die Masseuse gräbt mich um wie einen störrischen Acker. Der Rücken tut trotzdem weh. Und die Schreibmaschine steht zwei Wochen schon ungenutzt. Wozu habe ich sie überhaupt mitgebracht?»

Ole legt den Arm um sie, der helle Jackenstoff gibt über der mageren Hüfte nach.

«Und dann noch beflissene Kurbekanntschaften», sagt Ida.

Ole gibt ihr im Gehen einen holprigen Kuss, schüttelt den Kopf.

An der nächsten Aussichtsbank präsentiert er aus dem Rucksack ein silbriges Paket. Faltet es auf der Wiese auf, deckengroß: «So! Nie wieder Blasenentzündung!»

Ida lächelt ein Viertellächeln.

«Dass das jetzt so oft war, muss dir doch nicht peinlich sein.» Einladend klopft er auf die Knisterdecke. «Auch deshalb sind wir doch hier.»

«Nicht weich wie ein Bett, aber bestimmt hilfreich, wenn es kalt ist.» Ida richtet sich wieder auf: «Leg du dich ruhig hin.»

Lang auf der Aludecke ausgestreckt, liest Ole aus einem Taschenbuch vor. Idas Blick ruht auf dem Bibliotheksstempel am Buchrücken, eine Weile. Dann tastet er über Bäume gegenüber, über Dächer im Tal.

Oles aufgeräumte Lesestimme verstummt. Ida betrachtet sein wie aus Holz geschnitztes Gesicht, das große, nicht zu breite Kinn, den klaren Mund, die hohe Nase, seine Augen im doppelten Schatten des Mützenschirms und der verdunkelten Brille. Sein Arm lässt das Buch sinken. Schnarchgeräusche folgen, vorsichtig wie kleine Nagetiere. Auch Ida fallen die Augen zu, im Sitzen auf der Bank.

Sie schreckt zusammen, als Ole ihre Schulter fasst. Die Sonne ist verschwunden. Hektisch schüttelt, faltet Ole die Decke: «Wir müssen los! Die Klarinettenspieler warten, und außerdem ...» Er deutet zum schwarzblauen Wolkenschattenriss.

Ida bewegt sich nicht gleich. Ihre Stimme ist leise gegen das Rauschen der Bäume.

«Was?», fragt er gereizt.

«Jede Nacht sagt uns unser Geist», wiederholt sie, «wer wir sind, und jeden Morgen vergessen wir es wieder.»

Ole packt ein, sieht verständnislos aus.

Ida hält seinem Blick stand. «Das habe ich gelesen.»

Traumversunken hastet sie neben ihm den Weg zurück in den Ort, das Gewitter im Rücken. An einer Steigung muss Ole sie fast schieben.

Später umklammern ihre Finger die Kaffeetasse. Vor Ole steht ein Plastikgefäß mit dem Schriftzug «Salzquelle». Er trinkt mit spitzem Mund viele Schlucke Wasser, hält ihr den Becher hin. Sie schüttelt den Kopf, lauscht hingerissen den Klarinettenspielern: sieben Studenten, vor ihnen ein Dirigent. Auf Idas Stirn glitzern Freude, Regen und ein Rest Angst.

85

Ein Wintereinbruch. Weißer Sturm treibt uns voran, und dann sind wir froh: eine Schutzhütte, gerade groß genug für unsere Wandergruppe. Eng an eng finden alle Unterschlupf. Wir singen gegen die Kälte. «Im schönsten Wiesengrunde … muss aus dem Tal jetzt scheiden, wo alles Lust und Klang. Das ist mein herbstes Leiden, mein letzter Gang …»

Wie immer bei dieser Melodie kommt mir der originale Text in den Sinn, der heute wohl weniger bekannt ist: «Drei Lilien, drei Lilien …» Ich höre förmlich in meinem Kopf die ein wenig blecherne Stimme meines Vaters, die er uns in den Hausflur geschmettert hat, wenn er mal angeheitert von einer Beerdigung eines Mitglieds des Kriegsopfer-Versorgungsvereins zurückkam. Selten, aber einprägsam. Auch für Raudi, der gebellt und geknurrt hat und Papa nicht ins Zimmer lassen wollte. Eine Episode für meine Erinnerungssammlung.

Ich singe also, leiser als die anderen, den alten Text: «Drei Lilien, drei Lilien, die pflanzt' ich auf mein Grab. Da kam ein stolzer Reiter und brach sie ab.» Fast habe ich ein schlechtes Gewissen, denn die Wandergruppe singt mir zu Ehren, wie Benno tönt: weil ich mal wieder mit bin. Und sogar Gertrud ist mal wieder mit. Sie steht hinter Frieder und sieht mit Argusaugen zu, ob er alles richtig macht. Er versucht, ein Feuer anzuzünden, zitiert aber mehr «Feuriges». Am meisten seinen Lieblingsdichter Georg Christoph Lichtenberg: «Es ist fast unmöglich, die Fackel der Wahrheit durch ein Gedränge zu tragen, ohne jemandem den Bart zu sengen.» Gertrud wirft spitz ein: «Und wenn die Umstehenden Frauen sind?» Großes Hallo. Als Nächster versuchst Du, das Feuer anzuzünden. Hektisch rührst Du den Stab, kräftig. Funken schlagen schon, dann rutscht das Holz ab ins Feuchte. Die kleinen Likörfläschchen von Sanne passen auf, dass die Laune nicht mit abrutscht bei uns.

Wir kommen in eine Unterhaltung über das Schicksal von Häftlingen im KZ, die stundenlang dürftig bekleidet im eiskalten Winter auf dem Appellplatz stehen mussten. Jemand – wer, Benno? Oder Gundula? – ruft: «Wir sollten mal ausprobieren, wie lange wir das aushalten würden.»

Die Bader und Sportler ziehen sich als Erste bis auf die Unterhosen aus, auch ein, zwei jüngere Frauen und Sanne in ihrer Leibesfülle. Schüchterner die sonst forsche Gertrud und ich. Nur mit BHs und Unterhemden, in Schlüpfern und bei wenigen noch mit einem Nierenschoner darüber oder einer längeren Unterhose: So gehen alle nacheinander aus der kleinen Hüttentür nach draußen. Ohne Kopfbedeckung, barfuß, ohne Mantel, ohne Hosen, ohne Jacken. Körper in fast allen Stadien des Daseins, blass, fleckig, faltig, dürr oder weich – keiner ziert sich, keiner wagt, noch etwas überzuziehen. Ich bin die Letzte, trotte den anderen nach, mit gegen den Wind geschlossenen Augen. Nur ab und zu blinzeln kann ich. Der Wind fegt kleine Schneepfeile in mein Gesicht. Ich habe Schwierigkeiten, die Augen zu öffnen, mich zu orientieren, sosehr ich mich auch bemühe. Schmerzhafter ist das als der nadelige Boden unter meinen Füßen und als Kälte. Die anderen können oder wollen mir nicht helfen. Niemand spricht, sie stehen da wie Bäume mit abgeschnittenen Ästen und Kronen. Wie lange aushalten? Wer zuerst in die Hütte zurückgeht, ist der Schwächste.

Dann liege ich auf dem Sofa. Ich leide noch unter dem Mangel, die Augen nicht öffnen zu können, schiebe mühsam den Schlaf von meinen Lidern. Wie gefangen im lange schon ausgelegten Netz Deiner Mittagsruhe. Und was war vorher? Eine Wanderung? Wo, in Ettersburg, in der Nähe des KZ? Gab es eine Hütte, ein Unwetter? Wo hat der Traum begonnen? Noch lange taste ich, wage nicht, Dich zu fragen.

86

«Ich genieße es, wenn wir zusammen gehen, das weißt du ja.» Ole lächelt vom Schuhebinden hoch. «Aber wenn ich mich zweiteilen könnte, würde ich auch zum Vortrag von Edelbert Richter gehen.»

«Würde sich ja auch lohnen.» Ida steht ein wenig zusammengesunken, ihre langen Finger rollen das Veranstaltungsheftchen. «Geh doch hin», sagt sie.

Oles Lächeln bröselt zwischen Hoffen und Zweifeln.

Sie nickt. «Du schaffst es doch noch.»

«Hast du nicht neulich gesagt ...»

«Ach was, es ist ja nicht nass oder glatt. Und so gebrechlich sind wir zum Glück beide noch nicht.»

Ole drückt ihr einen Kuss auf den Mund und nimmt seine helle Mütze vom Schuhschrank. Ida ist allein im Flur. Tastet die Taschen ihrer Wetterjacke ab, wechselt sie gegen eine elegantere Jacke. Bleibt vor dem Flurspiegel und sieht sich an, fast unbewegt, eine Minute vielleicht, bis sie ein Geräusch von draußen aufmerken lässt. Sie nimmt den Schlüssel vom Brett und zieht die Wohnungstür hinter sich zu.

Im Freien ist das Geräusch lauter, gleichmäßig, ein Scheppern, ein ... Glockenläuten. Nach ein paar Schritten stoppt Ida, hebt den Kopf. Ein deutliches Läuten. Woher? Die drei, vier Stockwerke hohen, meist alten Häuser, die Straße, die Bäume mit rot zwischen die Blätter gestickten Beeren: Alles steht unauffällig da. Gegenüber die beiden neuen Marienhaus-Bauten, links an der Glasfassade eine Papiergirlande: «Sonntagsflohmarkt im Schulfoyer». Keine Kirche. Aber ein Glockenläuten, auch wenn es leiernder, langsamer wird. Ida sieht unglücklich aus. Ein leiserer Schlag noch, ein vager, hoher Nachhall, und das Läuten ist zu Ende. Sie hastet weiter, die Hände am Mützenrand, als zweifle sie an ihren Ohren.

Zum Essen sitzen sie wieder zusammen, am Tisch in der schmalen Taille des Zimmers.

Ole schneidet gutgelaunt die angebrannten Stellen von den Kartoffeln. «Wie meine Leberflecken bei der Hautärztin.» Er lacht.

Ida tut ihm eine große Kelle Königsberger-Klopse-Soße auf.

«Das Tolle ist», Ole kaut, «der Theologe und der Bundestagsabgeordnete der Linken sind übereingekommen, dass sich beide Weltanschauungen eigentlich sehr ähnlich in ihrer Absicht sind.»

«Ach?»

«Ja, je tiefer man gräbt ... Sie konnten das sehr überzeugend darstellen.»

Ida sitzt nachdenklich vor ihrem Teller mit der Dreieinigkeit aus Klops und zwei kleinen Kartoffeln.

«Bonhoeffer wurde zum Beispiel zitiert», sagt Ole, «‹Die Kirche ist nur Kirche, wenn sie für andere da ist.›»

«Ja?»

«Und letztlich», Oles Messer klirrt am Teller, «an wen erinnert dich das?»

Sie überlegt. «An den Vortrag, den ich vorhin gehört habe, über ...»

«... die UNICEF-Arbeit?», sagt Ole. «Sicher, und an wen noch?»

Sie spießt ein Stück Pilz auf ihre Gabel. «Albert Schweitzer.»

«Genau, über ihn haben wir ja auch die schöne Veranstaltung gemacht. Und ...» Er sieht Ida bedeutungsvoll an, bis sie sich aus seinem Blick windet.

Sie kaut, nippt am Glas. «Aber stimmt schon, für andere da sein ist mir auch wichtig.»

«Will ich doch meinen. Und immer wenn ein Kommunist so denkt oder ein Sozialist, dann ‹ist Jesus inkognito dabei›.» Ole lacht, halb lehrer- und halb jungenhaft. «Ich glaube, das hat sogar jemand aus dem Publikum angemerkt. Ist doch herrlich.»

«Und das sagt einer, der nicht mal richtig getauft wurde. Das hätte meine Mutter hören müssen.» Sie lächelt unter ernsteren Augen. «Und wenn Jesus so viel anwesend ist, dann werden vielleicht sogar wieder Kirchen gebaut.»

Ole sieht sie verblüfft an, löffelt den Pudding wie eine zügig zu erledigende Arbeit. Dann verschwindet er, die Badtür klappt. Mit Blick aus dem Fenster isst Ida den Nachtisch.

87

Beim Frühstück Glockengeläut. – Auch als ich Kind war, hörten wir zu Hause fern die Kirchenglocke. Ich bin heimlich beruhigt. Keine Wahrnehmungsstörung. Ein Spaziergang hat uns gezeigt: Auf dem Hofgelände hinter den neuen Bauten gegenüber ist ein Holzgerüst entstanden, ein hölzerner Aussichtsturm für die Glocke. Die kirchlichen Schwestern im Ruhestand, die unter dem alten Marienhaus-Giebel auf der anderen Hofseite wohnen, wird es freuen, vielleicht auch die Bewohner des Alten- und Pflegeheims im rechten Neubau. Ob die lebhaften Rollstuhlkinder aus der Schule links das genauso sehen, wird sich zeigen.

Regelmäßig wird die Glocke nun von ihrem Ausguck rufen, wird zu unserem Tätigsein dazugehören, deutlich, aber auch bescheiden, gerade wenn die Fenster zu sind. Etwas Tröstendes hat dieser Klang zugleich, immer mehr, je öfter ich ihn höre. Auch wenn ich den Glockenturm nicht sehen kann. Versteckt ist er hinter den beiden hohen Verandakästen, die auf ihren Metallstelzen am weißen Schulgebäude stehen.

Aber eigentlich blicke ich über alles hinweg in den blassen Himmel, der sich nach kurzem Sonnenscheinintermezzo mit Wolken überzogen hat. Ich will meine Gedanken sammeln. Tatenfreudig bin ich, habe mir Zeit freigeräumt und will endlich meine Lebensgeschichtserinnerungen von Kindheitstagen an vervollständigen, abklopfen, sortieren und weitere aufhebenswerte auf das Papier bannen.

88

Inmitten von Fotos, Postkarten und Handzetteln der Kurwochen sitzt Ole am Schreibtisch im kleinen Zimmer. Bis über das Gästesofa sind die Papiere ausgebreitet, bunt viele wie die orangefarbene Sofadecke. Er sucht, klebt ins Album ein, beschriftet Bilder, beschwingt von der Schreibmaschinenmusik aus dem anderen Zimmer.

Zügig durchsieht er einen Stapel farbloser Unterlagen, nimmt einen Bogen heraus. *Antrag auf Leistungen zur Vorsorge oder Rehabilitation, Dr. Ida Wächter*.

«Ach.»

Medizinische Fachbegriffe folgen: «rezidivierende Zystitis», «Cervikalsyndrom». Er runzelt die Stirn, blättert um. Ein Fragebogen.

Üben Sie noch eine Tätigkeit aus? – Ja, Haushalt, gesellschaftlich, steht da in Idas schultafeltauglicher Schrift.

Haben Sie Angehörige zu Hause, die Ihre Versorgung mit sicherstellen?, überfliegt Ole weiter. Angekreuzt ist «Ja». Er lächelt ein wenig.

Benötigen Sie Hilfe bei hygienischen Verrichtungen? – Nein.

Steigen Sie täglich mehrmals Treppen über zwei Etagen? – Ja.

«Was machst du für heimliche Treppenausflüge?», murmelt er.

Benötigen Sie bei der Benutzung öffentlicher Verkehrsmittel fremde Hilfe? – Ja.

Sind Sie stets örtlich, zeitlich und in sonstigen Situationen voll orientiert?, liest er. Angekreuzt: *Nein.*

Er stutzt, lauscht, die Tippmusik setzt wieder ein, hektisch, fast wütend, dann verstummt sie. Er legt die Bögen zu den anderen Papieren. Steht auf, schaut durch die Glaswand. Der Platz an der Maschine ist leer. Er geht ins große Zimmer, beugt sich über den Schreibtisch. Zwei, drei Blätter liegen zerknüllt neben der Schreibmaschine, ein Blatt ist eingespannt.

Macht es das Wetter, regnerisch, kalt, dunkel, dass sich auf meine Stimmung überträgt? Eine Zeile ist weiß ausgestrichen. *Ich bin müde und unzufrieden mit dem Vorankommen meiner Familiengeschichte,* geht es weiter. *Viel im Kopf, aber nicht alles aufhebenswert. Viel zu häufig vertippe ich mich, korrigiere Geschriebenes, stelle Manches in Frage … Ich muss mich beeilen, dass ich mir selbst gestellte Aufgaben noch instande bin, zu erfüllen.*

Er setzt sich, nimmt die Brille ab.

Die Badtür klappt, Schritte. Sie sehen sich an, zwei ernste Gesichter. Ida macht eine vage Geste.

«Weißt du was», sagt Ole nach einer Weile, «du erzählst, ich tippe. Solange du noch so ausgelaugt bist.»

Sie sieht ihn, um Fassung bemüht, an.

«Wozu habe ich sonst einen Computer gekauft?»

Ida zerdrückt ein Taschentuch zwischen ihren Fingern.

«Ich muss ja auch mal schneller tippen lernen», ruft Ole, während er die Fotos und Unterlagen im Nachbarzimmer zusammenschiebt. Er trägt einen zweiten Stuhl ins kleine Zimmer und stellt ihn mit Blick zum Fenster. «Ein Erinnerungsplatz.»

Auf seinem Schreibtischstuhl neben Ida sitzend, lacht Ole ein wenig. «Dann tippe ich mal einfach rein ins Maul des neumodischen Ungeheuers.»

Sie schauen auf das Farbenspiel des startenden Computers.

Ida schließt die Augen. Ein, zwei Autos, dann ist es still. Im hellen Fensterlicht sind ihre Lider rot. Als Ole gerade seine Hand auf ihre Schläfe, ihre Wange legen will, beginnt sie zu sprechen.

«Unsere Straße. Wer unsere Straße betrat, hatte meist ein weiteres Ziel: einen Gang zum Friedhof, zur Badestelle am kleinen Teich, um dort manchmal auch in Nachbarschaft mit Pferd oder Hund ein Bad zu nehmen oder weiterzuwandern zu den Hopfenbrüchen, die mit ihren lieblichen, frischen Wiesen und bewaldeten Hügeln ein begehrtes Ausflugsziel waren.» Sie spricht leise, aber beinahe fließend, als hörte sie selber einer Erzählerin zu. «Aus einem Flüsschen dort oben holten wir vor Sonnenaufgang unser Osterwasser, von dem wir uns schönheitsbildende Wirkung versprachen.»

«Halt!», unterbricht Ole. «Fürs Simultantippen bin ich noch nicht schnell genug. Jetzt fehlt mir deine von der Pike an gelernte Zehnfingertechnik.»

Ida wartet sein Tippen ab, sieht in eine Wolkenhügellandschaft gegenüber. «Dort, wo das Fließ den Wald verließ und dem kleinen Teich zustrebte», fährt sie fort, «glaubte ich den Platz vor mir zu haben, wo der grimmige Hagen einst Siegfried hinterrücks erstach. Die schöneren, weniger unheimlichen Rastplätze gab es jedoch oben an den Hopfenbrüchen, unter den schattigen Birken. Bilder dieser verwunschenen Plätze hatte ich damals und auch später noch vor Augen, wenn ich die Verse von Walther von der Vogelweide las: ‹Under der linden an der heide, da unser zweier bette was, da muget ir vinden schone beide gebrochen bluomen unde gras.›» Sie beugt sich zu Ole, schaut durch ihre Lehrerinnenbrille seinem Tippen zu: «Da ein f statt v», zeigt sie, «und dort noch ein o.» Dann spricht sie weiter, und Oles tiefere Stimme kommt leise dazu: «‹Vor dem walde in einem tal, tandaradei, schone sanc diu nahtegal.›»

89

Ich schlafe schlecht ein gestern Abend. So viel geht mir im Kopf herum, schließlich brauen sich meine wirren Grübeleien in einem Traum zusammen:

In der Dämmerung sind wir noch einmal an der Ostsee, jünger vielleicht. Es sieht aus wie dort, wo wir unseren einzigen richtigen Liebespaarurlaub hatten, vor Kindern und Ehe. Ein milder Abend, der Strand ist menschenleer. Wir schwimmen ein Stück hinaus und waten dann die letzten hundert Meter zurück. Das Wasser ist klar, man kann auf dem Meeresboden große und kleine runde Steine sehen, an denen man sich stößt, wenn man nicht aufpasst. Beim angestrengten Forschen entdecke ich zwischen den Steinen menschliche Gesichter. Durch den leichten Wellenschlag verändern sie sich laufend, verzerren sich. Mal glaube ich, jemand Bekanntes in einem der Gesichter zu erkennen, eine Nachbarin, einen Kollegen, dann wieder nur eine unbekannte Masse. Aber immer bleiben da zwischen den Steinen ängstliche, traurige Augen.

Traumriss –

Ich bin im Unterricht. Wie jetzt üblich soll ich mit dem Computer arbeiten, so wie auch Du das sogar in einem Kurs gelernt hast. Aber ich bin sehr unsicher. Ich vermische alte mit neuen Unterrichtsmitteln, das Tafel- und das Computerbild. Auf Letzterem habe ich einen Fehler entdeckt, will ihn mit dem Radiergummi wegradieren. Als das nicht geht, nehme ich ein Tuch. Die Schüler grinsen. Da nehme ich einen Filzstift, um den Fehler durchzustreichen. Jetzt lachen die Schüler laut. Ich schalte den Computer ab und mache in alter Manier meinen Unterricht weiter.

Manche Tage nach solchen Nächten führen sich auf, als wollten sie gar nicht aus Traumesfängen heraus. Ob Du das ausnutzt oder ich sonnenambule Signale sende? Weil lieber Besuch da ist, legen wir uns zur Mittagsruhe einmal beide in die Betten statt auf die Sofas – und finden uns dort wieder wie in Erinnerung an jugendliche Ostseedünenzeiten. Fast so lange könnte es her sein, dass wir uns bei Tageslicht … so nah gekommen sind. Du bist überrascht. Aber wohl angetan.

Nach dem späten Kaffeetrinken am Nachmittag, unser Besuch ist im Goethepark spazieren, schlage ich den Kalender auf: Oh weh, ich hatte mich bereit erklärt, morgen im Lehrerveteranenclub einen Vortrag über Walther von der Vogelweide zu halten – ganz vergessen …

Nun Lektüre zusammenstellen, auswählen von historischen Fakten, Gedichten, kopieren von Texten (Politik, Moral, Weltsicht, Natur und natürlich Minne). Die Neugier wird beflügelt, und mein Gewinn ist Kenntniszuwachs. Und Freude, auch an der wieder gelesenen Schluss-Strophe aus dem wohl schönsten Liebesgedicht:

«Daz er bî mir læge,
wesse ez iemen
(nu enwelle got!), so schamte ich mich. ...»

Und ein kleines Vöglein, tandaradei, das kann wohl verschwiegen sein.

90

«Sie bringen doch noch mal diese schreckliche, fehlerhafte Lesung, Ole.» Eine Cremetube in der Hand, öffnet Ida die Küchentür. Sie stutzt. Die Küche ist leer. Nur das Radio spielt, einen anderen Sender als das Badradio. Ein paar Takte lang steht sie auf der Schwelle, wo Schauspielerstimme und Küchenmusik ihr Duell fechten. Dann geht sie einer dritten Tonspur nach. Im Wohnzimmer läuft klassische Musik. Der Tisch ist gedeckt, mit Tischtuch und einem Strauß Nelken. Zwischen Vase und goldenem Tablettendöschen ist ein urkundenartig gedrucktes Dokument geklemmt:

Meine liebe Ida,

55 Jahre – sind doch ein Anlass für eine kleine Feier.

Morgenkaffee mal im Wohnzimmer, und das ohne Besuch?! Ja, zusätzlich. Aber vor allem: ein herrlicher Grund, Dir mal die Mühe des Essenkochens abzunehmen, jetzt, wo Du oft so überbeansprucht bist.

Darum meine herzliche Einladung am Donnerstag, dem 4. September, um 13 Uhr am historischen Ort! Der bestellte Tisch steht am Fenster, wo wir vor 55 Jahren auch zum Mittagessen saßen.

Kommst Du mit?

Dies wünscht sich:

Dein Ehegefährte, Lebenskamerad, Medizinberater, Einkäufer,

Wanderfreund, Kraftfahrer, Gewürzberater, Computerschreiber, Maschinenbediener, Tisch-Lese-Hör-Fernseh-und-Diskussionsgenosse ... Dein Dich liebender Ole (oder Du darfst auch Vati, Vaddi oder Olchen sagen)

91

Ich werde von einem Krächzen geweckt, weiß im ersten Moment nicht, wo ich bin. Es sind die Krähen, denke ich. Sie kommen aus dem Nichts, und sie krächzen wie alte Frauen, böse Alte, die sich über alles ärgern, mürrisch sind und mit ihrem Zanken und Zetern alle vergraulen.

Noch im Bett, bin ich so traurig, dass ich weinen könnte. Ist mein Kissen nass? Oder habe ich geschwitzt? Ole ist schwimmen.

Dann, langsam, erinnere ich mich an die Pumpe vorn an unserer Ecke in Schkupa. Für uns Kinder war sie ein faszinierender Spielplatz. Für das Viertel aber ein unverzichtbarer, lebenswichtiger Bestandteil. Sicherlich auch deshalb sah die alte Frau Braatz im Hell'schen Haus gegenüber sich veranlasst, manchmal die lärmende, sich gegenseitig bespritzende Schar von Kindern zunächst mit lauten, drohenden Worten, und wenn diese nichts halfen, auch mit einem Stock von übermütiger Wasserverschwendung abzubringen.

Diese schwarz gekleidete, meist mürrisch dreinschauende, gebückte Alte mit dem Kopftuch flößte mir immer etwas Furcht ein. Krähenfrau, dachte ich. Sie saß am Fenster und registrierte alles, was sich vor ihren Augen auf der Straße abspielte. Sie machte sich so ihr Bild von den Leuten und verbreitete diese Bilder dunkel raunend weiter, egal wie schief oder unstimmig sie waren.

Und ich? Ich versuche, zur Abwechslung auch mal wieder

allein voranzuschreiten. Aber ich brauche zu allem Schriftlichen unwahrscheinlich lange. Schreibe, tippe, verschreibe, vertippe, berichtige mich. Mein Tipp-Ex geht zur Neige. Die Krähen haben jetzt das Sagen, schwarz wie mein bedauerlich verbrannter Zwiebelkuchen. Nun wird es endgültig Herbst.

92

Bedeutendes Datum: NOVEMBEREVOLUTION ... Auftakt eines der größten Experimente in Deutschland. Hoffnungen für die Unterdrückten, aber die Revolution blieb unvollendet.

Wann war das letzte Mal, dass wir Lotte Fürnberg in ihrem Witwensitz besucht haben, oben auf dem Hypothekenhügel? Ich denke, dass das nicht allzu lange vor ihrem Tod war, hochbetagt war sie, freundlich und bestimmt. Wie schon in ihrer Jugend hat sie auch mit über neunzig noch gesagt: «Ich kann nicht ohne Utopie leben.»

Und ich kann es auch nicht! Auch wenn selbst unsere Enkel uns, wenn wir solches äußern, wie aus der Zeit gefallen ansehen, findest Du nicht auch? Ich bleibe dabei, eine Welt ohne Krieg muss doch irgendwann möglich sein. Anders vermag ich einfach nicht zu denken.

Und sind nicht heute auch Bewegungen zur Änderung der Machtverhältnisse weiter aktiv, wie die Entwicklung in Südamerika zeigt? Auch bei uns ist Die Linke im Vormarsch. Links – was heißt das? Wie kann man es fassen?

Fortsetzung der Lebenserinnerungen am Abend. Zeit nach Bombenangriff auf Sondhausen. Ich diktiere, Du schreibst auf Computer, wir sind ein gutes Team. Zuversichtlich für weitere Arbeit daran.

93

«Einmal klingelte der Sohn unserer Großbauernnachbarn sogar bei uns und fragte mich zu meinem Erstaunen nach einem Bund Petersilie. Zu allen Nachbarn gab es Kontakt in irgendeiner Weise. Nur das Haus der Wutkows habe ich nie betreten. Die Besitzerin fertigte alle, die ein Anliegen hatten, an der Tür ab und meinte, ihr Mann sei sehr krank. Einlass wurde niemandem gewährt. Den Mann bekamen wir nie zu Gesicht, auch nicht hinten im Garten, über den Zaun. ‹Ein Seniler, ein Frühverkalkter›, wurde in der Nachbarschaft gewispert, ‹ein Geistloser.› Mein kindliches Ich stellte sich darunter eher einen Geist vor.» Ida öffnet die Augen, den Kopf ein wenig schief gelegt.

Still ist es, bis auf das durchs Fenster leise Glockenläuten aus dem Marienhaus-Hof.

«Das Glöckchen», flüstert sie. Hört zu, als wäre nichts anderes interessant. Dann spricht sie tastend weiter.

«Einmal, hieß es, sei er zum Friedhof gegangen, hoch also, bis zum Ende unserer Straße. Vor meinem inneren Auge hatte er dazu den Hut tief ins Gesicht gezogen – oder besaß er überhaupt ein Gesicht? Und eingereiht musste er sich haben, um nicht gesehen zu werden, eingereiht in ... einen extragroßen Zug, Trauerzug aus katholischen, evangelischen und ein paar jüdischen Nachbarn, mit ihren für meine Kinderaugen einander ähnelnden Trauerritualen.»

Unter ihren letzten Worten endet schütter das Glockenturmläuten. Oles Tastenschläge plätschern wie ein Echo hinterher. «Alle drei Konfessionen wurden da bestattet?»

«Drei ... Friedhöfe waren da oben.» Ida nickt. Ole gibt ihr das Wasserglas vom Tisch, sie nimmt zwei Schlucke, stellt es wieder ab.

«Das soll reichen?», seufzt er. «Du musst doch weiter ankämpfen, also vor allem viel trinken, um der Blase das Wasser zu reichen.» Er lacht, mit Furchen auf der Stirn. «Sonst muss ich's dir noch einflössen, das wäre was.»

«Ach», sie sieht wieder aus dem Fenster. Ihre Finger zucken einen sachten Rhythmus. «Den schwarzen Wagen, den Leichenwagen habe ich manchmal an unserem Haus vorbeiziehen sehen, nach oben zum letzten Ruhepunkt. Mit schwarzen, silberbestickten ... Anhängen über Kutsche und Pferden.»

Ole dreht sich zurück zur Tastatur. «Anhängern ... Umhängen», murmelt er, «... über Kutsche und Pferden.»

«Ich dachte, dass es jedes Mal die gleichen Tiere sein müssen», Ida erzählt ein wenig stockend. «So sorgfältig, zögerlich wie sie sich bewegten. Wie um jedes ... würdelose Rütteln zu vermeiden. Das schien mir eine große Pferdekunst. Und zusammen mit dem lange dauernden Glockengeläut und den Schwarzgekleideten ... Pfarrer, Kantor und Angehörige, das hatte eine besondere Feierlichkeit. Aber schlimm der Moment, als mir klar wurde, dass es sich nicht nur um ein Schauspiel handelte. Sondern dass da die Unausweichlichkeit des Schicksals fast jede Woche unsere Straße hochgeschritten ist.»

94

Gesamtmitgliederversammlung der Linken gestern – sechs Stunden Dauer der Beratungen. Überfrachtete Tagesordnung. Erfreulich hohe Teilnahmezahl aber. Kritische Mitwirkung, auch in Hinblick auf die letztjährig erfolgte Parteivereinigung. Kritische Bemerkungen u. a. von Dir über den von jungen Mitgliedern wieder eingebrachten Tagesordnungspunkt «Recht auf Faulheit». Traurig in Hinblick auf das an sich wohl erstrebenswerte bedingungslose Grundeinkommen. Die Jungen wollten provozieren und Interesse hervorrufen – Diskussion zurückgestellt.

Ein Höhepunkt: Würdigung der langjährigen Parteimitglieder. Unsere Königin der Langjährigen: Bertha, meine Rewisorin und bei zahllosen Eltern so anerkannte, frühere Kindergartenleiterin. Bald sind es für sie 63 Jahre Mitgliedschaft! Ganz damit kann ich nicht dienen, dennoch: unter den Ausgezeichneten auch ich. Moralische Stärkung. Die Genugtuung, nicht von den weltanschaulich-politischen Grundüberzeugungen abgefallen zu sein.

Als wir müde in die Mäntel schlüpfen, zeigt Georg in der Kamera die «Beweisfotos», die im «Roten Ginkgoblatt» erscheinen sollen. Ich bin mir darauf fremd.

Später eine zweite Überraschung: Unsere Enkelinnen Ältesten, gemeinsam! Nach unserer verspäteten Mittagsruhe holst Du sie vom Bahnhof ab, für kaum mehr als eine Stippvisite. Doch immerhin: Wann gab es das letzte Mal ein morgendliches Kaffeetrinken in dieser vertrauten Viererrunde? Zumal seit beide in verschiedenen Städten oder sogar Ländern ihre Tätigkeiten ausüben.

Anlässlich des Erlebnisses eines Theaterbesuchs haben sie sich hier in Weimar verabredet – Ella zu ~~Resch~~ Recherchezwecken und Marta, um die Aufführung in einer Kritik zu dokumentieren. Zügig nach dem Studium bekommt sie Anerkennung wegen ihrer Kritiken, aber häufig sind die Veröffentlichungen ohne oder mit zu geringer Bezahlung. Wie soll das weitergehen? Wovon leben?

Auch für Ella, die schon länger in ähnlicher Weise arbeitet, ist mir das ein Rätsel. Zumal wenn ich an uns bekannte, ältere Autoren denke. Der geschätzte Wolfgang H. sagt neulich, als wir ihn auf der Schillerstraße treffen, üblicherweise muss er Geld für eine Buchveröffentlichung ausgeben, statt solches zu verdienen. Dabei ist er in unserem Alter.

Ich möchte den Mädchen so gern etwas schenken – dass sie sich in der Stadt Bücher aussuchen oder vielleicht etwas von meinem Schmuck. Aber es ist wenig Zeit. Ganz verlassen, als sie wieder fahren.

95

«Wo waren wir stehengeblieben beim letzten Mal?» Ida sieht matt aus.

Ole lässt sich anstecken, ausgedehntes Gähnen macht seinen Mund schwarz und rund. «Wir müssen ja nicht», sagt er.

«Doch müssen wir», fährt sie auf, «sonst können wir es gleich lassen, wie soll ich es sonst schaffen? Und du hast ja auch oft keine Zeit!» Ihr Gesicht ist vorwurfsvoll, aufgelöst.

Betreten schaltet er den Computer ein. Beide sehen still dem Startfarbenspiel zu.

«Wieder zurück in Schkupa, hatten wir angeknüpft, meines Erachtens nach», sagt Ole kühl, «bei Trauerritualen.» Er öffnet mit pflichtbewusster Miene das Schreibprogramm.

Ida beobachtet, wie sich auf dem Bildschirm Rahmen zeigen, dann Text. «Manchmal kommen mir noch so viele Begebenheiten in den Sinn. Es wäre so schön, sie zu versammeln, also wenigstens ein paar entscheidende noch, für den Fall ...» Sie streckt den Arm aus, berührt seine Schulter.

«Wenn ich keine Termine habe und einigermaßen geschlafen habe, dann leihe ich meine Hände doch gern, eigentlich, oder?» Seine Stimme ist leiser geworden. «Sofern ich nicht neuerdings bezichtigt oder angefallen werde.» Er dreht das Kinn zur Schulter, ächzt unterdrückt, versucht einen Kuss auf ihre durchscheinende Faust.

Ida nimmt es kaum wahr. «Hab dir noch gar nicht gesagt ... Ich glaube, ich weiß jetzt, was aufs Titelblatt soll.» Sie steht vom Stuhl auf, blickt sich suchend um, geht mit ihren nicht langsamen, aber achtsamen Schritten hinaus. Ole füllt die Wassergläser nach.

«Ich hab's schon», ruft sie aus dem Wohnzimmer. Sie reicht ihm, wieder zurück, eine getippte Viertelseite.

Ole liest: «Ida Wächter. Freigelegte Erinnerungen.»

«Und, sozusagen als Vorzitat ...» Ida zeigt fast schüchtern auf den Text darunter.

Ole räuspert sich. «Erinnerungen sind aus einem wundersamen Stoff gemacht», liest er zügig vor, «trügerisch und dennoch zwingend, mächtig und schattenhaft.» Seine Stimme bekommt mehr Resonanz: «Es ist kein Verlass auf die Erinnerung, dennoch gibt es keine Wirklichkeit außer der, die wir im Gedächtnis tragen.» Er räuspert sich abermals. «Und von wem ist das?»

«Klaus Mann», sagt Ida, ihr Gesicht ist verletzlich jetzt, weich.

«Kann ich mir gut so da vorn vorstellen.» Ole legt das Blatt neben den Computer. «Und willst du noch zum Friedhof was ergänzen?»

«Nein.» Sie beobachtet die Kohlensäureperlen im Wasserglas. «Oder ... noch vielleicht ein kleiner Vorfall, wie es ihn auch gab. Ein paar Mitschüler hatten sich damit auf dem Schulhof gebrüstet.»

Ole hat wieder Tipphaltung eingenommen.

«... geprahlt damit, dass sie das Tor vom Judenfriedhof verschlossen hätten und den Schlüssel weggeworfen. Also, während des ... ein Begräbnis. Sodass die Trauergäste, ob Erwachsene, Kinder oder Greise, den Friedhof über den Zaun verlassen mussten. Unter dem Hohngelächter der Jungen hinter den Büschen. Aber nur ein Dummejungenstreich war das nicht.» Sie sieht zu, wie sich auf dem bläulich schimmernden Bildschirm Wort an Wort fügt. «Ein Kennzeichen der immer massiver werdenden Hetze und ... Differierung im ‹Stürmer› war das», sagt Ida. «Ein Zeichen, wie sich die Kampagne im normalen Alltag wiederschlug.»

Ole hebt kurz den Kopf, wartet. «Niederschlug», murmelt er beim Schreiben.

Ihr Blick geht zum Fenster, wo ganz langsam das Licht schwindet. «Abstoßend fand ich das. Aber es war auch der Geist unserer Kindheit.»

«Bei euch im Ländlichen vielleicht sogar noch ausgeprägter als in Stettin.»

Sie sieht ihn an. «Ich glaube, einen Juden heiraten würde ich auch heute noch nicht.»

Ida kocht Kaffee. Ole schneidet den Kuchen in Streifen. Seine Gabel klirrt nervös am Teller. Er harkt vom Kuchen gefallene Nussstücke zusammen, als wären sie trockenes Laub. Nusslaub bedeckt den ganzen Kuchen wie einen Waldboden im Herbst.

«Mal keine Streusel, ja», sagt Ole. «Ein neues Rezept?» Zwischen seinen Zähnen knirscht es.

Idas Finger halten sich an der Kaffeetasse fest.

Dann ist der Himmel dunkelblau, fast schwarz. Gegenüber blühen auf drei Etagen gleiche Lampen.

Ole reckt sich aufgeräumt. «Haben wir noch was geschafft, Donnerwetter.» Wie «Dounerwetter» klingt das aus seinem Mund. Er lässt die Arme kreisen. «Soll ich das Letzte noch mal vorlesen?»

Ida gräbt ihre Zehen in die Decke auf dem Gästesofa, wie in Sand. Sie nickt mit glühendem Kopf.

Ole beugt sich noch einmal zum Computer, holt rauschend Luft und liest: «Heute liebe ich die blaue Stunde, in der der Abend langsam in den Tag sickert wie immer mehr Tinte in eine Wanne mit Wasser. In meiner Kindheit dagegen mochte ich Schummerstunden nicht, im Gegensatz zu meinen Eltern. Aber sie gehörten zum Tagesablauf, sobald die Tage immer kürzer wurden und die Abende sich in die Länge zogen. Nach dem Abendbrot, zum Schlafengehen noch zu früh, waren sie Vorruhestunden. Man tat nichts, konnte auch nichts tun.» Seine Stimme ist im Zimmer wie ein zahmer, großer Vogel.

Er fort fährt: «Denn es wurde, sicherlich auch aus Sparsamkeit, noch kein Licht angemacht. ‹Schau, die blaue Stunde. Machen wir eine kleine Schummerstunde›, sagte meine Mutter und rückte zwei Stühle zu einer Bank aneinander vor den warmen graublauen Kachelofen im Wohnzimmer. Mein Vater hatte meist schon seinen Platz zwischen Radiotischchen und Ofen eingenommen, nachdem er Holz nachgelegt hatte. Er rauchte ein Pfeifchen, genussvoll, klopfte die Asche sorgsam aus dem Pfeifenkopf. Und es dauerte nicht lange, bis er eingenickt war. Ich setzte mich neben meine Mutter, meist etwas widerwillig, denn ich war auf Langeweile gefasst. Abgesehen von einsilbigen Gedanken kam auch keine Unterhaltung in Gang. Es war eben eine stille Stunde, die dazu da war, zu beobachten, wie der Tag in den Abend hineindämmerte. Durch das Fenster konnten wir erst noch die Kronen der großen, entlaubten Lindenbäume auf der anderen Straßenseite wahrnehmen. Auch die Konturen der Möbel in unserem Zimmer waren noch erkennbar, bis dann die zunehmende Dunkelheit alles vor unseren Augen verbarg. Und irgendwann brachten die Straßenlaternen einen schwachen künstlichen Lichtschein von draußen zu uns herein.»

96

Früh wache ich auf – im Zimmer sitzt noch die Nacht, auch in den Jalousieritzen. Schwarz genug, dass ich zunächst unsicher bin, wo dieses Bett steht. Habe ich nicht bis eben in einer anderen Wohnung geschlafen? Mir ist, als war es eine Zimmerreise, rückwärts. Durch die drei Schlafzimmer in den drei Wohnungen an der Pieperstraße, und dann schlief auch meine Mutter wieder mit im Nebenzimmer.

Gerufen hat sie, schwören könnte ich. Derart echt. Und während ich noch sortiere, kommt er wieder, dieser Ruf. Ein fernes, durchdringendes Klagen, Bitten. Oder ein Vogel? Der Wellensittich, den Mama hatte? Aber so gebetend, gebietend, so – klingt es nicht wie «Ach»?

Und weckt sogar Dich. Du fasst meine schwitzende Hand. «Ein Albtraum», mutmast Du. Und murmelst, zur Hälfte noch im Schlaf, Du hättest gelesen, dass Blutdrucksenker für so vermehrtes Träumen verantwortlich sein können. (Genau wie zu viele Anforderungen auch.) Ob ich hie und da mal eine Tablätte weglassen sollte?

Trübe Gedanken – Kein Weihnachten wie früher zu Hause. Damals der Weihnachtsgedanke im Mittelpunkt: zusammensitzen. Die Stimmen der nicht anwesenden Verwandten grüßen vom Band. Und natürlich singen. Wir kannten viele Weihnachtslieder. Wer macht das heute noch? Heute wird sinnentlehrt gefeiert. Wann wird es wohl abgeschafft sein? –

Wie häufiger in den vergangenen Jahren sind wir über Heiligabend nicht weggefahren, sondern bei Astrid und Stefan zum Kaffee und Abendbrot. Uns nichts gegenseitig zu schenken, war ausgemacht. Aber wie das so ist – man will nicht mit leeren Händen dastehen. Allen ging das offenbar so. Geschenke sind die Hauptsache, wohl im ganzen Land. Man will nicht ohne was kommen. Es wird immer seltener, unter dem Tannenbaum zu singen.

Doch wir haben einen Urenkel, endlich, das passt zum Weihnachtsgedanken. Vielleicht singt er schon nächstes Jahr. Überraschend kam dieser erste nicht von unseren Enkelältesten Ella oder Marta. Nein, Patrick hat sich früh getraut: einen Sohn. Schön, zumal ich in seinem schweigsamen Gesicht immer mehr meinen Vater sehe. Und seine Frau scheint freundlich und zu passen. Wo Patrick einen Satz schweigt, spricht sie auch mal zwei. Aber sie leben ~~bei~~ in Bayern, haben viel zu tun, da ist der Weg weit.

Ich bin zerschlagen schon nach wenigen Absätzen Tagebuch. Handschriftlich will ich es wieder versuchen zu führen, die Maschiene schonen, Scherereien sparen mit dem Tipp-Ex. Durchstreichen ist einfacher. Und auch, um nicht jedes Wort gleich laut in Stein zu hacken. Gerade jetzt, in den stillen Tagen zwischen den Jahren.

«Zwischen den Jahren», was für ein Ausdruck. Da kann einem ganz winzig und schwindelig werden.

Teil 4

BLEIB

(2009)

97

Zwei dunkle Metallspitzen strecken, drehen sich unter Oles Hand. Staksen durch Wiese und Wald, springen über Dorf und Fluss. Ole setzt ab, notiert etwas. Konzentriert wirkt er, versunken. Und der Kartenzirkeltanz geht weiter.

Undeutlich gerufene Worte mischen sich darunter, wie ein spröder Operntext zum Tanz. Die Zirkelbeine verharren in der Luft, Ole schreibt wieder. Hebt dann das Kinn. Etwas wie «... weg» ist zu hören, «wegräumen»?

Er verlässt das Zimmer. Der alte, dunkle Zirkel bleibt auf der Kartenlandschaft zurück wie ein gefällter Baum.

Im großen Zimmer liegt Ida, vorn auf dem Sofa unter dem breiten Fenster. Eine Hand in die Wolldecke gekrallt, die andere gegen die helle Sofalehne, wie aus Angst, umgekippt zu werden oder erdrückt.

«Hast du gerufen?», sagt Ole an der Sofakante. «Brauchst du Tee, eine neue Tasse?»

Sie stöhnt leise auf.

«Hast du Schmerzen?» Er befühlt ihre Stirn. Ihre Haut scheint rötlicher als seine. «Soll ich dich zur Notsprechstunde fahren?»

Schwach wehrt sie ab. Fixiert ihn, dann den Tisch. «Warst du das?»

Er sieht sich um. «Was denn, Idchen, die Flasche? Die Medizin?»

Sie kneift die Augen zusammen.

«Du musst unbedingt mehr trinken, und auch was essen.» Ole nimmt die halbleere Tasse und geht zur Tür.

«Und du … wolltest heimlich umräumen? Oder gleich ausziehen?», fährt Ida auf. «Oder warum hast du das alles aufgebaut?»

Kopfschüttelnd verschwindet er im kleinen Flur.

«Oder nur mir mal einen Bären … äppeln?», wirft sie hart hinterher, krümmt sich, hustet. Als sie wieder auf das Sofakissen sinkt, kommt Ole zurück. Der Wasserkocher in der Küche rauscht.

«Was stört dich denn», sagt er, «die Bücher? Das Saftglas? Oder möchtest du doch noch eine Hustenpille nehmen?»

«Und welches … Geschirr steht da noch?» Ihr Ton ist brüchig.

Er runzelt die Stirn. «Meinst du die Vase? Die Weihnachtssterne müssen endlich weg, das stimmt.»

Sie hustet. Greift nach Taschentüchern. Zuckt zuerst vor dem Tisch zurück, tastet dann weiter nach ihrer Brille. Und putzt sich die Nase, lange.

Hastig richtet sie sich auf, geht an seinem ausgestreckten Arm vorbei zum größeren Bad.

Ole gießt Tee auf. Stellt das Radio an, scheppert mit Tassen und Tellern aus dem Geschirrspüler eine grelle zweite Stimme dazu.

Die Schranktüren klappen. Er schaut auf die Wanduhr, bückt sich ächzend nach einem Topf. Mit dem Salz in der Hand stößt er die Küchentür weiter auf, lauscht in den Flur. Die Badlüftung läuft.

«Idchen?», fragt er gegen die geschlossene Badtür. «Soll ich doch den Arzt holen? Was ist denn?»

Irgendwann ist das Bad offen. Ole fängt Ida ab, mit einer Strickjacke und ausgebreiteten Armen. Ins Wohnzimmer zurück begleitet er sie; zum anderen, hinteren Sofa, als sie sich sträubt. Er bringt die Kanne und den Untersatz mit dem brennenden Teelicht, füllt Tee ins Glas.

Ida hält Abstand, als fürchte sie, durch den dampfenden Tee verletzbar zu sein. «Bin ich gestört?» Ihr Gesicht ist aufgeweicht.

Ole fasst ihre zittrige Hand. «Eiskalt!» Er reibt ihre Finger. Rückt einen Stuhl um, hilft ihr, die Füße hochzulegen, wickelt sie in eine Decke.

Sie lässt alles geschehen. «Bin ich geistesgestört?»

«Um Himmels willen, warum denn?» Er setzt sich dicht neben sie.

«Es wird schon wieder mehr», murmelt sie rau, «unübersehbar.»

Sein Gesicht ist ein klaffendes Fragezeichen.

«Erst auf dem Tisch, auf dem Sessel, auf dem Tisch, auf dem Boden», sagt Ida. «Sogar in der Wanne.»

«Was denn?»

«Geschirr!» Ihr Lächeln ist bitter. «Schon wieder. Du bist das doch nicht, oder? So viel, es kann mich noch begraben.»

Ole versteinert. Dann schließt er die Arme um sie.

«Unser Zwiebelmuster», flüstert sie erschöpft gegen seinen Hals, «Suppenteller, Goldrand, Sammeltassen, braunes rustikales ...» Sie kneift ihre Lider zu.

Mit verstörtem Mund küsst er ihre weiß gesprenkelten Brauen. «Seit wann denn schon?»

«Nach dem Aufwachen», sagt Ida, «ich hab ja nicht so lang geschlafen.»

«Also nur heute? Auch bei Mövenpick?»

Sie nickt, unsicher. «Jetzt am Nachmittag.»

Entschlossen steht Ole auf. Durchquert das Zimmer, holt etwas vom Tisch vorn, faltet einen Zettel auseinander.

Ida sitzt steif zurückgelehnt, drückt Strickjacke und Decke eng an sich.

«Hier!», sagt Ole dann.

Sie zuckt zusammen.

Seine Stimmung scheint schlagartig gebessert. «Der Test für jede Gleitsichtbrille!» Er hält die auseinandergefaltete Packungsbeilage vor sich, äugt nach der kleinen Schrift. «Hörst du? Also: ‹Arzneimittel gegen Reizhusten› ... Nebenwirkungen, unter anderem: ‹Erkrankungen des Nervensystems›», er liest eilig, triumphierend, «‹häufig: Kopfschmerzen, Benommenheit. Erkrankungen der Atemwege: selten: Luftnot, Brustschmerzen. Erkrankungen des Gastro...›», er stockt, «ist das klein geschrieben. Also: ‹des Gastrointestinaltrakts:

Übelkeit, Bauchschmerzen› und so weiter. Ich muss ja nicht alles … ‹Juckreiz› …»

Ida sieht ihn indifferent an.

Sein Zeigefinger geht hoch. «Und hier: ‹Psychiatrische Erkrankungen: selten: Trugwahrnehmungen›!»

Unter seinem Blick hellt sich ihr Gesicht auf, zögerlich. «Also …»

«Halluzinationen, in einem bis zehn Fällen von zehntausend. Also du bist der zehntausendste Fall!»

98

Kurz nach Sonnenuntergang. Der Tag noch lang eigentlich, aber – als ob ihnen auch die Frühlingssonne fehlt, prallen die Meinungen aneinander. Was, wieso? Ich bin müde, gereizt. Lehrerveteranenclub dräut wieder an. Aber ich will ja auch. Die meist betagten, manchmal kranken, wackeligen Frauen, die alles in Gang setzen, um ein-, zweimal im Monat in die Geselligkeit und geistig-anspruchsvolle Unterhaltung zu kommen. So kritisch sie auch sind, manche. – Ich wollte immer gern mich anregen lassen und auch einbringen, unterstützen, für andere da sein.

Und Du möchtest mal wieder, dass ich mich noch stärker in die Wahlvorbereitungen einschalte. Ich tue das ja schon, aber nicht so ausschließlich wie Du. Oh, wie stark habe ich mich doch engagiert im Leben. Gesellschaftlich vor allem. Früher in den 50ern und noch heute. Dass mir die leiseren Argumente mehr liegen könnten als die laute Agitation, solltest Du wissen, oder?

«Dieses Jahr ist Bundestagswahl, hast Du das vergessen?!», wetterst Du. Und: «Du mit Deinem Altfrauenclub!» So kannst Du auch sein.

Schon immer in solchen Situationen wollte ich Dich anflehen, mich nicht zu bedrängen. Mich selbst entscheiden zu lassen, was ich für wichtig halte. Inzwischen bin ich mir selber manchmal nicht mehr sicher. Umso mehr treffen mich solche Worte. Jedes einzelne. Ich bin doch auch langsam so eine alte Frau.

Also was sage ich? «Bürokrat!», oder: «Parteisoldat!»

Sind wir schon im Krieg? Wir? Pazifisten sind wir doch, seit, tja – mindestens 20 Jahren!

Du ballst noch mehr die Stirn.

Rettung: Unser altes Streitabkommen wieder im Sinn. Also sollen passende Schüttelreime her, friedliche Lehrer-Streitäxte. (Ein kurzer Blick ins Büchlein, und dann:)

«Man wird in unseren Wahlbezirken
die größte Stimmenzahl bewirken.»

Gegen:

«Es war einmal ein Trotzkist,
der fand die Welt kotztrist.»

Humor, Deine alte Waffe. Wird mir auf die alten Tage doch noch richtig sympathisch?

99

Wir finden eine winterliche Landschaft vor: frischer, weicher Schnee, die Welt verliert sich vorn im weißen Himmel. Dann geht es bergauf. Volle Aufmerksamkeit gefordert. Steil klettern wir, im Gänsemarsch, nah hintereinander. Bäume, wie schwarz hingekritzelt, bewachen den Wegrand – haben wir nicht kürzlich solche in einer Ausstellung gesehen? Ich will Dich fragen, aber Du gehst ganz vorn, hast die Leitung.

Manchmal ruft einer aus der Gruppe: «Gefahr unter der

Schneedecke, versteckte Zweige!» Sili, eine neu hinzugekommene Wanderfreundin hinter mir, lächelt wohl etwas darüber. Noch jünger ist sie, trägt eine bunte Jacke, hat zwei fast erwachsene Kinder. Wir unterhalten uns. An wen erinnert sie mich? Plötzlich verliere ich die Sicherheit, habe zwar die Stöcke, aber rutsche aus, hart, wie hingeschmettert. War da Eis unter dem Schnee? Schnee auch im Gesicht, überall. Keine Orientierung, für einen Moment.

Nach erstem Schreck stehe ich auf, Sili hilft mit ihrer Winterstütze. Weiter geht es. Ich spüre keine, kaum Schmerzen. Wie geplant mit dem Bus nach Hainfels. Du machst Dir Vorwürfe. Danach doch Untersuchung, sicher ist sicher. Der Arzt: «Bleiben Sie mal gleich hier!» Was wir nicht vermutet hatten. Die linke Seite wird betäubt. Ich beobachte, wie er Finger für Finger in Netze steckt, hochzieht, streckt. Interessant. Nur staunen kann ich.

Er entscheidet dann: «Da haben Sie wohl Ihr dünnes Handgelenkt überlastet.» Gebrochen wie ein Stöckchen.

Ich soll gleich beim Krankenhausaufenthalt bleiben. Sehe alles verschwommen. Irreell das 5 Bettzimmer, das mir zunächst zugewiesen ist. Kreisartige Betten mit Frauen besetzt. Nachthemden überall, Frauenstimmen, keifender Streit. Eine Physiotherapeutin verlässt ärgerlich das Zimmer. Ich bin nicht da.

Wo bist Du? Warum hast Du mich im Stich gelassen. Ver…drießlich? Hier bleibe ich nicht. Ich möchte ein Einzelzimmer! Endlich kommst Du wieder. Eingekauft, sagst Du. Dann – Traum? Glück? Allein für die nächsten Tage – Schmerzen nicht spürbar. Erschöpft schlafe ich ein.

100

Plötzlich steht Ida neben dem vorderen Tisch, mit vom Liegen zerdrückten Haaren. Ole hinten im schmalen Teil des Zimmers sieht sie im Taschenspiegel, macht den Rasierer aus. Benommen blinzelt sie.

Er tastet über Wangen und Kinn, dreht sich zu ihr.

«Ich will ja nicht mehr nur rumliegen», sagt sie, den linken, verbundenen Unterarm halb vor dem Bauch, als wäre er fremd.

«Kommst du doch wieder mit? Die kleinere Runde?!» Tatendurstig bückt sich Ole, zieht den Rasiererstecker ab.

Sie greift nach der Sessellehne, wie im Schreck.

«Morgen doch erst», sagt er lachend, «wie immer.» Er wickelt das Kabel um den Apparat. «Von dem her, was der Arzt gesagt hat, müsste das Handgelenk ja schon lange wieder belastbar sein, durch diese Platte.»

Unentschlossen beobachtet sie, wie sich der Rasierapparat unter Oles flinken Händen in die Schachtel hockt, wie die Pappflügel ihn zudecken. Mit in die Schachtel flieht ein Zettel mit Oles Handschrift: «Durchgangssyndrom?» Ihr Blick wandert weiter, über den gemalten, ernsten Theaterzuschauer im Holzrahmen, über die niedrigen Kirschholzschränke, das helle Sofa unter dem Fenster, über den Schreibtisch, die zur Wand gerückte Schreibmaschine.

«Besser wohl», sie lässt die Sesselkante los, «ich schicke erst mal ein paar Grüße voraus.»

«Soll ich vorlesen?», sagt Ole später am Computer.

«Mach mal», sagt Ida.

Ole liest: «Liebe Wanderfreunde, genießt die sachten Zeichen des Frühlings: mit Entdeckung und Überraschung jedes sprießende Grün und die ersten Schneeglöckchen und Winterlinge als Boten der schönsten Jahreszeit! In Gedanken wandere ich mit Euch und hoffe, dass ich es bald schaffen werde, auch wieder mit dabei zu sein.» Seine Stimme ist warm, aber zügig.

«Ich danke Euch sehr für die Genesungswünsche, die hoffentlich bald in Erfüllung gehen können. Die Zeichen sind gesetzt: Die Fäden der Operationsnähte sind gezogen, ein Gips ist nach wie vor nicht nötig. Die Platte tut wohl ihren Dienst. Nur ihre Schrauben drücken sich durch meinen zu dünnen Arm, tastbar unter der Haut. Aber ich bin dabei, wieder zu Kräften zu kommen, die Grundlage all meines Beginnens – unterstützt von Ole nach bestem Können. Trösten kann auch mein neuer Wahlspruch: ‹Kranksein ist nicht so schlimm wie Gekränktsein!› Stimmt's? In diesem Sinne denke ich nach vorne, wo ich bald wieder die Wanderschuhe anziehen kann. Passt immer gut auf den Weg auf, und überseht keine tückischen Wurzeln, Löcher, Schlingen! Und vergesst auch nicht zu singen: ‹Auf, du junger Wandersmann, jetzo kommt die Zeit heran die Wanderszeit, sie gibt uns Freud...!› Eure Wanderfreundin Ida.»

Gespannt hört sie zu, mit über dem goldenen Ring und dem Mondsteinring zusammengepressten Fingern.

101

Endlich: Ich wage mich wieder allein nach draußen. In die vertraute «Hohe Aue». Auf dem Weg der Meinung, es ist das Treffen des Lehrerveteranenclubs. Ich hadere, inwieweit ich antreten soll. Ob Frau Schröder ihre längere Ankündigung wahr macht? Bald muss es so weit sein. Weit über 90! Und noch so preußisch.

Ich glaube schon die Blicke zu spüren: neugierige, freundliche, mitleidige, strenge. Aber dann, im – ein Irrtum. Kein LVC, sondern Geburtstagsfeier heute, Feierveranstaltung für «Märzkinder». Nicht in der von mir früher praktizierten Weise. Trotzdem nette Unterhaltung mit Tischnachbar.

An der Garderobe Vermutung, meine schwarze Baskenmütze zu entdecken – lange Zeit vermisst. Leider die gefundene viel zu klein und verschnutzt. Ich nehme sie einstweilen mit, wie eine räudige, zugelaufene Katze.

Eine Glosse könnte ich schreiben über meine Mützenabenteuer. Wie viele waren es wohl?

102

Sonntagsspaziergang mit Irma Hönel. Autoausfahrt, Mozart vom Band. In Attstedt Ausstieg, am Indianerdorf vorbei. Aufwärts nehmen mich beide in die Mitte. Leider verfällt das alte Indianerdorf, eine dauerliche Schande.

Ich halte nach Birken Ausschau, taxiere die Bäume. Zu hoch, unerreichbar – lange, kraftlose Wedel, vom Wind geschwenkt. Aus bin ich auf junge Zweige, stark, nicht zu stark – mit glatten, schokoladenbraunen Häuten über dicken Knospen. Frisches Grün versprechen sie, dürfen zu Ostern in der Wohnung nicht fehlen. Für einen solchen Strauß bin ich – wenn es denn nicht anders sein kann – zu einem nicht ganz gutzuheißenden «Schritt vom Wege» bereit. Am Waldrand in einer Gartenanlage, umzäunt, jedoch zugänglich, werde ich fünndig. Abzubrechen sind die Zweige schlecht. Außerdem würde man die Bäume beschädigen. Ich nehme das Taschenmesser, schneide einige Zweige ab – auch für Irma. Du willst damit nichts zu tun haben.

«Wir bieten noch knospenpralle Zweige für den Osterstrauß ...», flüstern im Wind schwankende Birkentriebe am Waldweg. «An diesem herrlichen Frühlingstag.»

Ich will auch einige bei Stefan abliefern – eine gute Tat.

Als ich zu Euch zurückkomme, freudestrahlend, höre ich: «Du blutest ja!»

Gar nicht bemerkt, dass ich mir in die Hand geschnitten hatte. Rache der Bäumchen!

103

Vorbereitung auf Deine Geburtstagsfeier – 79, wie ich, Du holst mich wieder für ein paar Wochen ein. Kuchen gebacken gestern – nicht geglückt – legt sich aufs Gemüt. Alles in Eile auch auf die Suche nach Geschenkten (natürlich nicht sofort verfügbar …). Da müssen Gutscheine her.

Es will uns nur selten gelingen, alles mit Ruhe und ~~geh~~ Gelassenheit anzugehen – kein Talent. Nun auch nicht mehr zu ändern.

Ehe der Trubel heute losgeht, gratuliere ich, mit peinlicher Entschuldigung. Der erste Besucher erwischt mich noch im Bademantel – Wanderfreund U. klopft ans Küchenfenster – sein Bild passt nicht in den Briefkasten.

Zehn Gäste schnell beieinander. Gespräche kommen in Gang – die Rücksichtsvollen ordnen sich den Stimmgewaltigen ein. Dazwischen klingelt das Telefon über 20 Mal.

Erschöpft nach kurzer Mittagsruhe – Kaffeegäste (ehem. Kollegen) stellen sich ein mit Blumen, kleinen Geschenken und unerfüllbaren Wünschen. Du willst die Torten aus dem Kühlschrank im Keller holen. O Schreck – zu Eisbomben gefroren. Wer hat sie …? Du – Ich – kleiner Streid. Noch nie passiert! Nun müssen sie ein Schwitzcour im Backofen zeigen. Alles kein Problem – wir sind ja unter uns! Signal für Heiterkeit! Es wird ein – – – Deine Träume werden zu phantasievollen realen Wachvorstellungen.

104

«Hast du das gehört?», murmelt Ida noch einmal, mit schlafverwaschener Stimme.

Ole schnarcht leiser, unterbrochener.

Sie wälzt sich um, zieht die Socken an den Waden höher und die Decke bis zum Kinn. Drückt das Kissen neben den Ohren flacher.

Das Fenster ist gekippt, durch die Rollladenritzen tropft kühl der Morgen. Kinderrufe sind zu hören, Treppenspringen, Autos. Rollläden einer anderen Wohnung rattern. Idas Atem geht wieder ruhiger, tiefer. Oles Schnarcher und die Morgengeräusche drücken wie ein Schlaflied ihre Augen zu.

Dann ein Ruf, vogelartig, doch anders als die Spatzen oder Amseln. Und wieder, klagender, krächzender: «Ah. Ach!» Fern, aber deutlich genug.

Ole murrt, als Ida ihn an der Schulter rüttelt.

«Hörst du?», fragt sie. «Klingt das nicht wie Mami?»

«Was?»

Beide lauschen still, die Köpfe eng nebeneinander: Idas Haare platt, Oles Haar noch grasig ungekämmt. Das dünne Glockenläuten setzt ein.

Er nickt müde. Kneift die Augen noch weiter zusammen, greift entsetzt nach dem Wecker. «Was? Acht? Verschlafen!» Er zerrt den Rollladen hoch.

Ein Gähnen reißt ihm die Härte wieder aus dem Gesicht. «Na, das ist wohl der Preis ...» Er gähnt noch mal, streckt den Arm nach ihrem aufgeknöpften Nachthemdkragen aus.

Sie lächelt mädchenhaft, das Gesicht nackt ohne Brille.

«Ein Preis», sagt Ole, «den man ja gern zahlt, wenn dafür eine innige Überraschung zu erleben war, plötzlich gestern noch am späten Abend.»

105

Arbeiten in der Wohnung. Entkräftung – aber notwendig – bügeln, wischen. Tagebuch: selbstauferlegte Pflicht und Neigung zugleich. Kleine Mittagsruhe. Weitere Überlegungen und Ansätze für spätere Weiterführung der Freigelegen Erinnerungen in mein späteres Leben – nicht recht vorangekommen. Jahrelange Lücken bleiben. Betrübnis. Ich möchte sie doch dringlich beenden und zu meinem 80. verteilen.

Verstimmung durch Missverständnisse kommt auf.

«Hast Du mich doch schon vorhin gefragt!» usw. Unerfindlicher Ärger entfährt Dir.

Ich öffne die Tür zur Terrasse – eine Geeste, die eine Katze als Einladung zum Eintritt deutet. Ich sehe unseren Vladi in ihr. Die gleiche gestreifte Seite, der massige Schädel, der matrosenhafte Gang. Wie kann das sein? Ist er gar nicht tot? Ich bin gebannt. Du redest auf mich ein – ich will mich wehren. Doch Du siegst, wir reden ihr zu, draußen zu bleiben.

Beide sind wir beklommen. Woher diese Streitigkeiten neuerdings – zum wiederholten Mal? Wir kennen uns kaum wieder.

Eine Weile müssen wir überlegen.

Mein Schüttelreim dann lautet:

«Ein Vorwurf trifft den Gatten meist,
er hätte einen matten Geist.»

Und Deiner:

«Dass ich Deine Lieb' ertrag,
ist, weil ich einst dem Trieb erlag.»

Ganz zufriedlich kann dieses Ergebnis nicht machen. Aber einer spukt mir auch noch auf der Zunge. Fast zugleich finden wir ihn wieder:

«Die Liebe und das Leben ehren,
das möchten wir euch eben lehren.»

106

Während ich das Frühstück vorbereite, schöpfst Du Erfrischung im Hallenbad und kommst (Meter, lobst Du Dich) mit Grüßen ehemaliger Kollegen zurück.

Ob ich nicht mal wieder mitkommen will? Na, mal sehen. Ich

Nanu, ich fühle mich schwach, muss mich legen – wahrscheinlich, weil ich kaum geschlafen habe. Verdruss über misslungene Torte noch dazu.

Nachmittags wage ich mich mit raus. Neueste Nachrichten bei Waldtraut Behrend – unfroh. Noch vor nicht langer Zeit eine beeindruckende Erscheinung. Groß, herb, statuenhaft, mit ihren eigenartig hellen Augen – die Herrin über Eure Sektion.

Jetzt böse darüber, dass sie aufgrund Deiner Bemühungen einen Heimplatz hat. Mit Unterkunft und voller Verpflegung. Allein hätte sie nicht weiter existieren können. Aber da sind von Demenzerscheinungen gestörte und verarbeitete Wirklichkeitsbilder mit verarbeitet. Schlimm muss so etwas sein. Leider ist selbst mit ihrem Sohn zerstritten (aus Berlin), der als ihr nächster familiärer Angehöriger nun als «Mitschuldiger» verdammt wird. «Nein, nein, nein» – ihr Wort. Wie eine Furie aus dem Drama. Und ihre Augen nun wie Tümpel einer anderen Welt. Vergissmeinnichtaugen. – Es fällt mir schwer, diese Situation als banale Situation abzutun.

107

«Und so kam es», liest Stefan sehr betont, «dass ich eine ganze Nacht am Weihnachtsbaum hing.» Er grinst, mit den gleichen aufgeregten, dunklen Augen wie auf dem Kinderfoto, das Uwe hochhält.

«Die Schelme», sagt Ida leise.

Ole steht auf. «Und dafür trinken wir jetzt mal auf euch, stimmt's, Idchen? Danke allen Söhnen, und auch auf eure lieben Frauen und auf die Enkel.»

Die Gläser klirren.

Uwe sortiert Ferienlagerzeichnungen und krakelige Postkarten in den Ordner zurück, groß und beherrscht, aber noch fast der verschmitzte Rotschopf der alten Fotos.

«Jetzt müsst auch ihr was vorlesen!», ruft es aus dem Stimmengewirr.

Überrascht hebt Ida den Kopf. Ole lacht, ein «Die Idee hatte ich auch schon»-Lachen. Er nimmt einen Umschlag vom Geschenketisch, setzt sich zurück ans Tafelende.

«Och», murmelt Ida, als er den Brief entfaltet, «eine ganze Liste …» Und lauter: «So herzwärmend wie eure alten Kindergeschichten kann eigentlich sowieso nichts sein.»

Stefan lächelt mit erstaunten Grübchen.

Ole rückt konzentriert seine Brille und den kupfergrünen Schlips zurecht. Er räuspert sich, liest: «Mein liebes Idchen, vor mir liegt ein Brief an dich, geschrieben am 26. Mai 2004, vor fünf Jahren. Er enthält Eigenschaften, die ich an dir von Anfang an besonders schätzte: Aktivität, Hilfsbereitschaft, Kinderliebe, Vorliebe für gute Bücher, Mitmenschlichkeit und deine sanfte und rücksichtsvolle Art des Umgangs mit mir und anderen.»

Nach und nach haben sich alle Gesichter ihnen zugewandt, jüngere und junge, glatt und unbeteiligt oder festlich wie die Hemden und Blusen.

«Heute, fünf Jahre später», liest Ole, «könnte ich nichts anderes sagen. Und dennoch wage ich den Versuch zu fragen, was du im Laufe deiner achtzig Lebensjahre insgesamt für andere und für mich warst und bist. Was kommt da nicht alles zusammen! Wenn ich zunächst nur an die Familie denke: Selbstverständlich warst du die jüngste Tochter deiner tüchtigen Eltern, die du sehr geachtet und denen du – wie auch deinen von uns gegangenen Geschwistern Meemchen und Heinz – jetzt in deinen ‹Freigelegten Erinnerungen› ein bleibendes Gedenken gesetzt hast.»

Ole holt Luft, ein Blick zu Ida. Sie lauscht, den Kopf schräg gelegt, die kleinen Ringe in ihren Ohren zittern leicht. Sein Arm zeigt zu den Geschenken, die sich hinter ihr auf drei Hoteltischen reihen wie ein fernes Gebirge. Wo das Gebirge endet, steht ein Sessel in Folie und Schleifenband. Daneben ein Stapel moosfarbener Einbände.

«Ich habe ein bisschen beim Tippen geholfen, und viele Schreibmaschinenseiten abgetippt hat auch Ivy! Und das Schöne ist so», sagt Ole, «dass wir diese Erinnerungen heute an alle wichtigen Familien, also, vor allem die Sohnfamilien, verteilen können.»

Ida nickt.

«Kriegen wir Unwichtigen auch so ein Erinnerungsbuch?», ruft eine rauchige Stimme vom anderen Ende des Raums. «Mutti hätte das bestimmt so gewollt.»

«Aber natürlich», sagt Ida. «Ihr seid ja auch im Zentrum, seit … umso mehr.»

«Dass du und Joachim hier sein könnt», Ole fasst Idas Ellenbogen, «ist eine schöne Nähe noch mal zu Meemchen, gerade für unsere Jubilarin. Ich kann nur nicht immer alles aufzählen, Jutta. Habt Verständnis.»

«Kein Problem, Onkel Ole», klingt es kratzig vom Tafelende.

«Wo war ich?» Seine Stimme ist ein wenig belegt. «Dann wurdest du Mutter von unseren drei Söhnen, geachtete Schwiegermutter von Sibylle, Astrid und Rieke, Großmutter unserer sechs Enkel – sowie Urgroßmutter, bis jetzt vom kleinen Lennox. Und schließlich bist du seit sechsundfünfzig Jahren meine geliebte Partnerin und Gefährtin in allen Lebenslagen.»

Ida verschränkt ihre Finger mit seinen. Er atmet rauschend, sein Blick stößt gegen die durchsichtige Mauer aus Wasser-, Wein- und Sektgläsern, suchend. Eine Enkelin springt auf, hält fragend eine Wasserflasche hoch.

«Seht ihr, wenigstens eine mit guter Kellnerschule!», ruft Rieke. «Und natürlich ganz meine Erziehung, stimmt's, Annika?»

Die blonde Enkelin lächelt bescheiden.

Ole trinkt, tätschelt mit der freien Hand ihren Arm. Streicht dann die Anzugweste glatt: «Und andere Aspekte des Lebens im Augenmerk nun», fährt er fort, förmlich wie das Anzuggrau, «dein Leben lang bist du Lernende, Lesende, Suchende gewesen. Du warst aber auch immer Lehrende, von Fach- und Hochschülern, Lehrlingen, aber auch von Kindern aller Altersklassen. Auf die bedeutende Zahl von elf Gebäuden in Weimar bin ich gekommen, in denen du Deutschunterricht gabst. Lehrerin – anders wolltest du dich nie bezeichnet wissen.»

Langsam kreuzen Blicke über die u-förmige Tafel. Um die Augen der Schwiegertöchter glimmt milder Spott, und letzte schiefe Sonnensprenkel.

«In jungen Jahren warst du begeistertes FDJ-Mitglied, und du bist seit sechzig Jahren Genossin, die manchmal Beulen am Kopf durch eigene Mitstreiter bekam, aber immer ihren Grundüberzeugungen treu blieb. Mit besonderem Einsatz warst du auch Gewerkschafterin und bist heute noch Mitglied der Gewerkschaft Erziehung und Wissenschaften.»

Geduckt hört Ida zu.

«In den letzten Jahren – seit Beginn deines Rentnerdaseins – hast du dich besonders der Literatur gewidmet und hast als Leiterin des Literaturtreffs Weimar und als Mitgestalterin des Lehrerveteranenclubs in der Kulturlandschaft der Stadt einen festen Platz. Die stattliche Anzahl von achtzig Auftritten steht hier zu Buche.»

Die Sonne ist vom Wald draußen verschluckt, der Festraum wirkt mit einem Mal dunkel.

«Acht Jahrzehnte beinhalten eben eine Menge.» Ole blickt in dämmrige Gesichter. «Könnt ihr noch?»

«Wenn du noch kannst», sagt Marta quer über die Tafel.

«Da ja das Programm diesmal lockerer gestrickt ist», funkelt Sybille, «haben wir – noch – etwas Kraft.»

«Genau, wie kommt das denn?», fragt Rieke in ihrer norddeutschen Sprachmelodie. «Kein zackiger Stundenplan diesmal? Nicht dass wir uns noch langweiligen.»

Befreiendes Lachen rollt über die Tischdeckenbahnen. Idas Finger spitzen sich zu einer Lehrerinnengeste. Doch dann lässt sie das Lachen über sich regnen.

«Ein bisschen Ruhe gönnen», sagt sie in die heitere Runde, «hier so, zwischen Bergen und Turm und ...» Sie macht eine einladende Bewegung, greift dankbar Oles hingehaltene Hand.

«Das stimmt, liebe Ida – oder soll ich sagen: Lieblingsschwägerin? – und lieber Bruder Ole.» Armin rückt an seinem offenen Hemdkragen. «Die planerische Gelassenheit ist sogar mir angenehm aufgefallen, obwohl ich ja nicht ununternehmungslustig bin.»

Er legt einen Beutel vor sich unter die Gläsermauer. «Aber erfahrungsgemäß reicht die Zeit trotzdem eher nicht. Also, ich würde gern schon mal ein paar Fotos rumgehen lassen, wenn ich darf?» Widerspenstig gibt der Stoffbeutel die Kanten einer ausladenden Mappe frei. «Einige davon», Armin lächelt unter einer Nase, groß wie Oles, aber einem noch kaum grauen Schopf, «einige passen, glaube ich, gut zum schon Gesagten.»

Zwei vergrößerte Bilder hält er hoch: auf einem ein Tross jugendlicher Uniformierter, eine Frau gleich vorn, streng mit Käppi und Uniformrock.

«Ach Gott», ruft Ole, «wo hast du das wieder ausgeforscht! Das war am 1. Mai 1953 ... Und man bedenke: Da warst du schon schwanger!»

Auf dem anderen Schwarzweißfoto in Armins Hand: junge Leute auf einer Wiese, nackte Beine, Turnhemden, ausgelassene Gesten.

«Bist wirklich du das da rechts?», fragt Ella über den Tisch.

«Ja, Mensch», ruft Jutta, «noch nicht so ein Hungerhaken wie später!»

Ida leuchtet. «Das war noch früher, beim Volkstanzüben mit der FDJ-Gruppe.»

Ole nippt an seinem Weinglas. «Soll ich noch zu Ende …»

Ein paar Köpfe nicken, ein paar beugen sich gleichmütig über die Fotos aus Armins Mappe.

«Mach es!» Armin lächelt brüderlich. «Ich sag's mal mit unserem Vater: ehe der Meute die Puste ausgeht.»

«Also gut.» Zügig putzt Ole seine Brillengläser. «Für meine liebe Geburtstagsfrau.» Er setzt die Brille wieder auf: «Du warst auch Schreibende, von unseren sämtlichen Abschlussarbeiten bis zur Dissertation, Schreibprofi für die Facharbeiter- und Diplomarbeiten unserer Söhne, dann von Tagebüchern, Briefsammlungen zum Familienalltag, Chroniken des Literaturtreffs und als Letztes eben deiner ‹Erinnerungen›. Inzwischen 23 kleinere und größere Bände, insgesamt circa 19 400 beschriebene Seiten.»

Ein Juchzer kommt aus der Runde.

«Seit Mitte der neunziger Jahre wurdest du auch aktive Wanderin.» Ole blättert um. «Leider passierte hierbei ein Unfall mit noch nicht völlig überstandenen Folgen.»

Ida sitzt wieder zusammengesunken da. Zurückgezogen in ihre Jacke, in ein Muster wie aus gewundenen Wegen durch Sand und Nebelwiesen und Schlick.

«So wurdest du nun mehrfach auch zur Patientin», liest Ole weiter, «hast Operationen und deren Folgen geduldig ertragen. Und bist auch als Rekonvaleszentin bei Ärzten und Physiotherapeuten geachtet.» Seine Stimme sinkt ab, feierlich und müde. «Was bleibt noch zu erwähnen? Etwa, dass du immer auch kritisch erkennende Analystin von Deutschfehlern geblieben bist und damit manches Unheil in Briefen und Schriftstücken verhindert hast … Das, liebes Idchen, könnte so etwas wie ein Fazit deiner acht Jahrzehnte sein.»

Für einen Moment wirkt sie, als würde sie nicht der Feierlichkeit dieses Hotelsalons zuhören und Ole, ihrem Mann, sondern dem Wald, der draußen wartet, grün-grau wie ihre Jacke.

«Habe Verständnis bitte», liest Ole hastiger nun, «dass dieser Brief erstmals in der Geschichte unseres Zusammenseins nicht mit meiner Hand, sondern mit dem bei dir leider nicht sehr beliebten Computer geschrieben ist – auch mir fällt das Schreiben mit der Hand weniger leicht. Manches ist inzwischen für uns beide in physischer Hinsicht schwieriger geworden, doch gemeinsam konnten wir immer noch alles meistern. So möge es bleiben! Lass dich umarmen. Ich wünsche dir – uns! – viele weitere Jahre in dieser Art. Dein Ole.»

Ida sieht ihn an, mit feuchten Augen. Oder glänzt nur etwas auf ihrer Brille? «Danke, mein Olchen, du hättest höchstens noch … hast so fleißig aufgelistet.»

Ein schneller Kuss, Ole hält ihre Finger fest. «Jetzt kann ich nicht mehr reden.»

Stille an der Tafel. Draußen steigt der Abend über die Bäume. Auf Idas Brillenglas ein Funke, sie hebt ein wenig den Kopf, gedankenverloren. Der Funke wird größer, feuriger. Ein junger Kellner bringt Feuer: Nachtisch mit Wunderkerzen. Bis er direkt vor ihr steht, blickt Ida ihm stumm entgegen, versunken im Staunen. Dann gibt es Applaus.

108

Friseur – Veränderungen in Bedienung, bedauerlich, aber zu verkraften.

«Haben Sie neue Leuchten hier?», frage ich.

Die neue Friseurin wenig freundlich. «Nein, immer noch nicht.»

Aber die Menschen in den Spiegeln sehen anders aus anders.

Und ich?

Unsicher beim Bezahlen.

Du holst mich ab.

Erleichterung. Mittagessen steht auf dem Tisch.

Danach? Natürlich dschuschen. Aufgezehrt und matt, Geburtstagsfeierlichkeiten waren wohl zu viel. Doch Unruhe hindert.

Du legst Deine Platte auf. «Erst mal entspannen», sagt die Hülle. Erst mal lächeln muss ich, wenn ich die Mohnblumenwiese auf der Packung sehe. Lauschige Musik entlockt Dir meist im Handumdrehen Entspannung, Schnarcher. «Aber ich höre alles!», redest Du, und wieder ein Schnorcheln.

Die Platte läuft weiter, eine Männerstimme erzählt angenehm, warm, gütevoll, woran erinnert? «Müde, immer müder …» Erstaunliche Wirkung. Die Wörter marschieren schnurstracks in meinen Kopf, in kleinen Regimenten, im Kreis: «Müde und müde. Schlafmüde … Über das Gesicht zieht tiefe Schwere …»

109

Doch keine neue Grippe? Bin ich endlich stabiler? Will versuchen, wieder täglich ins Tagebuch zu schreiben.

Zeitreise. Ein Sommertag geboren, wie er nicht anders gelingen kann. Die Sonne schiebt uns Wanderer voran – wie lange war ich nicht mit? Mit Bus zunächst, dann Richtung an Forsythienreihe vorbei, wo wir immer unseren ersten Frühlingsschmuck holen. Benno führt uns – wohlbeleibt – Schweigen. Krank? Er zuckt die Schultern. Frieder wieder mal dabei, noch kleiner als sonst, bekümmert ohne Gertrud. Hitze kürzt unsere Runde.

Sommertyp, wer sagt das zu mir, Du? Schmeichelei? Oder boshaft? Was meinst Du damit – aufblühen? Aber meine Blüten sind blass.

Geburtstagsschreiben endlich beantwortet alle – anstrengend – mit Deiner Hilfe. Aber Geburtstagsbücher «Leseschulden» noch.

Die Lektüre von «Vierzig Jahre: Ein Lebensbericht» von de Bruyn bringt mich in Verstimmung – alles, was an Schmähungen über die DDR vermutet und an Verwerflichkeiten erfunden und zusammengetragen ist. In DDR gefördert, Reisen ins Ausland, Auszeichnungen – steht im Widerspruch dazu. Woher nimmt dieser Mann den Zynismus her? Literarisches Mittel? Trotzdem: Ich werde weiterlesen.

110

Diese meine Meinung muss im Wesentlichen zu mir zurück, in dem absoluten Urteil. Zwiespältig in Äußerungen und Verhalten dennoch eine zwiespältige Persönlichkeit.

Besuch von Marta und Jacques. Gespräche beim Abend-Brot – herzliche Begrüßung – vom Hundertsten bis Tausendste. Erzählreserve wird ausgeschüttet – (von beiden Seiten – bis die Lichter auf der Straße an gehen.

Froher Morgen: Marta mit Dir zum Schwimmen! Jacques und ich bereiten das Frühstück vor. Gemeinsame Unternehmung – aber erst allein des Besuches. Leider werde ich unlustig und schwach – dann wieder eine «Erhellung». Nutzen sie für eine meiner Lieblingsfahrten: vorbei an Balsamine, kurzer Gang, Stippvisite Buchfahrt, Mütze verloren! – gefunden, Kreis gerundet – wieder zurück.

Du ungewohnt als «Mitfahrer». Jacques galanter Fahrer freut sich über die bewundernswerte Landschaft, die er am Steuer die Lenkung in die Hand nimmt.

Abendessen in der Abendsonne auf der Terrasse bei untergehenden Sonne. Wir lehnen uns genießen zurücklehnend und loben Jahresstimmung und Taubengegurr.

111

Ole kommt aus dem Wohnzimmer, getragen von Musik. Ein fröhlicher Schwimmer gegen eine andere Welle Musik aus dem Küchenradio. Und noch eine Strömung, eine schwächere, aus Musik und Licht. Er stutzt. Die Tür des größeren Badezimmers ist nur lose angelehnt.

«Idchen?», ruft er und beißt sich auf die Zunge.

Durch den hellen Spalt sieht er Ida auf der Toilette sitzen. Sie hat ein weißes Tuch oder Papier in den Händen, faltet es und legt es in ihre Unterhose. Ein zweites genauso. Dann zieht sie umständlich die Hose hoch.

Oles Hand zuckt zur Klinke hin. Er runzelt die Stirn, macht die Augen eng, als hätten sie so nichts gesehen.

Mit der nächsten Musikwelle zieht er sich diskret zurück.

112

Sonne sticht – wohin?

Schon vormittags über 29 Grad – Die Natur zeigt sich im wachsenden Überfluss – wie ein Mädchen, dessen Reize sich mit zunehmendem Alter zu Peinlichkeiten entwickeln.

Der Balkon von Farben verschied. Gewächse grün – weiß – lila – rot – blau – die Düfte vermischt – Dazu die Hitze, der man sich kaum entziehen kann. Aber gegen Abend wird alles überblickbarer – auch die Vögel scheinen sich wohler zu fühlen. Eine Schwalbe Amsel scheint mit mir kokettieren zu wollen und flötet mir verlockende Töne von ihrer Absteige auf dem Zaun zu. Ich versuche, ihr zu antworten, aber es wird mehr eine heisere, misslungene Antwort. Sie wiegt prüfend ihren Kopf und lauscht, macht sich wieder auf, ein paar Etagen höher, in die grünen Wipfel des Nachbarbaumes.

Überlegungen für nächsten Arztbesuch – schwierig. Aber wohl nötig. Zu häufig die Unsicherheit, Beine, Kopf, wo ist die nächste Toilette. Schmerzen, unerklärliche Erschöpfung. Sprunghaft, oft schlagartig ohne Antrieb – wie die elektrische Schreibmaschine keinen Strom. Du willst mich begleiten.

Erfreulicher Anruf von einem Interessenten am «Literaturtreff» (aus Kahla) – wollen uns ihm beraten.

Kleine Meinungsverschiedenheit mit Dir – Du willst mitkommen: «Damit Du nichts vergisst» – – Na ja!

113

Nein ich will nicht, will nur liegen. Warten auf verbesserte. – Du willst immer, ich soll zum Arzt. Bevorzuge das nicht so wie Du. Wer hat gesagt, Ärzte machen noch kranker? Und immer dann neue Pillen, die mir im Hals steckenbleiben wollen – I prefehr not. Auch kämpfen dafür.

Aber Du trotz aufreibendem Wahlkampf überredest mich – irgendwann ermürbt.

Also Besuch bei der Ärztin.

Du hast ein Blatt über meine Befindlichkeit vorbereitet. Gespräch mit ihr dann ausgeweitet, aufgeschlossen. Blutprobe – normale Werte – trotzdem gründliche Untersuchung empfohlen. Entscheidung anempfohlen: eine Woche Krankenhausaufenthalt vorgesehen – alles zu prüfen.

Untersuchung empfohlen.

Kopf?

114

Ida blättert in der Zeitung, lässt sie sinken, schaut nach der Amsel draußen. Schlüsselklimpern, die Wohnungstür geht. «Ich bin zurück!», Oles Stimme.

Die Bügel an der Flurgarderobe rasseln, die Badtür, klapp, der Klodeckel.

Immer wieder hebt sie den Kopf, immer wieder spiegeln nicht Zeitungsseiten, sondern Haus und Baum und Himmel in ihren Brillengläsern.

Wasserrauschen. Zahnputzbecherklappern, Fetzen von Radiomusik. Dann ist Ole bei ihr am Küchentisch. Ein flüchtiger Kuss. Er legt eine andere Zeitung neben ihren Teller, Markierungen blühen an den Spalten, Ausrufezeichen und hie und da seine eilig hingeworfene Schrift.

«Das dauert immer lange», murmelt sie mit einem unwirschen Lehrerinnenblick. «Ich hab schon gewartet.»

Er gießt Milch aus dem Topf in die Leinsamentasse. «Na, ich war eben schwimmen.»

«Ist ja noch kalt, die Milch», sagt Ole und stellt den Herd an. «Hat dich nicht gestört?» Er bestreicht eine Brötchenhälfte mit Marmelade und Quark, isst mit kräftigen Bissen.

Ida setzt sich aufrecht. Nippt nur am Kaffee, den er ihr hinschiebt, und liest weiter. «Das kaufe ich, gleich nachher», sagt sie nach einer Weile.

Ole kaut, reckt den Kopf. Sie schiebt die Zeitung zurecht.

Die Rückschau auf mein Leben verbietet es mir, mit dem Heute zu hadern, lesen sie. *Warum muss das sein, warum trifft es gerade uns?*

Diese Frage zöge unweigerlich eine zweite nach sich, die ich ebenso wenig beantworten könnte: Warum ist es gerade mir – uns – so lange so ungeheuer gut ergangen? Warum war es gerade uns vergönnt, ein so erfülltes und – trotz mancher Schwierigkeiten – glückliches Leben zu führen?

Ihre Brillen stoßen aneinander. Sie sucht ein Taschentuch, tupft um Nase und Augen.

«Aber noch heute kaufen?» Er runzelt die Stirn. «Ist nicht noch viel zu tun vor dem Krankenhaus? Anrufe? Wäsche? Packen?»

«Ach, für die drei Tage ... Zur Kontrolle doch nur, ja?» Ungeduldig faltet sie das Taschentuch. «Wir machen das auf dem Rückweg vom ... Dings.» Sie verstaut das Papierfähnchen, tunkt ein Stück Brot in den Kaffee.

Ole gießt die warme Milch über die Leinsamen, sieht verwundert hoch.

«Schon sonderbar, Inge und Jens als ein Name zusammen. Aber eigentlich sind viele ulkig bei genauer Betrachtung.» Sie duckt sich vergnügt. «Wenn du wüsstest, was wir als Kinder so für Namen gehört haben.»

«Ein paar kenne ich, oder?»

«Rehlein Wehlein, Räbchen Stäbchen, Ursula Purzula ...» Sie lacht, verschluckt sich.

Er reibt ihr über den Rücken. «Und die Bedeutung ist auch oft so interessant.»

Ida hustet, nickt. «Kurt, unser Ältester, das wussten wir doch mal.»

«Ja, das war ... langmütig? Oder nein, ‹tapferer Ratgeber›.»

«Kann sein, ich glaube ja! Das würde ja passen zu einem Jurna... Journalisten.» Sie räuspert sich, tippt auf die Zeitung: «Kannst du das kaufen, wenn du mich zum Friseur gefahren hast? Als Krankenhauslektüre?»

Ein Streichler noch, Oles Hand verlässt ihren Rücken. «Aber damals in deiner Doktorarbeit, kamen da eigentlich Namen vor? Weiß gar nicht mehr.» Er löffelt die Leinsamenmilch. «Hätte doch gepasst zum ‹Gefühlswert der Wörter›.»

«Der Schwerpunkt war ... woanders, das weißt du ja.» Sie rückt kühl die Brille zurecht. «Aber genau müsste ich selber noch mal nachlesen.»

«Der Gefühlswert deines Namens ist jedenfalls hoch.» Ole steht auf. «Wo hast du denn die ... Dings?»

Ida sieht sich ratlos um.

«Diese Beilage zu deinem Geburtstagsbrief», ruft Ole vom Flur aus.

Wieder auf dem weißen Küchenstuhl, beginnt er zu zitieren: «‹Ida, Kurzform des heute nicht mehr gebräuchlichen althochdeutschen Namens Iduberga, Patronin der Arbeit. Von den althochdeutschen Wörtern ‚idh' (Tätigkeit, Werk) oder ‚itis' (die Frau, die Jungfrau) abgeleitet.›» Er atmet nach dem betonten, zügigen Lesen aus und ein.

Ida sitzt, den Ellenbogen aufgestützt. «Ich dachte, es bedeutet die Sehende.» Ihr Mund versteckt sich hinter der Wand ihrer Finger.

Ole nickt. «Und isländisch: die Lebhafte. Die Unruhige.»

115

Krankenhaus!! alles soll kontrolliert werden – eine Durchsicht Auto Ida.

Bezug des Zimmers – Aufnahme in Einzelzimmer. Mit allen Bedingungen, di nötig.

Blick nach Norden – Verlockung zum Schpazierengehen – Schade, dass Du nicht dabei sein kannst.

Nach Aufnahmeformalitäten sprächlustige Schwester C. Informationsspaziergang – Aufnahmeuntersuchung – Grün unten – Spaziergang im und um Haus.

Nachdem Du zu Haus kleine Verwirrung. Nicht gewohnt, allein zu bleiben.

116

Kaum Schlaf.

Die Gedanken wollen wegfliegen, raus aus dem geöffneten Fenste – – –

Kein Frühsport – ich ziehe das Buch von Inge Jens vor. Vergleich mit eigenen Erlebnissen. Pazifismus? Aktivität wächst mit Wirksamkeit. Weiße Rose.

Kurt wann war er hier hat es geschenkt? – – nachts?

CT – Gehirnuntersuchung – kein Tumor!!

Erleichterung und Enttäuschung – Verirrung im Haus

Gespräch mit jüngerer Ärztin – sehr sympathisch. Rundgang – stützend!

Auf dem Rasen vor der Klinik – junge Leute. Gymnastik, kraftstrotzend. Wir die Ältesten. Erzähle ihr, dass ich auch sportlich war – Ewigkeiten her. – Dass ich mal Dich, meinen Mann tragen konnte. Sie lacht. Zweifel? Wessen.

117

Unwohl. Angsgefühl – wann endlich von Schnüren befreit? Blutdruck – mal nicht zu hoch? Letzte Absprachen: Langzeit-EKG – übliche Messungen – Vorbesprechung Darm und Magen – Mammographie

Klima Einsam – Ruhig. Kraft sammeln vor dem Sturm für Morgen.

Schneesturm Sehnensturm
Sehnsucht – Angerufen. 2 mal.

Erdbeer – Johannesbeer Marmelade muss eingekocht sein. Du schaffst das?

118

Bis auf die Technikleiste kahle Wände, ein Krankenzimmer, schmal, nur ein Bett. Es klopft, die Tür schiebt sich auf – Ole.

Ida bemerkt ihn nicht, sieht aus dem Fenster, einen Stift so fest in ihrer Faust, dass die spitzen Knöchel weiß sind. Vor dem anderen Klinikflügel auf der Rasenfläche eine kleine Gymnastikgruppe, dort wohl hat sich ihr Blick verfangen.

«Da bin ich wieder, meine Liebe.» Oles Hand fasst ihre Schulter.

Sie dreht sich zu ihm, etwas weh, kaum überrascht. «‹Unvollständige Erinnerungen›, fast der gleiche Titel.» Akkurat postiert sie den Stift neben ein Buch auf dem Tisch. «Krieg, Nachkrieg», sie spricht angestrengt. «Anti, aktiv. Und ich bin ja kein ... Name ... aber ... ob überhaupt einer aus der Familie meine ‹Freigelegten Erinnerungen› liest?» Sie sieht ihn an, im von den Klinikwänden reflektierten Nachmittagslicht blass, verloren.

«Aber natürlich.»

«Und wer?»

Er macht eine beschwichtigende Geste.

«Nur Armin hat ein paar Zahlen nachgefragt, die anderen sagen alle gar nichts dazu.»

«Aber Kurt ist doch interessiert, die Mädchen ...»

«Niemandem ist das aufgefallen, dass eigentlich so viele Jahre fehlen.» Idas Stimme ist brüchig,

Ole legt seine Hand auf ihre nervösen Finger, deckt sie zu, in der Breite ganz und knapp in der Länge. Stumm beobachten sie die

Gestalten auf dem Rasen unten. Nach und nach lösen sich einzelne, verschwinden über den Klinkerweg.

«Ich muss mich wieder hinlegen», sagt Ida ergeben und steht hastig auf.

Er begleitet sie zur Toilettentür im Vorraum.

«Fast wie eine ausgebildete Krankenschwester.» Sie lächelt mit schwachem Spott, bevor sie die Tür zuzieht. «Auch wenn ich zum Glück noch ganz verträglich selber laufen kann.»

Er öffnet das Fenster, bringt Wasserglas und Tablettenbecher vom Fenstertisch zum Schränkchen am Bett. «Vier sind noch drin, das weißt du, ja?», ruft er. Versteckt sich eine Antwort im Summen der Badlüftung?

Er ordnet die Krankenhauspapiere auf dem Schränkchen. *Normosome Patientin, Größe 1,61 m, Gewicht 50 kg, Bauchumfang 90 cm,* überfliegt er. *In reduziertem Allgemeinzustand, Bewusstsein klar, Psyche empfindsam.*

Er streicht einen Knick im Papier glatt.

Die Patientin berichtet, seit den letzten zwei Monaten seien eine erhebliche Kraftminderung, Appetitlosigkeit und Müdigkeit, teilweise mit Schwindelgefühlen, und eine Polyurie aufgetreten.

Er seufzt. Unter dem Bogen ein zugeklapptes Heft. Wo ein Lesezeichen steckt, schlägt er es auf.

Übernachtung 3 mal – Illusion. So schnell wie gedacht geht es nicht. Zirk 8 Tage.

Als hätte Wind vom Fenster gestört, sieht die Schrift zittrig aus, bemüht, manche Buchstaben und Wörter fallen aus den Zeilen.

Da muss durchgehalten werm.

Lektüre hilft etwas darüber hin-weg. Lesen bleibt großes Löchmittel und Trostung.

Erträglich: Blick nach unten – Frühlingsahn Grünefläche

nachmittags – Eis essen, oder nahes Café. – einige Bekannte entdeckt wenn nur nicht die große Schwäche wäre

Morgen: Visite was wird mich erwarten – was wird eingeleitet –

Hoffentlich kann ich schlafen – was sein muss, muss sein. – Was treibet ein, was hält ein? Dir Zukunft.

~~Eis~~ Es ist ~~Untrift~~ Unrecht zu klagehn

«Ach, Idchen», murmelt er, «deine Schrift ist ja hier alt geworden.»

Ida steht im Türrahmen, befangen.

Ole ist in schnellen Schritten bei ihr, schließt sie in die Arme. «Das ist nicht schlimm», sagt er nah an ihrem Scheitel, «das passiert mal. Krankenhaus liegt dir nicht. ‹Durchgangssyndrom›, erinnerst du dich? Bei Krankenhausaufenthalten kann Konzentrationsverlust, Orientierungsverlust manchmal vorkommen.» Er streicht ihr über den kastaniendunklen Kopf, versucht ein Lächeln. «Wir sind eben keine Jungspunde mehr. Du musst genug trinken! Dann gibt sich das auch bald wieder.»

119

Entlassen nach sieben Tagen – Froh, wieder zu Hause zu sein!

Täglich eine wichtige Untersuchung «abgetragen» –

Schwierigste zum Schluss überlassen. Trost nach ersten Untersuchungen – keine ernstlichen Mängel – Demenz und ausgeschlossen.

Die Woche liegt wie ein Paket vor mir, das es zu öffnen gilt.

Mit Hoffnungen – –«– Doch wo ist die Schere?

Es geht mir etwas besser – nur müde, lege mich bald wieder hin.

120

Ich muss langsam wieder ankommen.
Gespräche noch anstrengend. Durchgangs-?

Irma. Astrid, Stefan – Hilfe bei Terrasse.

Aufarbeitung Briefe, Zeitungen. – Neugierig auf Falladas Gefängnistagebuch. Kaufen? Selbstreflextion 1944?

Sinn des Lebens!!

«In meinem fremden Land»

Gespräch mit Dr. W. steht noch aus – Später. Einschätzung vom Krankenhausbesuch

Z. T. ernsthafte Hinweise! Evtl. demenz? So etwas möglich?

Schwierigkeiten mit Neueinstellung der Tabletten – Du wachst darüber, dass ich alles einnehmen soll. Hast eine größere Tablettendose für mich – einen Tablettenturm. Mehrere Klappen für jeden Tag. – erschreckend – überwältigend. Weiß und steril wie im Krankenhaus.

121

Wieder Wandertag. Warum kann man nicht mal pausieren – schlapp bist Du und noch müde – aber überwindest Dich.

Ich kann nichts Gescheites mit mir anfangen, ob wohl ich genug zu tun hätte – auch Fotos sortieren, Post beantworten. Das von dem flüchtig zubereiteten Mittagessen für mich allein schmeckt mir nicht.

Endlich: Du kommst zurück – erzählst von der Wanderung und neuen Mitgliedern (bisher unbekannt). So langsam kurbele ich meine seichte Stimmung wieder an

Spaziergang Poseckscher Garten, Friedhof –

Klärung einiger Dinge in Bezug auf Gedanken und Absichten eventuell eigene Beisetzung usw. Irgendwann wird es ja sein!

Leider wesentlich wichtiger – Aber angenehm ist es auch wieder bewusst zu spüren, wie wohl wir uns befinden in unserem Wohnbereich.

122

Was man doch in der Wohnung zu schaffen hat, reinmachen, ausbessern … auch an Mittag-kochen ist zu denken – Seit langem wieder mal «Paprika» – ein Sonntagsessen – für paar Tage.

Mittagsschlaf – Zeitung: Steinmeier träumt von Deutschland. – Kanzlerkandidat.

Wir träumen von anderen Dingen, z. B. dass ich wieder bei Kräften bin, wenn wir bald nach Schkupa fahren wollen – das letzte Mal! – Alles ist einmal das letzte Mal.

Und die kleinen bunten Zieräpfel wiegen sich gegenüber – Du magst sie nicht (sie werden bald in Mengen den Rasen bedecken)

123

«Wie schön», Ida greift nach Ellas Hand, «dass du mal wieder da bist.» Händeschlenkernd laufen sie in den Park, Oma und erwachsene Enkelin, wie zwei Mädchen: eins in einem geblümten, etwas zu kurzen Kleid, das andere, mit vorsichtigeren Beinen, in heller Hose und Jacke.

Ole hinten schließt das Auto ab. «Dreht euch mal um!», ruft er, löst den Fotoapparat aus.

«Wenn lieber Besuch da ist, dann leuchtest du richtig, Idchen, dann ist immer alles leichter, nicht wahr.»

Er kommt hinterher, fängt sie ein, Arme und Beine in fast die gleiche Farbe gekleidet wie bei Ida. Selbst die Schiebermütze ist hell wie Ostseesand. «Und dass wir mal wieder hierhergefahren sind und nicht ins geliebte Belvedere oder nach Ettersburg, das wirst du nicht bereuen, Ella.» Er nimmt Idas andere Hand. «Und wir sind ja sowieso für Bad Berka, stimmt's?»

«Ja, wir denken so oft, das oder das müsstet ihr mit uns zusammen sehen, auch hier einfach im Umkreis mal.»

«Aber in diesen Wochen soll noch besondere Kunst hier stattfinden, das zweite Jahr ... Ich sag nur: Parkgeflüster.» Er lacht, ein geheimnisvolles Opalachen, und sieht auf die Uhr.

Am Kurhaus, unter den Bronzearmen einer verklärten Nackten, füllt Ole Heilwasser in eine mitgebrachte Flasche. Er packt die Flasche ein, führt ein Stück weg vom Trinktempel. Schnell sind die Hosenbeine hochgekrempelt, er tritt in ein rundes Steinbassin. Marschiert lachend Runde um Runde, die Knie weit gehoben, immer am Haltegriff entlang.

«Kneippkur!» Ella, im kurzen Blumenkleid, watet ein paar Runden mit.

Ida lehnt ab. «Einer muss Wache sitzen.» Sie blinzelt gegen die Sonne, gegen das graugrüne, bewegte Wasser um die Waden. «Wie die ... Stare», sagt sie, kurz bevor Ole staksend das Becken verlässt. «Oder die Störche.»

In Dreierreihe gehen sie danach, vor ihnen Kiesweg, Alleebäume, einzelne weiße Bänke. Auf der Wiese lagert eine üppige Skulptur, die Brüste auf den aufgestützten Unterarmen.

«Ein richtiger Euterbalkon», sagt Ida. «Dabei ist es gar nicht mehr so heiß.»

Lachen, zwei kräftigere Stimmen und eine leisere. Ole hakt sich bei Ida ein, ihre Finger verschränken sich wie festgefugt.

«Ein bisschen frech sein steht dir auch mal», murmelt Ella. «Genau wie der Schmuck aus deinen unerschöpflichen Kästen.» Sie beugt sich vor. «Na, Mensch, Kette passt genau zum Spätsommergrün.»

Ida verlangsamt ihren Gang, ihre Zeigefingerspitze tippt von Perle zu Perle. «Kannst du haben. Würde ich dir gern ... präsentieren.»

«Ach, Oma, du wieder mit deiner polnischen Freigiebigkeit. Ich will und kann doch nicht alles haben, was mir gefällt.»

Ida schließt die Augen, entmutigt, oder lauschend für ein paar Sekunden.

«Ist gut, vor der Abreise entscheide ich», sagt Ella, «eins deiner Angebote nehme ich gern an.» Sie streift Ida den rutschenden Handtaschengurt auf die Schulter. «Und hat dir auch Ole viel von dem Schmuck geschenkt?»

Oles Daumen streicht über den goldenen Ring inmitten ihrer verschränkten Finger. «Der schönste Schmuck, den ich dir geschenkt habe, war hoffentlich der hier?»

«Zumindest», gibt Ida zurück, «lege ich ihn nie ab.»

«Wirklich?», fragt die Enkelin. «Aber doch beim Waschen?»

Ida sieht Ole an, schüttelt den Kopf, ihr Ohrschmuck wippt.

Er streckt seine Ringhand neben ihre. «Nein, tatsächlich bleiben die immer dran. An sich. Einmal zwischendurch mussten wir sie austauschen. Das ist aber auch schon Jahrzehnte her.»

«Beeindruckend.» Ella schaut auf Idas nickende Ohrringe, rund und nicht groß und golden, wie Eheohrringe.

Langsam gehen sie weiter. Kies knirscht unter den Sohlen.

«Aber diese Kunst meintest du nicht, oder?» Die Enkeltochter stoppt, fotografiert beide durch einen mannshohen Metallrahmen.

«Der», feixt Ole, «ist schon länger hier.»

Ida betrachtet stirnrunzelnd den geknickten, rostfarbenen Stahl.

«Oder das da hinten?», ruft Ella und zeigt mit dem Fotoapparat auf ein steinernes Ohr.

Er wiegt den Kopf, legt einen Finger auf den Mund.

Still nähern sie sich dem Parkteil mit dichterem, mächtigerem Grün. Ida blinzelt der Sonne nach. Blätter rauschen und – Fetzen von Musik? Oder doch nicht, fortgeweht, danach wieder mit jedem Schritt deutlicher, verwoben mit Vogelpiepen und zitternden Blättern. Idas Blick tastet die Sträucher, Stämme entlang und hoch in die ausladenden Kronen. Entrückt, als käme die Musik aus ihrem Kopf. Beim nächsten, hitzigeren Musikstück wirkt sie ratlos, albtraumverlorener mit jeder Windung des Wegs.

Erste Dämmerung färbt Gebüsch übernatürlich rot, dann dunkel, dann blau. Andere Parkbesucher lächeln ihnen entgegen. Irgendwann, Idas Beine sträuben sich, gehen sie ab vom Pfad, wenige Meter, mitten in die Musik. Ole zeigt auf einen Lautsprecher zwischen Wiese und Busch. Mit einem Trompetensolo springt einer der farbigen Scheinwerfer an, wie ein Verfolger.

Unter einem Pavillon bleiben sie stehen. Idas Wangen glänzen feucht im rötlichen Licht.

124

Telefongespräch mit Ellas «anderer Oma» Ida Schönthal. Angenehm, dass wir neuerdings öfter unsere Befindlichkeiten austauschen. Seit Richard so sehr gebrechlich – – Wie nur kommt sie damit zurecht? Als Partnerin an seiner Seite!

Persönlichen Rückzug kann sie bestätigen. –

Unsere Gedanken nicht immer optimistisch – wie sollte das auch sein in unseren Jahren.

Lehrer-Veteranen-Club Hohe Aue.

Diskussion über weitere Arbeit – Frau Schröder bietet Vorsitz an, wenig Risonanz. Diskussion über weitere Arbeit – Vorschläge: stärkere Mitwirkung durch Mitglieder – nächstes Mal Lesung von Mathilde von der Lühe

Ich: Vortrag über eigenes Leben – Familie – Heimat, anhand meiner «Freigelegten Erinnerungen». Vorbereitung für unsere Reise zurück.

125

Wahltag! – Landtag.

Ob jeder Wähler gut überlegt, was und wen er wählen will? Alle, denen wir begegnen, machen einen couragierten Eindruck, die wissen, was sie wollen.

Auch wir wissen seit langem, was u. wen wir wählen. Anschließend kleinen Spaziergang. Theaterplatz – Reste von Besuchern (von Kundgebung «Linke») zu den Wahlen kosten sonnenabendliche Sonnenstrahlen. «Und alles sieht so festlich aus …»

Gestern Ende der Woche Arztbesuch – erneut Frau Dr. W. – Einladung wg. Krankenhausbrief. Mit einigen Hinweisen absolviert. Du führst meist das Gespräch nach Notizen – Teilweise kaum verständlich, wie auch das Krankenhausschreiben:

Dr. Fünfstück. Diagnosen Hypertonie normotensif. – Sup-Subkordikale? Arteriosklerotisch Enzeh Enzephalopathie. Usw. Gehirn?

Verdacht auf Syndrom?

Keine Zeit, krank zu sein.

Positiv: Keine neuen Verschreibungen diesmal. Aber bisherige Tabletten weiterzunehmen, auch die «eckigen» – allein beim Gedanken ein Würgen im Schlund.

Und Empfehlung – zum Neurulogen soll ich.

Hauptsache, wir können nach Schkupa fahren. Ist zu schaffen?

126

Wahlerfolg der Linken – eine freudige Überraschung! Der Kandidat – eigentlich hast Du einen großen Verdienst an seiner politischen Entwicklung. Engagierte junge Leute sind seine Anhänger. Du gehst zur Siegesfeier.

Ich denke zuhause zurück an meine jugendliche Zeit und politisches Engagement zurück. Wir waren ungebildeter, ohne Abitur, gekommen aus den Wirren. Aber politisch mehr geschult.

Warum brauche ich eigentlich die Pillen? Mir scheint, sie bekommen mir nicht – werde wieder schwächer – vielleicht so geplant – hoffentlich nicht so bei unserer Schkupa Fahrt!!

Weiter weglassen?

Im Laufe es Tages Befinden besser, nur noch etwas Ermüdung.

Schlenker durch blumenschweren Park.

Im Touristzentrum Werbehefte gekauft zum Mitnehmen für unsere polnische Zimmerwirtin in Schkupa – Verkäuferin flüstert mir zu: können Sie umsonst haben – geheimnisvoll.

Kraft zur Vorfreude langsam da. Nachvornsehen gibt auch Auftrieb – nicht verderben lassen.

127

«Da, oder weiter hinten, war der Friseur Tellermax. Also hat hier unsere Straße begonnen. Grau waren die Häuser auch, aber ... anders. Und dort, ja, ungefähr ... stand unseres.» Idas Hand schwirrt durch die Luft wie ein Vogel. Irrt, ruht. Flattert doch wieder auf. «Da, wenigstens die stehen noch! Unsere Wächter, die Linden!»

Der rötlich-blasse Vogel verharrt, als würde er auf etwas warten. Familiengesichter blinzeln gegen die frühherbstliche Sonne, fragend, in sich gekehrt. Bis Armin, der Schwager, von seinen Notizen aufschaut: «Und natürlich, neben den Linden: die berühmte Pumpe!»

Ida strahlt. «Ja, einige von euch haben vielleicht», sie sieht Söhne, Schwiegertöchter, die Enkelin über den Rand ihrer Lehrerinnenbrille hinweg an, «ein bisschen auch darüber in den ‹Freigelegten Erinnerungen› lesen können?»

«Bestimmt, Tante Ida, bestimmt», sagt ihre Nichte knapp.

«Weil wir wissen, wie viel dir dieses polnische Städtchen bedeutet, machen wir jetzt ein Foto vor der Pumpe.» Kurt pellt eine Kamera aus der Tasche.

Ole winkt Astrid und Stefan her.

«Ja, auf zur Pumpsäule. Und nicht wie die Salzsäulen stehen!», ruft Armin gutgelaunt.

Sibylle nähert sich nur langsam. «Eine Salzsäure bin ich also?»

Stefan an der Pumpe lacht. «Nur keinen Streit.»

Nach dem Gruppenfoto späht Ida über die Straße, den Kopf schief gelegt. «Dieser Trubel hier, das hätte ihr schon nicht gefallen.»

Ole folgt ihrem Blick. «Ach, im Erker ... Die strenge Witwe!»

«Die ... Wohner hier, hatte ja niemand eine Wasserleitung.» Ida nickt. «Die Pumpe war ja jeden Tag lebenswichtig. Deshalb war das eigentlich auch richtig: nicht zu verschwenden. Aber für uns, für die Kinder, war die Pumpe eben auch ein Spielplatz. Gab es ja sonst nicht. Nur lag sie eben auf der Lauer, drüben. Immer unheimlich, Haare, Schultern, alles schwarz abgedeckt, immer geschimpft.»

«Die alte Frau Braatz.»

«Ja, die Krähenfrau.» Ida beißt sich auf die Lippen, forscht noch nach gegenüber. Ihr über der Jacke geknotetes Halstuch weht hoch, mal links, mal rechts um ihr ernstes Gesicht.

Pumpenwassernasse Hände trocknen, die Gruppe folgt der schmalen Straße.

«Und das weiße da?», fragt Jutta. «Ist ja ein schönes Haus.»

«Da», Ida kneift die Augen zusammen, «wohnte der, der hat sich nie sehen lassen. Und wenn wir mal kassiert haben, NSV oder so was, dann hat sie immer alle abgewehrt: ‹Mein Mann ist krank. Ich kann Sie nicht reinlassen. Mein Mann ist krank.› Ich hab den nie zu Gesicht bekommen.» Sie geht weiter, mit stillen, vorsichtigen Schritten, den Stockschirm an der Seite wie einen Wanderstock.

Die Enkelin macht Fotos von ihr und Ole im Gehen, von der auseinandergezogenen Familiengruppe, von einer Kirche, oval wie eine Soldatensuppenbüchse. Dann bleibt sie auf Idas Höhe stehen. «Ist hier der Besoffene raufgeklettert, von dem du gestern erzählt hast?»

Ida zuckt zurück, als stäche sie sich am spitzen Turm. «Nein, auf die evangelische.»

«Die war älter und steht leider nicht mehr», sagt Kurt.

«Was heißt ‹auf die Kirche›?», fragt Armin.

«Im Suff», sagt Ida.

«Wollte die Glocken läuten», sagt Jutta lachend, «oder was?»

«Von innen?», fragt Kurt.

Die Familiengruppe ist wieder nah zusammen.

«Nein», Ida bleibt stehen, «von außen! Und war dann oben und konnte nicht mehr runter.»

«Weil er nüchtern wurde», sagt Kurt, «kam dann die Angst.»

«Und die Feuerwehr», ergänzt Stefan.

«Ja, mit Leitern. Zittrig ging er dann runter. Und die Kinder, oder die Halbwüchsigen, haben sich krummgelacht. Allen voran so ein paar freche Buben. Die haben auch ... also, es gab so einen anderen, der hat, ganz öffentlich ... Und die haben ihn noch angefeuert, haben immer gesagt: ‹Mach mal den Hund.›» Ausgelassen fliegt Idas Hand, und ihre Stimme auch.

Die Gesichter staunen.

«Du meinst, er hat hier onaniert?», fragt Ella. «Auf offener Straße?»

«Ja!»

«Da schau an. Nur das Wort ist ihr nicht ganz geläufig», murmelt Stefan.

«Da kann man ja noch was lernen», sagt Ole mit seinem Witzeleserlachen.

Und Astrid: «Hier war ja was los. Lass sie mal noch 'ne Weile erzählen ...»

Ida schaut über den dünnen, glänzenden Brillenrand, wie eine Pausenaufsicht, die geduldig auf den Stundenbeginn wartet.

«Na, bunter wird's nicht mehr, wir verabschieden uns dann wie angekündigt.» Jutta umarmt Ida kurz, winkt. Ihr Mann im Auto hupt.

«Auf jeden Fall», sagt Ella, «könnte man aus diesen ganzen Geschichten einen zweiten Teil Erinnerungen freilegen.»

Ole nimmt Idas Arm. «Ja, wie du aufblühst in Gesellschaft. Und nach wie vor ... Da kann man sich kaum vorstellen, dass es auch andere Momente gibt.» Er streichelt ihre zerbrechlichen Finger.

«Ach, seht ihr, und da hinten», Ida drängt weiter, «da ... hat Tante Flora gewohnt! Wisst ihr?» Ein wenig müde sieht sie Kurt an, hebt die melierten Brauen. «Die immer den Arzt bestellt hat, und alle Geschwister mussten kommen. Und sie saß in ihren dicken Kissen, und dann kam der Arzt: ‹Na, Flora, hast wohl wieder aus dem ...›»

«... aus dem Fluss getrunken!», sprudelt Stefan über Idas Lachen.

«War sie depressiv», fragt Ella, «selbstmordgefährdet?»

«Nee, so ... bisschen eigenartig», Idas Stimme ist leise geworden.

Sie gehen weiter, langsam, Ole auf den weißen Stockschirm gestützt und Ida auf den schwarzen. Er lässt Idas Arm los, kramt in ihrer Handtasche, die er über der Schulter trägt, faltet den Stadtplan auf. «Wir machen bald die Pause.»

Armin beugt sich mit über die Karte. «Gibt's denn die Einkehr noch, von der du immer ...» Er sieht sich um. «Wo ist denn unsere Wortführerin?»

Ole dreht sich um, sucht, zwei sorgenvolle Kerben unter der Stirn. «Da!»

«Ich geh schon», bremst ihn Armin, «wozu bin ich denn ein Jahrzehnt jünger?»

Nach ein paar Metern bleibt Ole stehen, sieht, um Fassung bemüht, hinterher. Kurt steuert auf ihn zu.

«Doch wieder ein bisschen viel, ja», murmelt Stefan weiter vorn.

«Ist ja nur ein winziger Anfang, das wird jetzt immer mehr so kommen», sagt Astrid neben ihm.

Sybille knotet den Gürtel ihres roten Mantels zu. «Meinst du? Ida selber erzählt ja über ihr Innenleben oder Krankheiten nach wie vor so wenig. Wir dachten immer noch, wenn Ole am Telefon klagt, er lamentiert eben gern.»

«Er will's nicht wahrhaben, weil's ja auch noch gute Momente gibt, aber ...», sagt Astrid ernst, «ich seh's ja jetzt in meiner neuen Arbeit. Viel kann man da nicht mehr erwarten, bei der Diagnose. Vielleicht fünf Jahre noch.»

Stefan nestelt unbehaglich an seinem Jackenreißverschluss.

«Ist doch nur ein Verdacht», sagt Ella aufgebracht.

«Zusammen mit diesen Durchblutungsstörungen im Kopf?» Astrids Blick ist pflegerinnenkühl, noch als Kurt und Ole wieder näher kommen.

Ida ist weit zurückgefallen. Hinten an der Flussbrücke steht sie, auf das Geländer gestützt. Der Oberkörper beugt sich vor, für einen Moment sieht es aus, als würde sie in den schmalen Fluss springen wollen.

Zügig ist Armin bei ihr. «Suchst du dein Mädchenspiegelbild? Du weißt aber, dass das Kindheitswasser schon lange, lange weggeflossen ist?»

Sie fährt zusammen, ihre Augen bleiben klein, fast geschlossen. «Eigentlich kann ich euch nichts zeigen, gar nichts zeigen. Man erkennt ja nichts wieder. Verstümmelt», sagt Ida, «vom Krieg. Gleich nachdem wir losgezogen waren.»

Behutsam hakt sich Armin unter. Als Idas Gang taumelig wird, sieht er sich um, holt noch von der Brücke den Schirm. Langsam schließen sie zu den Wartenden auf.

«Ein bisschen Trost mal, bitte, mein Bruder», sagt leise Armin.

«Ach, Idchen.» Ole nimmt ihr wehes Gesicht zwischen seine Hände.

Schweigend setzen sich die Paare wieder in Bewegung. An Grünflächen vorbei, an dreistöckigen Plattenbauten.

Kurt räuspert sich. «Ja, die Altstadt wurde wohl richtig gezielt ...»

Armin wedelt mit ausgedruckten Seiten. «Erst intensive Kämpfe, und dann hat die Rote Armee noch Feuer gelegt.» Er tritt fest in den Staub. «Seht mal genau hin. Das waren mindestens Häuser aus der Zeit, als der Ortsname noch deutsch war. Oder sogar Fundamente der evangelischen Kirche.»

«Nur gut, dass ihr noch rausgekommen wart, Mutti», sagt Stefan.

«Ja, das sagt man so, flüchten.» Forschend blickt Ida in die Gesichter. «Aber was das alles bedeutet. So ganz weg. Wie, wo kann man überhaupt hin. Und wann. Und was mitnehmen. Wer muss mit. Wohin ...»

Betretenes Nicken. Ole deutet erschöpft auf eine Bank. Fast alle passen auf die rissigen Bretter. Er bietet Apfelschnitze an und Kurt Pflaumenpralinen.

«Ja, wir konnten mit der Eisenbahn, zwei Wochen lang. Omi ist ja zu Fuß gegangen, alleine.» Ida kneift die Augen zusammen, fokussiert ein dunkleres Stück Straße hinter dem Platz.

Sie steht auf, geht los. Kurt, Ole und zögernd der Rest der Familie hinter ihr her.

Auf dem alten Straßenpflaster bleibt Ida stehen. «Hier muss sie langgegangen sein. Mit ihrem Handwagen. Hat den dann angebunden an einem großen Pferdewagen bei einem Bauern.»

«Wäschekoffer hatte sie da schon aufgeladen, stimmt's?», sagt Ole. «Betten und so.»

«Dann ist Mutti hier zurückgerannt. Das Radio wollte sie holen. Aber als sie wieder raus in den Wald war, war der Treck weg.» Ida stößt gegen die alten Pflastersteinbuckel, stolpert. «Auf Knien ist sie gerutscht, als die Schuhe durchgelaufen waren.»

Nach dem polnischen Mittagessen fliegt der Vogel wieder. «Da oben, im Klassenraum, was haben wir da gechibbert.»

«Was?», fragt Armin.

«Gekichert», sagt Ole.

«In der Klasse», sagt Ida, «hatten wir dann ein ... Schild oder Papier. Und da mussten wir immer weiter stecken, wie die deutschen Soldaten in Russland vorangekommen sind.»

«Mit Stecknadeln», sagt Ole, «ja, wir auch. Aber nur während des Vormarschs.» Er versucht, den blassen Vogel einzufangen. Klimpert mit dem Autoschlüssel. Sein Lächeln legt er aus wie eine Schlinge.

Idas Hand windet sich wieder frei. «Die Schulen waren geschlossen, kein Unterricht mehr. Und da mussten wir zum Schippeinsatz eingesetzt werden. Die Jungs von unserer Klasse mussten schippen. Und wir mussten kochen.» Dann lächelt sie doch. «Was soll das denn? Er küsst mir dauernd die Hand ...»

«Vati möchte dich von diesem Ort loseisen», sagt Kurt.

«Oder losreißen», sagt Stefan schnell, «bist hier angewurzelt.»

«Ja, leider, wir müssen. Und schließlich», Ole hält ihre Hand noch fester, «wisst ihr überhaupt, was heute für ein Tag ist?»

«Ach ... Tatsächlich. Hochzeit, vor sechsundfünfzig Jahren.» Ida sieht ihn an, er spitzt die Lippen. Dicht vor Oles Gesicht sagt sie: «Ein Witz fällt mir da ein ... zum Thema Küssen.»

«Ein Abschiedswitz dann aber», sagt Ole überrascht. «Erzähl.»

«Hier in Schkupa. Kommt ein Russe, will was kaufen. Und er geht rein und sagt: ‹Küssen. Ein Küssen, bitte.›»

«Na wollte er wirklich küssen, oder wollte er ein Kissen?»

Idas Hand wischt Armins Frage weg. «Und die, im Laden, schüttelt immer den Kopf. Aber schließlich, damit sie ihn loswird, sagt sie: ‹Na gut, hier.›» Idas Hand tippt an ihre Wange, ihren Mund. «Und da hat er gesagt, ganz eifrig: ‹Nicht hier küssen. Hier küssen!›» Der dünne Vogel fliegt vom Gesicht zum Po, und Ida lacht, als gäb's kein Morgen.

128

Abschied in Schkupa schwer, aber Ella in weißer Bluse und hellbrauner Jacke – schick wie ein BDM-Mädel – «Vielleicht fahren wir noch mal her in 1, 2 Jahren!»

So einen Optimismus stemme ich nicht mehr.

Letztes war das, letztes Mal – und grau, selbst die Seen waren kleiner. Und war dennoch zu viel, die Reise? Ich bin neuerlich abgeschlagen und geschwächt – großes Schlafbedürfnis.

Du pflegst mich wie eine ausgebildete Krankenschwester. Aber die Wochenwanderung lässt Du nicht aus – bringst frisch kalte Luft mit

129

Endlich – schon 2 Tage den Verband los –
kein Frohlocken – aber Normalität – nach vielen Wochen Luft auf der Haut !!

die danach dürstete

mir ist aber, als ob ich etwas vermisse. Ein kleiner Sturz mit Folgen und Behinderungen!!

Arzttermin : Dr Gottleube, Neurologie (Überweisung v. Hausärztin

Vertretung – junger Mann stellt fragen anhand von bebilderten Karten: Zweck: Art der Bebilderung erkennen, zügig bcnennen – Auſ schnelle Reaktion wird geachtet

Z. B.: Zahlen, Farben, Geräte, Gebäude usw. – Tiere, Bäume. Tempo …

Sinnvolle Übung. Erkennen der eigenen Unsicherheit.

130

Ich stelle fest, dass ich mich ohne Einnahme von Medikamenten besser geht.

Heute kommen wir wohl nicht zu einem kleinen Spaziergang – Du hast einen kleinen Auftrag angenommen, der ziemlich in Anspruch nimmt.

Aber ich habe ja auch zu tun – Vorbereitung auf einen Vortrag über Puschkin – aber keine Pflicht – trotzdem wächst mit dem «Einlesen» das Interesse. Ein halbrunder Geburtstag (*1799 †1837) und schon verfalle ich in zunehmendes Interesse. Ich schlage das Buch auf – was stelle ich fest? Eintrag «Für Dich, liebes Idchen, anlässlich Deiner Heimkehr ~~(5~~ 24. 4. 1954 – Dein Ole» (fast vergessen!!) Umsomehr wächst das Interesse.

131

Wir besuchen Deine ehemalige Kollegin Waldtraut zum Geburtstag, in ihrem Heim. – Ganz in der Nähe & zur Pflege. Gegenüber um diie Ecke gleich. Marien Heim.

Wie sich im hohen Alter die Befindlichkeiten wandeln können! Sie spricht nicht mehr. Sie ist scheint vergnügt – späht raus in die Kastanien.

Spielt innerlich mit einer Puppe. Deutet an, ihr die Brust geben zu müssen. – Wie es in ihr wohl – wie sie wohl die Realität und Vergangenheit aufnimmt? Einst die kluge Sekretärin im Büro.

Kaum haben wir uns getraut, die Wahlnüsse einzusammeln – wie lange erst, seit 1 oder 2 Scheffel? grünschwarzen glitschigen Pulen – Schon kommen Männer mit Schürzen und Sägen und hacken den Baum tot.

132

Ole schnürt die Wanderschuhe mit den vielen Ösen, zieht die Karostrümpfe über den Waden straff. «Und du willst wirklich nicht mitkommen?»

«Ich ... Du weißt doch.» Ida blinzelt. «Ich mache einen Lesetag. Habe einen ganzen Stapel noch liegen. Außerdem für die Puschkin-Veranstaltung.»

Er sieht sie an, ein, zwei Augenblicke lang. Sie hält stand.

«Gut.» Zügig ist er an ihr vorbei in der Küche, füllt Schorle aus der großen Plastikflasche in eine kleine. Er gibt Ida an der Küchentür einen Kuss, nimmt den Wanderrucksack vom Hocker, und die Tür fällt ins Schloss.

Vom Wohnzimmer aus winkt sie hinterher. Bleibt am großen Fenster, riecht an einer der Topforchideen, blinzelnd im vielen Licht. Um den Baumstumpf draußen liegen noch Späne. Auch die Hecke am Zaun ist gestutzt, die Sicht frei auf die beiden breitschultrigen Gebäude drüben. Geduckte Gestalten hinter zwei oder drei Fenstern rechts, reglos wie die Grünpflanzen, zwischen denen sie sitzen. Idas Blick springt von den Fensterflächen zum überstehenden Holzdach, die vorgesetzte Säule hinunter bis zum Zaun aus hohen, nüchternen Metallstäben.

«Pflegeheim Marienhaus, Eingang um die Ecke», ist auf einem Schild drüben zu entziffern. Unschlüssig, gebannt schaut Ida auf die drei fremden Etagen gegenüber. Eine der Grünpflanzengestalten hebt den Kopf. Sie zuckt zusammen.

«Ole?»

Irgendwer scheint zu rufen, draußen.

«Mama?» Ida sucht, lauscht, tastet nach der Orchideenblüte wie nach einem entflogenen Wellensittich.

Unruhig streift sie von Fenster zu Fenster, knickt trockene Blätter von der deckenhohen Pflanze im schmalen Teil des Zimmers.

Aus der Schublade mit Scheren und Schleifenbändern fischt sie einen Stift, einen Zettel. Schreibt mit kratzender Mine: «Kaufhalle. Erdbeeren. Brombeeren.» Sie hält inne, streicht das Letzte. «Him-?», schreibt sie, und: «Einmachzucker?»

Als Ida zurückkommt, ist ihr feines Gesicht rot. Sie setzt sich, noch im Mantel, auf Oles Platz in der Küche und presst die Lippen zusammen. Mittag ist weit vorbei, zeigt die Uhr an der Wand. Vor ihr liegt eine Tüte mit einem pflaumengelben Saftfleck. Sie nimmt das Portemonnaie aus der Manteltasche, zählt die Münzen, bricht ab. Wischt mit dem Taschentuch über Nase und Augen.

Mit zu schweren Schritten geht sie ins große Zimmer, streckt sich mit dem Mantel als Decke aufs Sofa. Eines der Bücher vom Tisch hält sie wie einen Rettungsring auf dem Bauch.

Sie schreckt hoch. Klingeln. Ida setzt sich auf, verschlafen, macht Anstalten, zur Tür zu gehen. Es dauert, bis sie abnimmt.

Sie hält das Telefon ein Stück vom Ohr weg. «Ich komme erst um vier, hörst du, ja?» Ole, Stimmengewirr im Hintergrund. «Oder halb fünf. Hier ist noch Geburtstagsfeier!» Jemand hinten ruft etwas. «Komm doch auch!», sagt Ole. «Wir vermissen dich, Burghard, die ganze Wandergruppe tut das.»

«Ach …»

«Ja?» Die Feierstimmen überdecken fast seine. «Soll ich dich abholen?»

«Ich bin so … drückend. Zwei Stunden, verloren.»

«Das wär doch schade», Ole klingt heiter.

«Aber ich wollte nicht aufgeben.» Ida spricht mit geschlossenen Augen. «Das kann doch nicht sein, so schwer, so unmöglich, zur Kaufhalle. Und mit dem Geld war auch was nicht …»

«Also nicht? Lieber zur Kaufhalle?», unterbricht Ole aus dem Hörer. «Ich kann dich kaum verstehen.»

Sie lächelt mit roten Lidern, als er endlich da ist. «Heute ist ein Tag, wo nichts … Wo warst du nur so lang? Ich dachte, du kommst nie mehr.»

133

Längeres telefonisches Gespräch mit Irma – Erschreckend Edith Frey plötzlich verstor

Auch ohne dies – Wir werden älter und verdrießlicher – Und – Ich ziehe mich immer mehr zurück!! Fühle mich «bedrückt».

Muss aufpassen, den Anschluss nicht zu verlieren.

Du ärgerst Dich im Klub über den Streit der jungen Genossen. Statt sich über Wahlerfolge zu freuen – Chaos. Schuld wer-wie Austritte Beschuldigungen. Schädigung des Ansehens der Partei .... Gegnern in die Hände spielen – wem nützt es? – Zum schämen!

Ich derzeit lese weiter, gefesselt an unsere schöne Wohnung. Finde ich je wieder unter die Leute? Arzt warnt schon sagst Du jedenfalls. Ja Du liebs Bewehgen.

Ich habe aber auch zu hause Viel zur tun. Besonders Vorbereitung Jahresaschlussfeiern. Auswahl für Lehrerveteranen Klub und Wandergruppe – Programm zusammenstellen – – beide liegen auf meinen Schultern.

Langsam spüre ich diese Arbeiten als Belastung. Unglücklich bin ich dabei – aber wie verändern. – Irgend wie muss es geschafft werden

134

Friseur 11 Uhr – in Hetze. Einzige Kundin, daher Gespräch persönlicherer Art. Unvermittelt: bedenkliche Unsicherheit. – Bezahlung? Vermissen des Geldes im Portemonnaie! !

Treppenges – – gedankliches Durcheinander!!!

Zum Geburtstags-Kaffee bei Mathilde (83.) von der Lühe eingeladen.

Schlapp und müde – letzte Nacht nicht richtig geschlafen.

Kaffeetisch. – freindlich Ehepartner – von Sommerreise, aktuellen politischen Geschehnissen, Krankheiten – Erstaunlich: niveauvoll Kenntnisse über politische Situation – übereinstimmende Beurteilung.

Ich beteilige mich in bescheidener Weise – Du gewiefter und informierter.

135

Lange rauscht die Lüftung hinter der verschlossenen Tür. Als Ida betreten an den Tisch kommt, steht das Frühstück da. Ole breitet seine Arme aus. Den vorwurfsvollen Zug um seinen Mund spült der nächste Schluck Kaffee weg. Er raschelt bald mit den Zeitungsseiten, liest vor, springt von Markierung zu Markierung. Immer noch werden Erdbebentote gefunden. Öl sickert weiter aus dem geplatzten Meeresbohrloch wie eine innere Blutung. Und die Herz-und-Magen-Partei hat sich zerstritten.

Doch Ida sieht unernst aus, scheppert bald im Abwaschbecken.

«Und», sagt sie dann beschwingt, «plätten!»

«Soll ich wirklich zusagen, dass der Literaturtreff noch mal in deinem Namen …» Ole ruft vom Flur, kommt ins Wohnzimmer, nimmt das Telefon von der Station.

Ida steht versunken am Bügelwäschegebirge.

Er flucht leise, geht zurück und holt seinen Kalender. Er stockt, sieht bekümmert aus wie der Kater, dessen Foto auf dem Kirschholzbücherschrank steht. Sein Blick folgt dem schwarz-weiß ummantelten Kabel des Bügeleisens. Bis kurz vor die Steckdose. Der rundliche Stecker liegt auf dem Boden am Teppichrand. Ole schaut zu Ida, wie sie sorgsam das Eisen abstellt und die Wäsche faltet. Er atmet, als wolle er etwas sagen. Und setzt seinen Gang durchs Zimmer fort.

136

Unlustig mit dem Tag. Kurzer Entschluss – Fahrt mit dem Auto ins «Grüne» – wieder einmal bewusst, wie angenehm und wohltuend für das Gemüt die Thüringer Landschaft mit den Wäldern ist.

Schliesslich trägt uns unser forscher Auto immer höher …

bis in unbekannte Höhen – Erstaunt plötzlich: Flugzeuge summen und steigen vor uns auf – Wir lassen uns verführen – Immer höher die Sonne nickt uns zu.

137

Ärgerlich – ich habe Schwierigkeiten beim Plätzchenbacken – ängstlich bei Reihenfolge, –

Ich werde alt! vergesslich!

Peinlich!!!

Sprechstunde bei Neurologin Dr. Gotterbe. Jetzt wirklich kennenlernen. Du kommst mit, um manches aufzufangen.

Ich übellaunig – aber will absagen – aber doch angemeldet.

Doch nach längerer Wartezeit: von Ärztin (Neurologin!) in ihre Praxis hineingebeten: nicht überfreundlich, aber erstaunlich gewissenhaft und korrekt.

Prüfende Fragen: Wie alt der Ehemann, wie viel Kinder – Alter – Ehemann.

Körperliche Untersuchung: Im guten Zustand, verschiedene Proben, Beweglichkeit. –

Wer kocht, wie lange gearbeitet, Alter der Kinder, Beweglichkeit, was unterrichtet. Untersuchung an Apparaten – Auswertung: ~~It~~ Intelligenz auf alle Fälle vorhanden. Einige Stärkungsmittel verschrieben, z. B. Teponin … Anerkennung des Zustandes.

Ich: fast glücklich! – Einkehr in Restaurant – Du vermiest die Laune mit sorgenvollem Blick.

Teil 5

DÄMMERUNG

(2010)

138

Große Arbeit – wir haben auch gut vorbereitet – Stefan weißt unsere Küche – fachmännisch Genauigkeit und flink weiß wieder – zum Mittagessen beinahe geschafft. Kaffee Astrid und Ivy nach dem Dschuschen, sauber zu machen – flott mit blumigen Oberteilen. Stimmen überall, Hände – Stefan lieb aber redet wie immer eilig schießt Worte wie ein –

Ich fühle mich überflüssig, kein schönes Gefühl – verschwinde einfach – Osterpäckchen. Gegen innere Hitze Fenster geöff- beschert mir feierliche Musik – – ein Zauber – – – Ich höre.

Der mo-, der ist auf – der Mond.

Blei-be – Herr bei uns – denn es will Abend werden.

139

Hölzerne Streichinstrumentenleiber auf der Bühne, zehn, zwölf, und feierliche Kleidung. Ida in der ersten Reihe schaut die Musiker an, über den Brillenrand hinweg. Ihr Blick folgt dem Tanz der Geigenbögen, streunt über verhängte Seitenwände. Immer wieder rückt sie die Brille gerade. Über die Wand hinter der Bühne tappt der Weimarer Löwe, schwarz und ungelenk, streckt liebestoll die Zunge aus dem Maul. Ida runzelt die Stirn.

Ein Mann tritt hinter das Rednerpult, über Schlips und Anzugkragen glänzt eine breite, goldene Kette.

«Der Oberbürgermeister», flüstert Ole.

Das Mikrophon knackt. «Wenn wir nun an drei der hier Anwesenden die Silberne Ehrennadel der Stadt Weimar verleihen», tönt es, «stehen diese drei auch für all die hier Namenlosen, die tagtäglich ihr Ehrenamt in der Nachbarschaft oder der eigenen Verwandtschaft verrichten. Ohne alle diese Menschen wäre das Gemeinwesen faktisch nicht lebensfähig.»

Ole drückt Idas im Saallicht rötliche Finger, sie zuckt unwillig, reibt über ihre zwei Ringe.

«Zugleich aber ehren wir heute natürlich drei Menschen für ihre großartigen und ganz individuellen Leistungen zum Wohle Weimars.» Der Bürgermeister sagt ihren Namen. Überrascht sieht Ida auf.

Ole nickt ihr zu, ist bei ihr bis zum Bühnenrand.

Vorsichtig betritt sie die niedrige Bühne und folgt den staatsmännischen Gesten des Mannes am Rednerpult: «Frau Dr. phil. Ida Wächter leitete als pensionierte Lehrerin seit nunmehr zwanzig Jahren unentgeltlich den Literaturtreff im Bürgerzentrum. Sie moderierte die Lesungen und Literaturdiskussionen, organisierte Literaturexkursionen und erarbeitete selbst Vorträge zu literarischen Themen. Dabei arbeitete sie eng mit zahlreichen Kulturinstitutionen in Weimar und Jena zusammen.»

Ida lauscht angespannt, hält sich am Handtaschengurt fest.

«Die Themenvielfalt der von ihr konzipierten Veranstaltungen reicht von Jean Paul bis Michael Ende. Erst jetzt, nach ihrem achtzigsten Geburtstag, musste Frau Dr. Wächter gesundheitlich bedingt ihre Aktivitäten einschränken.»

Sie duckt sich aufgeregt, der Bürgermeister kommt nah zu ihr für ein Händeschütteln. Ida schaut auf seine breite Kette, an der auch ein Wappenlöwe hängt. Er überreicht ihr eine Urkundenmappe, ein Kästchen, jemand bringt Blumen. Ihre Brille dunkelt im starken Bühnenlicht.

Der Bürgermeister geht zurück hinter das Pult und spricht erneut. Allein steht Ida da mit dem schweren Strauß. Blinzelt gegen das

Scheinwerferlicht, dreht sich halb zu den jungen Orchestermusikern weiter hinten auf der Bühne. Dann erheben sich zwei Männer aus der ersten Reihe, stellen sich neben sie. In abzeichenbehängter Uniform einer, der andere mit Schnauzbart und rotem Schlips.

Von «747 Ausbildungsstunden» erzählt der Mann mit der goldenen Amtskette, von «lebensgefährlichen Einsätzen».

Ida blickt scheu an der Uniform neben sich hoch, sieht schmächtig aus zwischen den beiden Männern der freiwilligen Feuerwehr. Ihr graues Jackett sitzt locker, die Wangen pochen, ihre Arme sind beladen mit Urkundenmappe, Ordenkästchen und dem ausladenden Blumenstrauß. Die schwarze Handtasche stört. Aber dann kitzeln Gräserhalme ihre Nase, und ihr Bühnenlächeln ist kindlich breit und stolz.

140

In letzter Minute entschließe ich: muss ein Geschenk zu kaufen. 80. Geburtstag, Deiner! Aber was? Wankelig – Dann:

Auch im Buchladn Regale bis zur Decke – jedes Jahr bunter

Wer soll das lesen, wann? Zu viele Reitse, Überflutung – Augen heiß. Kurz bevor ich aus dem Laden fliee – zieht mich ein Band eigentümlich – märchenhaft, schlicht, ~~einn~~ eingebunden Leder. Leere Seiten. Enttäuschung? Nein, lehr bietet – von Dir zu füllen. Deine Träume – einmal wieder? Oder – Tagebuch! Wer weiß – auch Du eines Tages?

141

«Bitte, was ist das?», ruft lachend Sibylle durch die halboffene Glastür.

«Nacktarsch oder nackende Huren», wiederholt Ida im Terrassensessel trocken.

«Was?»

«Ja, so haben manche bei uns gesagt.» Ihr Gesicht ohne Brille ist weich, ländlich gelassen.

«Na, Sibylle», sagt Uwe zwinkernd, «du als Neugärtnerin müsstest eigentlich die Ähnlichkeit erkennen.»

Mit kalter Schulter dreht sich Sibylle wieder ins Zimmer. «Braucht ihr noch Hilfe?»

Die jüngere Schwiegertochter bückt sich an ihrem Mann vorbei zu den länglichen Blättern. «Also, Uwe, so ganz weiß selbst ich nicht, was du meinst.»

Grinsend zeigt er auf eine blättergrüne, geschlitzte Kapsel.

Rieke macht ihr empörtes Puppengesicht.

Marta kommt aus dem Wohnzimmer, legt ein Brillenetui vor Ida auf den Terrassentisch. «Hier, Oma, ich habe sie gefunden.»

Wie eine kleine Armee umschließen Idas Finger das Etui. «Ja, das ist das Besondere an der …» Ihre Stimme gewinnt den Lehrerinnenklang zurück. «Man sieht immer nur die Blätter, so wie jetzt, oder später nur die Blüten. Nie beide zusammen.»

«Redet ihr von der Blume da, der Herbstvergessenen?», fragt Marta.

«Von der Nacktarschblume.» Uwes dünne Lippen fast ernst.

Marta lächelt nachsichtig.

«Jedes Jahr wiederzukommen, vergisst sie jedenfalls nicht», sagt Rieke. «Die hat doch schon, wenn wir im Oktober zum Zwiebelmarkt da waren, mehrere Jahre immer richtig doll geblüht, oder?»

Idas Kopfbewegung ist unklar.

«Sehr idyllisch und hochgiftig», ruft Sibylle von der Wohnzimmerschwelle.

«Lore hat sie auch gemocht.» Ida schaut auf die spitzen Blätter, setzt die Brille auf wie eine Maske. Der Frühabendhimmel spiegelt sich in den Gläsern.

«Essen!», ertönt Oles Stimme.

Vor der Bücherwand steht eine Tafel aus gereihten Tischen, über die ganze Wohnzimmerbreite. An die zwanzig Stühle sind bald besetzt. Saft wird herumgereicht, ein Sektkorken ploppt.

«Immer wieder ein großes Erlebnis.» Ole sieht Ida an, danach den ältesten Sohn.

Kurt hebt das Glas. «Auf Ole noch mal, unseren – trotz aller auch selbstgetätigter Unkenrufe – noch so wunderbar kräftigen Jubilar.»

«Dem man seine achtzig genauso wenig ansieht wie Ida», sagt Rieke.

Gläser werden über die Tische gestreckt, jedes Glas an jedes, eine kleine Glasmusik.

«Danke auch für das schöne Mahl heute Mittag im Resi», sagt Astrid ins Gläserklingen hinein.

«Hoffen wir mal, dass auch alle genug Kraft haben für den zweiten Teil des Feiermarathons morgen.» Sibylles Lacher klirren mit den Gläsern.

Verlegene Blicke tasten um acht kleine Pizzabrötchen in der Mitte des Tisches.

Schmal neben ihren Schwiegertöchtern, duckt sich Ida, hebt ihr Glas: «Man soll nicht schon am Sonntagmorgen bekümmert für den Montag sorgen! Ein Schüttelreim», sagt sie, «für die Pessimisten unter uns.»

«Ach, den Salat noch im Kühlschrank!» Ole springt auf, eine der blonden Enkelinnen geht in die Küche. Er setzt sich wieder. «Aber uns ist es auch sowieso meist zu viel.»

«Deshalb bist auch du ganz schön dünn geworden, Opa», sagt Ella. «Vielleicht müssen's ja nicht immer Kinderportionen sein?»

«Seniorenportionen, bitte!» Oles Besteck klappert heftig, schiebt Pizzakrümel. «Ja, vielleicht konnte Idchen das diesmal nicht so wie üblich planen und einschätzen, also … Durch das viele Kranksein …» Er tätschelt ihre Hand.

Astrid atmet hörbar. Um die zusammengerückten Tische betretenes Schweigen.

142

Gymnastik! Noch müde u schlapp zerschlagen – aber geplant – u. ein Muss!
mit Überlegung nächster Termine
Anschluss wieder bekommen.
Zu Mittag Würstchen u. Pudding
Wäsche gewaschen (Du)
Muss auch sein!!

~~Phü~~ Phisyotherapie doch zu viel – Überforderung Abbrechen – Streit – – –

«Was soll mir so ein gelber Sud?
Mein Magen wird von selber gut.»

Auch wg. Tabletten – Du passt auf ein Schießhund, dass
ich
ja keine – lecherlich.
Kehle sperrt sich
Aber eine Pille zum aufkleben ? Du meinst es ernst – Pflaster gegen die KonzentrationsSchwäche ! ?

143

Melodisches Klingeln. Ole schreckt hoch, angelt nach dem Telefon auf dem Tisch, die andere Hand hält ein Kühlkissen am Nacken. In seinen weiten Nasenlöchern steckt Papier.

«Ja, Anni, meine liebe Schwester.» Vorsichtig zieht er das Taschentuch aus der Nase, blutig, er seufzt. «Bist du gut nach Hause gekommen nach der Feier? Abgesehen davon natürlich, dass es Viktor so schlecht geht.»

Er wartet, nickt, tastet nach der Nase. «Ja, uns auch, so weit … War schön alles, aber auch anstrengend.» Ein moosgrünes Kissen rutscht vom Sofa, er bückt sich, ächzt. «Nein, nein, nur Nasenbluten wieder.»

Er rückt den Kissenberg zurecht.

«Große Freude, doch. Die Würdigung zum Beispiel durch Armin, historisch genau, du kennst ihn ja. Und alle Söhne haben was vorgelesen.»

Ein erschöpftes Clancheflachen. Sein Blick streift über trockene Blumensträuße, Glückwunschkarten und noch eingeschweißte Bücher unter dem gerahmten Grübler.

«Und nach der Berliner Feier mit euch noch hier mit dreißig Genoss…», er unterbricht sich, «Bekannten und Wanderfreunden.»

Er schiebt eine Blutdruckmanschette zur Seite.

«Aber das kennt ihr ja alles. Bei dir ja bald der neunzigste, Dounerwetter, Ernsteken lässt grüßen …»

Sein Kopf sinkt wieder auf die flachen Kissen.

«Ein Tänzchen mit Idchen auch, ja. Na, was soll man … Nein, bis jetzt geht ja alles, mit meiner Hilfe. Ist ja nur eine milde Form.»

Die freie Hand auf der Stirn, schließt er die Augen.

«Nein, sie klagt oder erzählt natürlich kaum irgendwas.»

Die Stimme seiner Schwester dringt entschieden und hoch aus dem Hörer, wie Vogelgesang.

Ole setzt das Telefon in die Station, im Augenwinkel den leeren Schreibtischplatz, die an die Wand gerückte Schreibmaschine. Er späht zur zweiten Couch im schmalen Teil des Zimmers. Die Terrassentür ist zu. Ins kleine Zimmer schaut er, ins Schlafzimmer, in Bäder und Küche. Seine Stirn legt sich in Falten. Auf den weißen Fliesen Scherben, grau, blau, dazwischen Münzen.

«Die Sparmamsell?», flüstert er. Und lauter: «Ida?»

Es hallt im Hausflur, er wechselt vor der offenen Wohnungstür die Schuhe. Läuft die Kellertreppe hinunter, in den Waschmaschinenraum. Er ruft, lauscht, schließt das Kellerabteil auf. Eine Reihe Marmeladengläser im alten Buffet, die Hobelbank, Stühle. Keine Ida.

Er eilt die Kellertreppe hoch und aus dem Haus. An den Briefkästen, den Mülltonnen vorbei. An den Zaunstäben bleibt er stehen. Einzelne Autos fahren, vor der Schule schräg gegenüber drängen sich Rollstuhlkinder um einen Kleinbus. Ole schaut links, wendet sich nach rechts, tastet in die Hosentaschen. Nach wenigen Schritten sieht er, durch Hecke und Zaun, Ida auf der eigenen Terrasse.

«Ist auch alles Quatsch.» Er schlüpft in die umzäunte Parknische.

An die Hauswand gelehnt, sitzt Ida in der Ecke.

«Da konnte ich dich ja von innen gar nicht sehen», ruft er fast wieder gutgelaunt, steigt die unebenen Terrassenstufen hoch.

Sie sieht auf. Ihr Gesicht ist verzerrt, die Wangen rot, wie geschwollen. «Hörst du das auch?» Angestrengt blinzelt sie gegen den nachmittagsgelben Himmel, gegen die noch fast kahlen Kastanien hinter dem Neubau gegenüber.

«Da ist doch nichts», sagt er. «Vögel?»

Ida hält den Kopf schief, eine Hand neben Wange und Ohr.

«Komm», er fasst ihre Schulter, «wir gehen rein.»

Sie steht auf, umständlich, in ihrem zu weiten, langen Sommerrock, hebt die Hand höher.

Ole lauscht mit angespannten Brauen. «Ach», sagt er, «ja, Gesang. Aus irgendeinem offenen Fenster, drüben?»

Ida wiegt den Kopf rhythmisch, ohne zu lächeln.

«Was du für gute Ohren hast.» Jetzt lauschen beide.

Um stille Feuer liegen, Ole murmelt die Worte mit, *im Feld bei dunkler Nacht.*

«Wer weiß, vielleicht singt da auch Waldtraut. Oder hört zu.»

«Kenne ich das?» Ida flüstert. Hebt ihre kantigen Finger an die Schläfe, als täte ihr der Schädel weh.

Ich weiß nicht, was ich will –
ich möcht' am liebsten sterben,
da wär's auf einmal still!

144

Sommer überall und immer neu
Reisezet Daten? Weimar – Potsdam – Berlin.
Fürsorge – Garten – wässern
Haus Sibylle und Kurt (Verreist) – Urlaub

Wandern durch Lieder bekannte Regionen – Wasser – unbekannt, etwas verwahrlost – bekannt Wassergebiet
unraschrifren sowjetische Soladen – Brücke
und immer
wieder
auf
neue
Weise
erkannt
mit Anni: neu u. interessant
und die Sonne bescheint uns
Caputh an Jause mit Blick auf blaue ~~Wasser~~ Boote
Ränder – klatschende kleiner Imbiss

Besuch von Ida – schmuck gemacht mit Hut – mit Anni bekann gemacht

erstaunlich, wie Anni bei Kräften ist, wenn man bedenkt ~~wela~~ Anfechtungen sie vor kurzem
überstehen
musste
tot Viktor 1 Tag nach meinem ~~Geburtß~~ Geburtstag

wir sprechen über Anforderungen i. Schule

Gedichte Heinrich Heines «Sie saßen und tranken am Teetisch u. sprachen von Liebe vi – gegenwärtig Deutsch- ~~sta~~ Stoff.

Sommerzeit – Reisezeit –
bekannt und immer wieder anders

1) Hauptaufenthalt – Potsdam – Berlin
ein Sommer – wie er im Buche steht:
verlockende Angebote – Sonnenschein – Wärme – fast ohne Regen
HauptaufenthaltsOrt: Berlin – Potsdam
sehr wohl gefühlt – meist im Garten
sogar ~~särt~~ zärtlich unter italienischer Sonne unsere Hände ein Glück
Hände
wie
Glück

Aber ich vergesse Toilettentür Abschluss – – Du siehst findest mich obwohl ich – eilig zur toilette – peinlich!!!

145

Ole leiert zügig die grauen Rollläden hoch, der Himmel ist ebenso grau. Er stellt einen Stuhl hart auf den Teppich, rollt eine dünne Matte daneben aus. Die zweite Gymnastikmatte kippt aus der Zimmerecke, zeigt ihren staubigen, lange unbenutzten Bauch.

Er seufzt, stellt sich allein auf. Dem Regen weist er den Rücken, lässt vor Bücherreihen und Technikschrank die Arme kreisen. Erst langsam, dann schneller. Streckt sie für eine Reihe Kniebeugen nach vorn. Stapft auf der Stelle und greift rhythmisch nach oben. Danach gehen in Stößen, wie beim Schwimmen, die Ellenbogen nach hinten. Kantig, ausdauernd, unter tiefen Atemzügen, als würde er zu einer entfernten Insel schwimmen. Im leeren Fernsehschirm sieht er sein Spiegelgesicht dabei, klein, grimmig, inmitten des Graus.

Irgendwann schaut Ida vom Flur aus zu, aufrecht im Türrahmen, eine Dame im Morgenmantel.

Ole zuckt nur leicht zusammen. Seine Ellenbogen ziehen einen neuen Kurs. «Alles Schiete. Von Hitzerekord zu Regensommer», presst er hervor im Takt der Gymnastik. «Und nun ist auch noch die Schwimmhalle zu!»

Ida zeigt keine Regung. Aus Küche und Bad fließt Radioklassik in lauen Wellen.

Ole wippt, schwimmt, stemmt. Schüttelt Arme, Beine, wird milder. «Ach, Idchen, schon gemeinsamer Frühsport ist so selten geworden. Und wann sind wir eigentlich das letzte Mal zusammen geschwommen, vielleicht sogar in einem See?»

Vom Wassergrau des Fernsehschirms wandert Idas Blick zu ihm, beklommen.

Ole rollt die Sportmatte zusammen. Sie dreht sich um, vorsichtig, als könnte sie sonst zerbrechen wie die Keramiksparmamsell.

146

Sprachich ! – veroffentichungs
Ilmtal? Foto? ---
«späte Lös.eines Problems?
Schloss

Mathe–PolizeiAxer–Modern–Halbmodern --- Veroffenttch
Eine Karte lberwurs Album
warme Leberwulzt wald-Schrat ?
In die Pilze
Repötchen
Fortsetzung
2005?

147

Der Himmel stützt sich auf das Marienhaus gegenüber, als wäre er alt und schwach wie die Bewohner darin. Ole am Tisch hinter der Terrasse bückt sich mit einem Ächzer, nimmt die Rasiererschachtel aus dem Fach, schließt, mit einem zweiten Ächzer, den Apparat an. Gewohnte Bewegungen, er sieht kaum hin. Sein Blick streift über den Tisch. Er zieht ein mit einem Schwarzweißkinderbild eingebundenes Notizbuch heran, das zwischen Zeitungen liegt. Während die andere Hand den Apparat ums Kinn summen lässt, schlägt er es auf.

Der Burgherr hat extra eine Kleidung angelegt, «uniform»? «archaisch», um so die entsprechende Vorstellg. der Zeitverhältnisse ahnbar zu machen.

Idas sauber geschriebene Druckschriftbuchstaben, ein wenig eilig. Darüber ein Datum des vergangenen Jahrs.

Nicht mehr als Burg erkennbar, aber sie behauptet sich seit Jahrhunderten – und gibt sich in den Resten – von Jahrhunderten bewahrend.

Ole lächelt, ein kopfschüttelndes Lächeln. Blättert, überfliegt.

Während ich das Frühstück vorbereite, schöpfst Du Erfrischung im Hallenbad. Nanu, ich fühle mich schwach, muss mich legen.

Er atmet tief und stützt den Arm mit dem Rasierer auf den Tisch.

Jeder Mensch braucht ab u. zu ein wenig Wüste …

Für dunkle Stunden wünsche ich Dir …

Das bunte, unregelmäßige Muster der Jahresringe …

Altwerden ist wie auf einen Berg steigen …

Ich wünsche Dir, dass Du Wind und Wetter standhältst …

Mut, dass Du dem Schwindelgefühl …

«Ach, Idchen.» Der Rasierer summt ihm um Nase und Mund wie eine schwarze Hornisse. Ole blättert weiter nach hinten im Band, legt den Kopf schief. Schief wie Idas Schriftbild, das zu kämpfen scheint. Jede Seite beginnt oben links, doch immer scheint ein starker Wind zu kommen, die Zeilen von ihrem Halt am Rand wegzufegen. Manchmal wiederholen sich Daten und Wörter, auf manchen Seiten trotzen nur wenige dem Wind.

Kopf?

Er seufzt.

Erschrecken und EntTäuschung, wie schwer unsicher mir der Weg !! – Dabei wollte ich doch weiter eine Stütze sein.

Er tastet mit fahrigen Fingern an Wangen und Kinn nach Stoppeln. Weiter Idas Lehrerinnenschrift, nur ein wenig müde. Unvermittelt der letzte Eintrag. Nur fünf Zeilen.

16 Uhr Stadtbücherei: Zurück zu den Träumen.

Literar. musikalisches Puschkin – Programm

es führt Sie : zurück …

Blick nach vorne!

Meine, und dann durchgestrichen: *Vorhaben – nicht nötig.*

Ein halbes Jahr ist das her. Danach folgen nur noch leere Seiten. Viele. Ole sitzt bestürzt, das Kinn in der Hand.

Ein Nachrichtenton aus dem Radio holt ihn aus seinen Gedanken zurück.

Plötzlich ist Ida neben ihm: «Nur dass du weißt, ich werde nicht wieder die dicken Tabletten …» Sie sieht das Tagebuch vor Ole auf dem Tisch, verstummt.

«Dabei hast du so oft mit dem Tagebuch da am Tisch gesessen.» Er nimmt seine beschlagene Brille ab.

Sie schließt die Augen. «Ich hatte … viel nachzudenken.»

148

Schlafweich ist Idas Gesicht, ohne Brille. «Machst du sonst auch Frühsport, ja?»

Ohne Übung wedelt die Enkelin mit den Armen. In Idas weißen Nachthemden sehen beide wie große Pelikane aus. Ida auf der Matte ächzt, rappelt sich an Ellas Hand wieder hoch. Sie strecken sich, atmen tief, mit nach vorne, dann in den Nacken gelegten Köpfen. Die Arme federn nach links, nach rechts, pelikanplump.

Ole schiebt den Rollwagen mit dem Frühstücksgeschirr zum hinteren Tisch und holt den Fotoapparat.

«So ein Wetter. Und nette Gesellschaft. Da denk ich immer an das Lied: ‹Wie ist die Welt doch schön und fein›.» Ida auf dem Beifahrersitz lacht. «Kennt ihr das?»

Ole am Lenkrad nickt.

Dunkel gesummte Takte kollern auf dem Motorenbrummen hin und her.

«Ja», sagt Ida, «du kannst stärker singen, Olchen.»

Er lacht. «Na, meine Chorzeit ist auch schon ein halbes Jahrhundert her. Und ich muss mich konzentrieren. Wo steigen wir nun aus, am kleinen Parkplatz am Wald? Wie geht's dir heute, Idchen, schaffst du die zwei Kilometer?»

Das Motorenbrummen singt allein, Tim auf der Rückbank döst, Ella blättert in einem Kalender.

«Und voller Sonnenschein!», ertönt mit einem Mal Idas Stimme hell über dem Motorenlärm.

Ole stimmt ein: «Das schönste Fleckchen auf der Welt ...»

«... ist doch die Heimat mein.»

«Ist das ein Pimpflied?», fragt Tim.

«Auch, na ... Wanderlied.» Ida ist ausgelassen, das grüne Feld- und Hügelland im Blick. Schnurgerade scheint die Straße auf einen Burgturm hochzuführen. «Dort wo von Stein der Felsen wacht, der Eisack springt heraus. – Der Eisack! Und das andere murmel ich immer.»

Sie gehen vom Waldrandparkplatz los. Ida schaut besorgt zur Burg hoch.

«Was ist eigentlich der Eisack», fragt Ella, «ein Waldgeist?»

Ida kämpft mit ihrer lang herunterhängenden Handtasche, nickt.

«Na ja, eigentlich ist es ein italienischer Fluss. Der zweit- oder drittgrößte. – Soll ich?» Ole nimmt Ida die Tasche ab, versucht, den Gurt zu verstellen.

Langsam gehen sie weiter. Eine Wiese öffnet sich schräg am Hang. In ihrer birnengelben Bluse ist Ida die größte der Blumen. Ihr Blick verliert sich in Sträuchern am Weg. «Seht ihr nicht auch?»

«Genau noch die alte Blumen- und Beerenklaukönigin.» Ella lächelt.

Immer wieder dreht Ida den Hals, ihr Blick bleibt an rauen Stämmen hängen. «Da … sind doch überall Gesichter!»

Tim sieht sie prüfend an.

«Dort», sagt Ida, «ein Gesicht, da?»

Ole fasst fester ihren Arm: «Mir ist immer noch dein Gesicht am liebsten. Und zwar schon bald siebenundfünfzig Jahre lang!» Er beugt sich zu ihr für einen Kuss.

«Ach! Stimmt, siebenundfünfzigster Hochzeitstag, in …»

«… zwei Monaten.»

«Dabei», sie stutzt, «haben wir nie ‹Ich liebe dich› gesagt.»

«Was?», sagt Ella. «Nie? Das gibt's doch gar nicht.»

«Nie.» Ole schüttelt den Kopf.

Ida reckt ihr Kinn. «Das war uns alles zu …»

«Abgedroschen.»

«Anderes war wichtiger. Lernen, nach dem Krieg, und überhaupt das neue Land. Also, ich wollte nicht heiraten.» Sie bleibt stehen, schlank wie ein Baum.

Ole beobachtet sie. «Als ich dich das erste Mal gesehen hatte, hat es nicht lang gedauert, und ich wollte. Und wo hast du gesessen, bei der ersten Begegnung? Natürlich an einer Schreibmaschine.»

Ihre Blicke treffen sich, Ida sieht zu Boden.

«Beeindruckend einfach. Wie heute noch. Nur …», er unterbricht sich, fasst ihre unruhige Hand, «deine Haare waren noch lang.»

Ida schaut die Enkelin an und Tim. Lächelt, als vergäße sie etwas. «Aber Ja gesagt habe ich erst, als ich schwanger war.» Ihre Stimme ist mädchenhaft. «Ole hatte da auch schöne dunkle Haare. Ohne … Loch.» Sie macht eine Bewegung über seinen Kopf, ihr Lachen klirrt wie eine Handvoll Münzen.

«Tja, und du warst noch ein bisschen ordentlicher gezupft.» Ole streift mit dem Daumen über den Schönheitsfleck zwischen ihren blassen Brauen.

«Ich bin eben … auch nur so ein Gesicht.»

Nach der nächsten Biegung bleibt Ida stehen. «Bitte, ich schaff das nicht. Das Auto.»

«Da hinter den Bäumen ist doch schon der Turm», versucht Tim zu beruhigen. «Man kann ja fast die Schießscharten sehen.»

Ole sieht Ida an, schüttelt den Kopf. Er gibt Tim die Autoschlüssel.

Gestützt auf helfende Arme, klettert Ida schließlich doch in die verschachtelten Räume. Nur den Bergfriedbesteigern winkt sie lieber von unten, formvollendet mit weißem Taschentuch. Auf ihrer Stirn ein feines Netz aus Schweiß.

149

Beim Mittagessen hat Idas Mund kaum Platz für die Gabel. Ihre Wangen sind rot, das Visier ist geschlossen. Sie stürzt beinahe beim hastigen Tappen zum Bad.

«Willst du was zur Stärkung?», fragt Ole drängend. «Zum Arzt?»

Sie wehrt schwach ab. «Nur … da.» Ungelenk wie eine Steinfigur knickt sie auf die Couch. Sie zittert, trotz Sommer, und schließt gleich die Augen unter der von Ole ausgebreiteten Decke.

Er bleibt unruhig in der Nähe, fühlt ihre durchscheinende Hand. Ein Gähnen reißt ihm den Mund auf. Er beugt sich seufzend zum Plattenspieler. Frühlingshelle Musik führt ihn nach hinten zum anderen Sofa, eine warme Erzählerstimme schiebt ihn weiter fort.

«Die Augenlider werden schwer. Über das ganze Gesicht zieht eine tiefe Schwere. Das ganze Gesicht wird schlafschwer ...»

Nach wenigen Sätzen ziehen dazu Oles erschöpfte Schnarcher. Die Platte dreht sich weiter.

«Müde vom Tage sinke ich auf mein Lager. Nur ganz im Hintergrund höre ich Töne, höre ich Worte. Mir ist alles gleichgültig, ganz gleichgültig ...»

Idas Augen sind irgendwann wieder offen. Doch auch nach der Mittagsruhe liegt sie hartgesichtig im dämmrigen Zimmer. Durch den Spalt unter dem Rollladen glitzern Sonnenfunken an den großen Fensterscheiben gegenüber. Ida starrt darauf wie auf eine Feuersbrunst.

«Was hat sie gesagt?», fragt sie heiser.

Ole sieht sie fragend an.

«Mami. ‹Ach, wie ...›»

«‹... wie ist das Sterben schwer›», ergänzt er betroffen.

Wie gesplittert und falsch zusammengesetzt sieht ihr Gesicht aus.

«Das ist so lange her, Idchen», sagt Ole leise. «Jetzt ist doch drüben gar kein Krankenhaus mehr.»

Sie schüttelt mit Anstrengung den Kopf. «Ich ... höre doch», stammelt sie, «Mutti oder irgendeinen ... Vogel. ‹Ach›, sagt das immer, ‹ach›.»

Ole gießt zittrig zwei Gläser Wasser ein. Streichelt ihren Arm. «Denk doch, wie schön es war mit Ella und Tim, erst vor zwei Tagen.»

Eingesunken liegt sie da, die dünnen Finger pressen sich an den Sofarand wie im Schwindel.

Er versucht, die Sorge wegzuschlucken mit kleinen Schlückchen Wasser. «Nicht doch ein ganz kleiner Gang?»

«Nur los», lallt Ida, «ich gehöre ja nach ... da drüben.» Ihr Handgelenk zuckt schwach zum Altenheim hinüber. «Ich bin nicht mehr ich.» Ihre Zunge bewegt sich schleppend, als wäre sie aus Stein. Besonders schwer links.

Ole fährt so plötzlich aus dem Sessel auf, dass Ida zusammenzuckt. Er stolpert über die Teppichecke zum Telefon. «Idchen», murmelt er, «was, wenn ...»

Er wählt eine, zwei Nummern aus dem Adressbuch, ohne Ergebnis. Dann nimmt doch jemand ab.

Er erklärt, hört zu, nicht lange. «Verstehe», sagt er. Er nimmt hastig noch einen Schluck Wasser, wählt eine nächste kurze Nummer. «Schiete! Warum ist mir das nicht gleich eingefallen!», poltert er zu sich selbst.

Zehn Minuten später umringen Männer in rot-weißen Anzügen Ida. Sie sieht noch verlorener zwischen ihnen aus. Aber sie wird festgehalten, von Messmanschetten, Monitoren und farblosen Schläuchen. Und immer wieder von den Stimmen der Rotweißen.

«Gut ist ja, dass Sie sprechen und antworten können, Frau Wächter, und laufen auch. Aber bevor Ihr Blutdruck durch die Decke geht, müssen wir ihn einfangen! In der Klinik. Kommen Sie mit?»

«Na wenn ... die ... Feier... Feuerwehr das sagt», stammelt Ida tapfer. «Und wenn ich Taschentücher haben kann.» Sie greift die von Ole hastig hergeschobene Packung an einem Zipfel und tappt, von den Männern gestützt, zum Ambulanzwagen.

Ole bleibt zurück, außer Atem. Da, wo eben noch Ida lag, seine Hand auf der rauen Wolldecke, als könnte er ihre Wärme so festhalten.

Er sitzt eine halbe Stunde, liest immer wieder das Kärtchen, das die Männer dagelassen haben: «Stroke Unit. Erstbehandlung Schlaganfall».

150

Seit 14.15 Uhr (vorher sollte ich nicht) bin ich bei Idchen in der Klinik. Ich weiß nach Stunden zunächst nicht, ob ich die Kraft habe, im Auto zurückzufahren.

Ida liegt dort, wo ich sie nach dem schlimmen Tag gestern verließ. Der 5.8., von nun an für uns ein schwarzes Datum! Sie muss noch ein paar Tage auf der Wachstation bleiben. Ist fast völlig erschöpft, möchte offensichtlich ständig schlafen, hat keine Schmerzen. Recht und schlecht antwortet sie auf Fragen. Die Sprache geht schwer. Sie erzählt von einer «Gruppe aus der BRD, die uns unterbuttern wollen, die eine junge Schwester gehört auch dazu ...». Sie möchte allein zur Toilette, darf aber nicht, weil sie wegen der Langzeitblutdruckmessung verkabelt ist. Die Schwestern helfen, wenn sie gerade da sind, aber ob sie sie auch rufen würde, bezweifle ich.

Nachdem sie aufgestanden ist, will sie mit mir losgehen «in die Kajüte da drüben».

Auf meine Frage, wo eine Kajüte ist, antwortet sie: «Na, zu dem Haus da kann man doch auch so sagen.»

Erstes Gespräch mit der Stationsärztin: Ja, es ist ein Schlaganfall. Noch wissen wir aber nicht die letzte Ursache. (Das Gespräch findet im Stehen neben dem Bett statt, ohne Rücksicht.)

Beim Verlassen der Station sehe ich den Oberarzt und entschließe mich, ihn anzusprechen. Er betont, dass es viel schlimmere Schlaganfälle gebe. Vielleicht gelingt es, weitere «Prozesse» aufzuhalten ... Das Ergebnis der «Doppleruntersuchung» sei aber ziemlich unbefriedigend. Er vertröstet mich auf morgen.

Die Patientenverfügung bzw. Vorsorgevollmacht kopiert die Schwester auf seine Anforderung hin.

Mir wird klar, dass nichts mehr sein wird, wie es war. Ich könnte nur noch weinen.

Viele Telefonate am Abend …

Kurt und Sibylle werden kommen. Und auch alle sonst versprechen Hilfe, wenn nötig: Irma, Mathilde … Alle sind geschockt.

Winziger Trost? Ich schreibe hier in das von Ida geschenkte Büchlein. Erst jetzt habe ich das Gedicht gewürdigt, das sie vorn hineingeschrieben hatte, zu meinem Geburtstag. Vor vier Monaten.

«Es war alles in Sonnenlicht getaucht. … Die Sperlinge schwatzten,

alle Lerchen jubelten, die alten Krähen stolzierten noch einmal so vergnügt durch die Luft. … Ich kaufte beim Gärtner eine Levkoje, deine Lieblingsblume.

Süße Erinnerungen ruft sie in mir wach.»

Ach, Idchen, wie das passt. Aber jedem Buchstaben sieht man die Mühe an. Mit zwei Versuchen vorher war sie offenbar auch ganz unzufrieden. Die ersten zwei Seiten sind herausgeschnitten und fehlen.

151

Schreck gestern: Ida liegt auf dem Rücken, teils mit offenem Mund, spricht bedeutend schlechter. Vor allem ist sie verwirrt und traurig. Weil «die Versammlung und die Veranstaltung nichts taugten und hier die Parteigruppe schlecht ist. Bei uns war sie weit besser. Hier aber glauben einige, ich sei eine Verbrecherin …»

Dann auch normalere Unterhaltungen.

Auf meine Befragung ergibt sich, dass sie wegen einer Harnwegsinfektion seit zwei Tagen ein Antibiotikum bekommt. Für mich steht fest, dass das der Grund der Verwirrtheit ist. Ich sage das der Schwester und diese der Ärztin. Man will prüfen …

Die kleine Ärztin mit dem schwierigen Namen gibt bereitwillig Auskunft, dass wir Geduld brauchen. Tests bei Ida beweisen, dass die linke Körperhälfte betroffen ist.

Gespräch mit Schwester Anette, der stellvertretenden Stationsleiterin: Rat zum baldigst möglichen Antrag auf Pflegestufe und Suchen eines Pflegedienstes.

Heute 10.00 Vorsprache bei der Krankenkasse. Gleich Antrag auf Pflegestufe gestellt. Geht mir fast zu schnell … Nach dem Grund meines Antrages werde ich nicht gefragt. Ich werde eine Mail «nachschieben» und darauf hinweisen, wie dringend die Sache ist. Denn: offiziell acht Wochen Bearbeitungszeit – das kann doch nicht wahr sein!

11.45 in der Klinik: Beim Aussteigen aus dem Fahrstuhl wird ein Bett mit … Idachen vorbeigeschoben. Geht mir durch und durch. Ja, sie muss. Zusätzliche Untersuchung, kurzfristig anberaumt. Ich helfe mit schieben. Ein junger Zivi ist der Transporteur. Vor dem CT-Raum heißt es: warten. Der Zivi lässt mich stehen mit dem Bett. Nun bin ich der Begleiter. Ida ist nicht ansprechbar, sie liegt im Tiefschlaf, ich streichele sie: nichts. Doch sie atmet tief.

Nach fünfzehn Minuten kommt die Schwester, für sie ist kaum wichtig, dass ich dabei bin. Auskünfte will sie keine. Als sie fertig ist, kommt bald danach ein Transporteur zum Langzeit-EKG. Nach wenigen Minuten fertig, sie wird wieder hochgefahren. Inzwischen ist Mittag längst vorbei, Ida schläft … und wird wieder «angeschlossen».

Ich beschließe, auch Pause zu machen, Soljanka im Klinikum-Bistro. Danach sehr geschafft, zu Hause kleine Ruhe.

Erste Info über Pflegedienst. «Semper parat». Meldet sich nicht, stimmt also nicht. Bei «Salvos» nette Auskunft, hier arbeiten 28 Pfleger, das ist wohl zu viel.

15.30 im Klinikum, wieder für mich ein Schock: Idachen schläft noch immer, nur wenn ich sie streichele, macht sie manchmal die Augen auf und … weint … spricht kaum und ist völlig erschöpft. Ich bleibe bis 17.30. Keine Änderung, sie ist immer traurig, die Tränen laufen (besonders, wenn ich sie mit «meine Liebe» anspreche oder von den Söhnen und ihren Familien erzähle). Ich kann nicht helfen.

Also: Leider keine Fortschritte, sogar ist ihr Zustand schlechter als bei der Aufnahme.

Ich sehe die Glockenblumen auf unserem Tisch stehen, die wir mit Ella zusammen bei Ettersburg gepflückt haben. Noch sind sie ansehnlich.

152

Geschlafen 3–4. «Erst mal Entspannen» aufgelegt, um 4.30 Übungen nach Jacobsen. Dann ging's.

Zuerst gehe ich natürlich zu Ida, wieder schläft sie. Nur manchmal öffnet sie die Augen. Nicht mehr ganz so traurig wie gestern.

Endlich kann ich die Stationsärztin sprechen. Sie will mich wieder im Stehen abfertigen, ich bestehe darauf, sitzen zu dürfen. Später dann, als der OA mich auf dem Gang sieht, bietet er selbst Rücksprache an. Hauptergebnisse:

1. Den Zustand der enormen Schwäche und Erschlaffung können sie sich nicht erklären.

2. Sicher ist, dass die vorher festgestellte Demenz sich

ungünstig auf den Schlaganfall ausgewirkt hat. Beides zusammen ist eben schlimm …

3. Er gibt zu, dass sich der Zustand seit der Aufnahme bedeutend verschlechtert hat, und stimmt schließlich nach Drängen zu, das m. E. störende Medikament Risperal sofort abzusetzen. Auch das Antibiotikum wird nur noch morgen gegeben, in der Hoffnung, dass die Harnwegsinfektion überwunden ist.

4. Alle Untersuchungen, auch die gestrige nochmalige CT, haben keinen Anhaltspunkt für irgendwelche Veränderungen gegenüber der Aufnahmeuntersuchung hinsichtlich Entzündungen oder Geschwüren im Körper ergeben.

5. Fest steht, dass der Tag-Nacht-Rhythmus momentan völlig gestört ist, denn nachts ist Ida teilweise sehr wach und «lebendig» (wie, weiß ich allerdings nicht, vergaß auch zu fragen). Jedenfalls wird auch deswegen R. abgesetzt … zumal – ich bin entsetzt, laut Internet ist das Medikament bei Schlaganfallgefahr und bei Demenz nicht zu benutzen!

6. Eine sofortige Verlegung in ein anderes Zimmer ist noch nicht möglich, weil hier die ständige Beobachtung und Kontrolle besser möglich sind. (Zum Glück ist eine der beiden ständig störenden Frauen inzwischen verlegt.)

Insgesamt: Der OA hat wohl inzwischen begriffen, dass alles getan werden muss.

Sehr wohltuend wieder die Worte der leitenden Schwester, die nach später wichtigen Dingen erneut fragt und betont, wir müssen damit rechnen, dass hier wirklich eine richtige Pflege nötig sein wird, ihres Erachtens sogar die Stufe II.

Dann erlebe ich das «Mittagessen», Fadennudeln mit Bolognesesoße (sogar mit etwas Fleisch). Aber Ida isst kaum, zumal die Nudeln immer vom Löffel herunterfallen und ihr Kopf auch immer wieder «umkippen» will. Für mich natürlich schlimm, aber ich soll sie nicht füttern. Die Schwester sagt: «Was sie jetzt verlernt, wird sie nie mehr können.» Den Nachtisch (Obstkompott) isst sie wenigstens etwas.

Beim Weggehen bekomme ich ins Ohr geflüstert: «Jetzt ein Eis ... Bringe aber für alle draußen eins mit!» Die gewohnte Sorge um alle kommt wieder durch. Ich komme mit einem Tablett mit 5 × Eis mit Sahne hoch, 1 × für Ida, 1 × für die leitende Schwester, 3 × für die, die gerade Zeit haben. Man ist sehr erfreut und bedankt sich, Ida isst mit meiner Hilfe ⅔ auf! Ich streichele sie. «Bis heute Abend dann ...»

153

Der Sommerhimmel lastet grau, aber die Kübelbäume auf dem weiten Kiesplatz halten aus in ihrem Appell. Sie umsäumen das Halbrund der Pflanzenwinterhallen, wahren Abstand zum barocken Brunnen, stehen Wache bis heran an das Gärtnerschloss zwischen den Flügeln der Orangerie. Ihrer Kübelkönigin scheinen sie zu salutieren: Fremd und adelig streckt die ihren meterhohen Stängel aus einem Blätterrock.

«Ja, die neue Belvederer Attraktion gerade. Steht auch in der Zeitung.» Oles Augen unter den Brillengläsern sind erschöpft. «Sieht eigentlich komisch aus, nicht?»

Ella lächelt ein bisschen. «Wie Bäumchen am Stiel.»

«Und was ist das nun?» Sie stoppen unter der Pflanze, Kurt äugt zu den gelbgrünen Blütenbüscheln vor dem Dachfenster oben.

«Agave», sagt Ole. «Die soll schon Jahrzehnte alt sein und blüht aber erst jetzt.»

Ella legt den Kopf in den Nacken. «Das einzige Mal?»

«Hmhm ... Erst jetzt ist wohl auch dieser lange Stamm für die Blüten gewachsen.» Ole streicht über den graugrünen Stängel.

«So zur Krönung des Pflanzenlebens», sagt Kurt, hilft Ole in die Jacke.

Er nickt. «Und genau in diesen Tagen hat sie wohl ihren Zenit. Und danach aber war's das dann auch …» Seine Stimme bricht, er winkt ab.

Schweigend machen sie sich auf den Rückweg, Ole eingehakt bei Enkelin und Sohn.

«Wenn so die Dunkelheit hereinbricht, wird's natürlich immer nun schwer, zur Ruhe zu kommen. Wenn ich kann, versuche ich, mich mit Tätigkeiten abzulenken.» Ole springt auf. Die Rollläden rattern.

Ella bringt die Reste des Abendbrots in die Küche.

«Dann lass uns das nutzen», sagt Kurt. «Zeig doch mal, was du an Unterlagen zu Muttis Krankheit schon hast.»

Ole räumt Ordner und Fotoalben aus dem Schrank. «Von jetzt gibt es ja noch kaum Schriftliches. Aber hier zum Beispiel, der Krankenhausaufenthalt fast genau vor einem Jahr.» Er schiebt dem Sohn eine Mappe hin.

«Arztbrief … Klinikum, Innere I», liest Kurt überfliegend. «Professor Fünfstück?» Er sieht Ole an, liest weiter zügig vor: «Diagnosen: arterielle Hypertonie, Hernie, Insuffizienz und so weiter. Und: Verdacht auf beginnendes demenzielles Syndrom. Ja, demenziell. Bei subkorta…», er liest langsamer, «bei subkortikaler arteriosklerotischer Enzephalopathie.»

Ole blättert im Ordner. «Wenn ich so nachdenke, glaube ich, der Begriff ist schon jahrelang gefallen. Aber was es genau … Ellchen, willst du's mal im Computer suchen?»

«Klar, der dürfte noch an sein», ruft die Enkelin aus dem Flur, «ich hab vorhin E-Mails gecheckt.»

«Meine?»

«Nein, Opa, meine natürlich.»

«Ich staune immer noch, wie das gehen soll, an meinem Computer deine Emil.»

Ella in der Tür lächelt. «Man kann doch die E-Mails von überall abrufen, egal ob von Weimar, Moskau oder Honolulu.»

«Das ist ja, was mich so verblüfft.» Ole nimmt die Brille ab, massiert die Nasenwurzel, für ein paar Augenblicke gelöst.

Kurt beugt sich über die ausgedruckten Seiten. «Subkortikale arteriosklerotische Enzephalopathie, SAE. Synonym: Morbus Binswanger: eine durch Gefäßveränderungen, also Arteriosklerose, hervorgerufene Erkrankung des Gehirns.»

«Ach, genau.» Ole, blättert in den Unterlagen. «Und hier!» Er tippt mit Nachdruck auf ein Ordnerblatt. «Der Begriff taucht tatsächlich schon Anfang 2003 das erste Mal auf! Da war Ida wegen Schweregefühl in den Beinen im Krankenhaus. Und da ist das bereits als ausgeprägte Sache erkannt worden. Ja! Ich wundere mich selber. Und was ich auch so bedaure: Ich habe das nicht ernst genommen. Und nicht diesen Begriff nachgefragt.»

«Und Mutti selber eben auch weniger als früher, offenbar», sagt Kurt.

«Ja, noch weniger als sowieso schon.» Zerknirscht rollt Ole seine Pulloverärmel hoch. «Und andererseits wurde mir auch von niemand dieser Begriff erklärt, welche Gefahren damit verbunden sind und worauf man sich einstellen muss. Nur habe ich das damals natürlich nicht so beurteilt. Obwohl es nach dem Bruch ja rapide bergab ging. Im Grunde war sie das ganze letzte Jahr schon sehr krank.»

«Ach, Opa, das haben wir gar nicht richtig mitbekommen.»

«Bei Familienzusammenkünften rappelt sich Ida ja auch auf, das ist ja nach wie vor so.» Ole lächelt, mit Mühe. «Aber, die Sache ist ja, auch im Entlassungsbrief von vor einem Jahr schreiben die Leute ‹SAE› und ‹Verdacht auf beginnendes demenzielles Syndrom›, aber sagen dem Laien nicht offen, was das wirklich heißt. Das ärgert mich.»

Kurt hält Oles aufgebrachtem Blick stand. «Das müssen wir uns jetzt zusammensuchen.» Dann räuspert er sich, liest: «Es lassen sich für SAE kaum charakteristische Symptome zusammenfassen, da die kleinen Infarkte nicht notwendigerweise symptomatisch werden. Hauptsächlich ...», er überfliegt, «folgen Störungen in der Erregungsleitung. Es kann, häufig erst nach mehrjährigem Verlauf, zu einer intellektuellen und affektiven Verflachung mit neuropsychologischen Störungen kommen.»

Sie schweigen. Einer der Rollläden klappert im Wind, von irgendwoher sind Rufe zu hören.

Ella nimmt eines der ausgedruckten Blätter vom Tisch. «Von Gangstörungen steht da auch was. Das war aber auch so, eher verborgen, oder?»

Ole wiegt den Kopf. «Na ja, sie ist ja mehrmals auch deshalb überwiesen worden. Dann hieß es immer ‹rein orthopädisch›, also von der Hüftoperation. Eine Verbindung zum Gehirn hat man nicht abgeleitet. Genauso wenig wie letztes Jahr die Radiusfraktur in irgendeinen Zusammenhang gestellt wurde. Für die Chirurgen da war es eben ein Unfall.»

«Ja, der Blick über den Tellerrand», sagt Kurt, «fehlt den Ärzten oft, den Fachärzten jeweils.»

Es ist still. Nur Oles Atem rauscht.

Klapp, der Klodeckel, klapp, die Badtür, zwei, drei Schritte durch den kleinen Flur. Mit einem Seufzer lässt sich Ole wieder in den Sessel fallen.

«Von Blasenstörungen als Symptom ist auch die Rede», sagt Kurt mit einem Viertellächeln.

«Ja ... Idchen muss, wenn sie muss, oft sehr schnell. Und Blasenentzündungen hatte sie ja fast ständig.»

Ella steht auf. «Oder falsch diagnostiziert dann?»

«Wer weiß. Oder weil sie nicht mehr so drauf achten kann, schon seit einer Weile. Mit dem richtigen Abwischen bei Frauen ist das doch so eine Sache ...» Ole sieht sie fragend an.

Kurt duckt sich hinter die Ausdrucke.

«Jetzt muss ich auch, und dann hol ich uns mal was zu trinken.»

Ole gießt ein.

«Und nur, um das noch zu Ende zu führen: Im späten Verlauf eben», Kurt liest weiter, «kann die SAE zu einer vaskulären subkortikalen Demenz führen. Verlangsamung und Antriebsverlust ähneln dem Verhalten bei Parkinson, auch der soziale Rückzug ist ein frühes Symptom. Paranoid-halluzinatorische Symptome kommen dazu, während Funktionen wie abstraktes Denken und das Langzeitgedächtnis zunächst unbeeinflusst bleiben. Die Demenz schreitet aber fort.»

Sie stoßen an, ohne Trinkspruch.

«Diese Frau Gotterbe», sagt Ole, «die Neurologin, wo Ida im Januar eine, wie hieß das doch, also Gehirndurchleuchtung, machen lassen hat ...»

«Eine MRT?»

«Ja, Ella. Also, auch die hat nur von ‹Lücken im Gehirn› gesprochen. Erst drei, vier Monate später hat sie zugegeben: Es ist eine Mischform demenzieller Art, verbunden mit Alzheimer. Schließlich zu erkennen, was es ist, das war schon schlimm.» Ein Schluchzen entfährt ihm, mühsam wahrt er die Haltung.

«Eine Mischform?», fragt Ella.

«Ja, dadurch ist manches anders als ...»

«... als das Klischee vom Schlüssel im Gefrierfach», hilft Kurt.

Ole nickt schwach.

«Das ist die Demenz der Gefäße, vaskuläre Demenz. Die äußert sich, steht hier», sagt Kurt, «eher in Phasen, also mal mehr Defizite und dann auch mal wieder besser. Kein kontinuierliches Abwärts wie bei Alzheimer.»

Ella schiebt Oles Glas näher. Sie trinken. Zwischen ihnen frösteln trockene Wiesenblumen in einer Vase.

«Ach», sagt Ella, «die hat Oma doch noch mit mir ... in einer guten Phase, vor knapp zwei Wochen.»

«Noch ein Rest eures Straußes, ja.» Ole sieht schmal aus hinter den dürren Blumenglocken. «Trotzdem, wenn ich so zurückdenke: Die Jahre von 2003 an, da habe ich tatsächlich eigentlich immer mehr übernommen, was Ida eben nicht mehr so konnte, im Haushalt und bei gewissen Planungen, auch beim Literaturtreff. Und sie hat sich aber manchmal beschwert, und wir haben uns regelrecht gestritten.» Er nimmt die Brille ab. «Bis ich dann eingelenkt habe. Aber vielleicht oft zu spät. Mir war ja nicht bewusst ...» Seine Hand versteckt die Augen, die Schultern zucken.

Ella legt den Arm um ihn. Auch Kurt, mit kleinen Augen, ringt um Fassung.

«Da frag ich mich natürlich heute», sagt Ole nach dem Naseputzen, «ob durch sinnvolle Maßnahmen, durch offene Gespräche und klarere Medikation, ob vielleicht manches noch hätte verhindert werden können. Ich weiß es nicht. Ich hab ja irgendwann begonnen, für Ida die Medikamente vorzubereiten, und sicherlich war ich da manchmal nicht konsequent genug, wenn sie was nicht genommen hat. Insbesondere denke ich an dieses ASS 100, was zur Durchblutung gegeben wird. Wenn ich gewusst hätte, welche ernste Sache damit in Verbindung ist ...»

«Ja, weil sie außerdem kaum noch mit wandern war, Vati, oder?» Kurt räuspert sich, die Stimme ist dünn.

«Fast immer auf dem Sofa oder am Schreibtisch, ja.» Ole klingt ähnlich belegt. «Genau, wie auf dem Foto da.» Er zeigt in das Album vor Ella, ein Geräusch kommt aus seiner Kehle, das Lacher oder Schluchzer ist.

«Im Nachhinein kann man sich auch jetzt auf manchen Bildern ein schiefes Gesicht einbilden, bei Oma, oder? Wer weiß, wie viele solche kleinen Infarkte sie vorher hatte, einfach im Stillen.»

«So was habe ich mir auch mal aufgeschrieben.» Ole springt auf, wie um die Beklemmung abzuschütteln. «Ich mache ja in solchen besonderen Zeiten auch Notizen. Aber mich strengt das natürlich alles sehr an ...» Er holt das in Leder eingeschlagene Notizbuch. «Also, falls einer von euch Lust hat, hier im Tagebuch zu ergänzen, solange ihr hier seid, ich wäre nicht böse.»

154

Gut, Opa, ich schreibe ja nicht ungern Beobachtetes auf. Aber nicht ins ledergebundene Büchlein von Oma, das käme mir frevelhaft vor, das ist deins. Sondern – und da bin ich auch schneller – in deinen Computer.

Also:

Ein Tag der großen Wechsel. Der großen Gefühle auch.

Mittags: Opa kommt mir aus dem Bad entgegen, um die Schwester zu suchen. Ich klopfe, öffne die Toilettentür, sage Oma, die Schwester komme gleich, er würde sie holen. Oma, vom Thron, nickt nur stumpf, ganz leicht, ohne den Kopf zu heben. (Scham kann man sich im Krankenhaus sowieso nicht leisten.) Aber der stumpfe Ausdruck bleibt. Sie wird von Opa und der Schwester zum Tisch geführt, geht ziemlich krumm und mehr als gestern trippelschwach. Sie sitzt dann da, krumm leider sowieso meist. Doch vor allem ganz «ohne»: ohne irgendeinen echten Ida-Geist im Gesicht. Der Blick hängt im Nirgendwo, kaum richtig auf Dinge gerichtet, auch nicht auf Bilder, die ich ihr zeige. Selbst die Getreidefeldlandschaft, die Kurt Opa zum Geburtstag geschenkt hat, sieht sie kaum direkt an. Die Erwähnung dieser Karte treibt ihr zwar kurz die Tränen in die Augen. Aber eigentlich fließen die immer. Und die Nase will immer neu laufen. Sie knüllt – immerhin, nur schnauben ist schwer – Taschentuch um Taschentuch. Und selbst ein Spuckefaden spinnt sich immer wieder hinein. Kann sie den Mund nicht richtig schließen? Probleme mit Lippe oder Unterkiefer? Auch die Schlückchen, die sie nimmt, scheinen kleiner denn je.

Zum Mittag gibt es Kartoffelbrei, Möhrenbrei und noch einen Brei, oder Rührei? Und Apfelmus, von dem sie, stoisch und ohne Genuss, immerhin ziemlich isst. Allerdings sieht sie das Schälchen immer weiter rechts, als es ist, und tastet auch mit dem Löffel zu weit rechts. Eine Folge des Schlags auf die Linke, in der linken Körperseite.

Und gestern war sie dabei noch so gut aufgelegt gewesen, hatte gescherzt; beim Anblick der Bananenscheibchen auf dem Teller: «Alles Banane.» Und fast ein bisschen gelächelt, mit ihrem neuen, starren, schlagschiefen, aber irgendwie, das sage ich mit Absicht, coolen Gesicht.

Deshalb sind wir heute so enttäuscht nach diesem Mittagsbesuch. Ich weine beim Rausgehen, anders als gestern, und will so entgegen dem Plan doch nicht nach Berlin zurückfahren. Opa schüttelt ein Weinkrampf beim Kaffee.

Wenn man an die fast immer noch irgendwie Lady-schöne, Haltung wahrende Oma und die noch so vielfältigen Unternehmungen im letzten Jahr und, ja, bis noch vor zwei Wochen denkt, wie soll man ihn nur aushalten, den Vergleich mit so einem düsteren Status quo? Ja, nur düster war Oma heute Mittag. Dunkel und dumpf, nicht wie noch gestern Nachmittag.

«Hast du heute auch so viel geträumt?», frage ich sie, weil sie gestern ihre Träume erzählt, angedeutet hatte mit der Bemerkung, sie am liebsten aufschreiben zu wollen: Träume von den Frauen aus ihrem Zimmer, dass sie böse Konkurrentinnen seien. Oder politisch angehauchte Träume von früher. Und immer wieder – tja, Erinnerung, Tagtraum, Traum? – von einer Wasserwanderung, einer Wanderung am Fluss. Ein Refrain zu unseren Besuchen werden Sätze wie: «Wisst ihr noch, wie schön das war am Fluss?»

«An der Saale?», frage ich.

«Nein», sagt sie, gestern, «die Saale brauchen wir nicht.»

«Wie heißt der Fluss?», wird sie heute fragen, unvermittelt, später am Nachmittag. «Der, der da fließt …» Weist sie vage aus dem Fenster?

«Also», so Ivy, die heute freibekommen hat und mit im Krankenhaus ist, «die Ilm?»

Sehen kann man sie von hier nicht, aber sie fließt ja durch Weimar. Also, womöglich. Aber sicher sein können wir nicht. Und ich habe vorgegriffen. Denn heute am Mittag eben, leider, nur Dunkles.

«Heute auch so viele Träume?», war meine Frage.

«Nein», antwortet Oma kaum hörbar, «die sind Vergangenheit.»

«Ich habe», sagt Oma, wie immer flüsternd leise, «geträumt, ich bin bei meiner Beerdigung.»

Natürlich, da muss man weinen. Aber am Nachmittag sind die Tränen ein Ausnahmeereignis. Vielmehr gibt es in den schiefen Lippen versteckte Ironie.

«Kennt ihr das Stück ‹Der Widerspenstigen Zähmung›?», fragt sie, als ich ein Stückchen Brot auf der Gabel als widerspenstig bezeichnet habe.

Und wach ist sie, wieder mehr Ida. Sie spürt den eigenen Zustand. Z. B. haucht sie «Mit mir stand es sehr schlecht».

Oder sie sagt nach dem Essen (Weißbrotschnittchen mit Kräuterquark): «Ich habe so Probleme mit der Sprache.»

«Ja, wir müssen üben», sage ich. «Viele Fragen stellen, dich löchern ...»

«Aber keine Fälle abfragen», sagt Oma trocken.

«Genau, wie gut du darin immer warst», sage ich, «Plusquamperfekt ...»

Und wo sie am Mittag noch den linken Arm hob, ganz langsam, wie ungläubig, dass er da ist, streckt sie ihn jetzt zweimal aus, um damit Ivys und meine Wange zu berühren.

«Wer ist die Frau?», fragt sie, weist so halb auf das Tablett. Sieht sie da eine Gestalt?? Meint sie die Zimmernachbarin gegenüber am Tisch? Oder die Schwester Frau Kaufmann? Und die Zimmernachbarin fragt sie später immer wieder nach ihrem Namen. Aber das ist ja ein kleines Übel. Und selbst am düstersten Mittag hat sie mehrmals gesagt: «Die sind alle so freundlich hier.»

Erleichterter gehen wir abends nach Hause. Wenn auch nicht leicht.

155

Oma sitzt gestern Vormittag im Bett, guckt gleich zur Tür. Erwartungsfroh? So viele Möglichkeiten, ihre Emotionen zu zeigen, hat sie jetzt nicht mehr. Dann muss sie mal. Wir helfen auf, sie läuft gut, wenn auch sehr unter den Armen gestützt. Opa hält sie und zieht ihr zugleich die Hosen runter. Geschickt. Geübt, so schnell? Oder naturbegabt in seiner pragmatischen Art. Ich gehe vor die Tür. Er ruft mich: «Sie ist fertig.» Ich helfe, Windelunterhose und Hose hochzuziehen. Es geht erstaunlich gut, erstaunlich diskret.

So normal sieht das Essen danach aus, dass wir fast vergessen, uns zu freuen: darüber, wie ihre Körperhaltung ist. Am ersten Tag unseres Besuchs hat Opa noch Omas Kopf gestützt beim Aufsitzen und Trinken im Bett. Und jetzt sitzt sie allein, am Tisch. Manchmal eine fremde, starre Frau, dann wieder die liebe, müde oder mitunter auch wacher kommentierende Ida. Und sogar die Tabletten schluckt sie anstandslos, fünf hintereinander, drei des neuen Blutverdünners (morgen schon braucht's nur noch zwei wohl). Und eine Harnwegsinfektion ist auch schon wieder zu bekämpfen. (Aber die halbe große Antibiotikapille reicht, meint Opa.)

Und danach: Vielleicht noch paar Schritte tun? Oder aufs Bett?

«Schritte gehen!» Richtig raus aus dem Zimmer, das erste Mal. Bis zur Stationstür ... bis zum Schwesternzimmer ... Oma liest im Vorbeigehen ein Schild: «Urinabgabe hier».

Lesen scheint kein Problem, jedenfalls eine größere Schrift. Enttäuschung, dass keine Schwester im Glaskasten ist, um die Leistung zu sehen.

Wieder im Zimmer: «Ich habe noch nicht genug Standfestigkeit.»

Also, oft ist die Selbstwahrnehmung vernünftig, manchmal gnadenlos. Der Faden zur Realität ist nicht gekappt, nur abgeschubbert, manchmal angelschnurdünn. Fast scheint ihr Körper jetzt der ernstere Feind.

Und heute ist der Schlag zehn Tage her.

Als wir kommen, liegt die arme Oma diagonal, verkantet, die schmalen Füße zwischen den Bettstangen gefangen. Sie wollte wohl aus dem Bett, zur Toilette vielleicht.

Sie steht dann gut, hält sich im Bad mit nur einer Hand lässig am Waschbecken fest. Und – erstaunlich für eine schon seit vielen Sommern keinen Badeanzug mehr tragende Achtzigjährige – auch als das nasse Nachthemd ausgezogen wurde, steht sie ohne falsche Scham. In einem eigentlich jung gebliebenen Körper. Sie ist nie dick gewesen, und deshalb ist die Haut nicht schrumplig und leer wie bei der kleinlockigen Zimmernachbarin. Die schönsten Beine im Krankenhaus, die schönsten über fünfzig allemal. Gerade, weiße, glatte Beine, von ihr selbst schon länger für zu dünn befunden, um einen Rock anzuziehen. Und keine Krampfadern, nicht ein lilablaues «Achtung, Schlaganfallgefahr»-Warnschild. Was für ein Hohn.

«Das größte Geschenk wäre für mich, nach Hause zu können», sagt sie mit Blick ins Grün. Nicht froh, aber auch nicht so gedämpft, wie die neuen Tabletten befürchten ließen.

Auf dem Rückweg durch den Flur, nachdem Kurt von den Schwestern (der strengen großen blonden) aufgeschnappt hat:

«Jetzt soll Frau Wächter Essen kriegen, und die sitzen da hinten, die haben doch 'ne Macke» – danach sagt sie: «Erst kriege ich eine Auszeichnung, und dann werde ich hier festgehalten.»

156

Eilig verlässt Ole den Fahrstuhl, biegt durch den Gang, stößt die Zimmertür auf. «Verbrecherisch lang geschlafen heute, bis neun», er unterbricht, «Entschuldigung.»

Taumelnde Blicke einer fremden Frau im anderen Bett, die Begleiterin daneben räumt Sachen aus einer Tasche.

Idas Bett ist leer und sauber. Ole hält sich am Bettgitter fest.

«Ach Gott», entfährt es ihm, als Ida am Arm der Schwester hereingeführt wird. «Ich dachte schon ...»

Idas wie geprügeltes Gesicht sieht ihn an. Er verstummt, streicht ihr über die Wange.

«Heute Vormittag war Ihre Frau auf», tönt die hohe Stimme der Schwester. «Und hat sogar schon gespielt.»

«Wirklich?» Ole nimmt Idas knochige Hand, langsam wieder gefasst.

«Ja, mit Frau Henn, wie sie hier war!»

«Als», sagt Ida, nicht laut, «als sie hier.»

Die Schwester lacht auf. «Na, Ihre Frau war Lehrerin, oder?»

Vorsichtig drückt Ole Idas Finger. «Warst du Lehrerin?»

Der schiefe Mund scheint irritiert.

«Na ja ... eine gute», sagt Ole.

Die Schwester hantiert am Bett der neuen Patientin. «Dachte ich mir!»

Ida murmelt etwas, Ole beugt sich zu ihr.

«Ich hab ihr auch Aufgaben gestellt, der Frau», sagt der schiefe Mund mit dem Hauch eines Lächelns.

«Wieder nur Durchgedrehtes», murrt Ole, als Ida vor dem Teller am Tisch sitzt. «‹Schluckbeschwerden drei›», liest er am Tablett, «das ist doch nicht mehr nötig!»

«Die Logopädin hat das angeordnet», sagt die Schwester.

Ole schüttelt den Kopf.

Rühreikrümel fallen von der Gabel, Ida müht sich mit zittriger, spinatbetupfter Hand, einige einzusammeln. Den Becher fasst sie mit der noch schwächeren Linken. Ein Schluck, noch einer, winzig. Dann wieder Becherlandung, schief auf dem Rand des Tabletts.

«Ein bisschen aber noch trinken, ja?», sagt Ole.

Idas Finger tasten am Henkel, streichen um den Becher, aber heben ihn nicht.

«Trinken …», bettelt er.

Sie beugt sich schließlich vor, unwirsch, der Becherhenkel wird vom Daumen, von Zeige- und Mittelfinger gestemmt.

«Du hältst ihn ja wie eine Dame.»

«Ich bin ja auch eine Dame.»

«Na, das stimmt.»

«Ja», sagt Ida rau, «früher.»

157

Ich werde zur Arztaussprache gebeten, Uwe konnte dabei sein: Ida soll schon Freitag «nach Hause»! Sie kann hier keine weitere Behandlung mehr bekommen, sie wäre auch «rehafähig». Nur man dachte, wir wären dagegen. Ida wird von der nun verantwortlichen Ärztin befragt: «Nach Hause oder Reha?»

«Na, Reha ist wohl doch besser.»

Ich melde gleich mein Interesse zum Mitfahren an. Ob Ida auch gleich vom Krankenhaus gefahren werden könne, frage ich. Womöglich, ab Montag. Man will beantragen und versuchen.

Die Sozialarbeiterin gibt mir gleich die Genehmigung für die Pflegestufe I und bedauert fast, dass wir auf der Reha bestehen. Alle wollen mich anrufen, wenn klar ist, wann und wohin. Ich bin perplex, was nun anrollt. Mal sehen, wer Wort hält.

Ida hat durchaus verstanden. Dass ich mitfahre, möchte sie – unbedingt.

Wir vereinbaren einen Termin für den Friseur morgen um 15.45 Uhr, «Waschen und Legen». Wer hätte an diese Möglichkeit vor einer oder gar zwei Wochen gedacht?

Zum Kaffeetrinken sind wir erstmalig außerhalb des Krankenzimmers, in der Cafeteria. Ida isst mit enormem Appetit. Habe ich sie überhaupt schon so erlebt? Und hinaussehen möchte sie, wird aber immer wieder abgelenkt. Als würde sie eine Fliege nah vor ihrem Gesicht sehen. Sie erkennt im Fensterspiegel, dass der Mund etwas schief ist. Ich tröste: «Doch nicht immer!»

Sie überlegt: «Was ist das für eine Krankheit, und was kann ich dagegen tun?»

Später: «Wie nennt man das? In Schkupa gab es eine Frau, von der gesagt wurde, sie sei blöde geworden …»

Ich beschwichtige. Uwe muss Mutti am Fenster zeigen, wo Schkupa liegt.

Bevor wir gehen: «Wollen mal lieber hier weg, damit die Leute nicht sehen, dass ich nichts wert bin.»

Ich bin um 18.00 Uhr zu Hause, habe ein «Tief». Ich bin völlig erschöpft, kann aber nicht schlafen.

Astrid meint beim Kurzbesuch, dass sie bezweifelt, ob ich die Belastungen der kommenden Zeit durchstehe. Sie kenne das nun mal jetzt, und ihr Rücken auch …

Ich will auf jeden Fall mit zur Reha, dann einige Zeit probieren.

158

«Meldet sich da ein Gewitter?»

«Ach, Lärm ist das, ungewohnter Lärm.»

«Was hast du eigentlich für ein Verhältnis zu unserer Wirtin?»

«Wirtin? Zu den Schwestern, meinst du? Das sind ja viele, nicht nur eine. Und ich bin natürlich grundsätzlich freundlich zu ihnen.»

«Wo sind wir denn hier?»

«In der Reha, Idchen.»

«Wieder ein … Krankenhaus?»

«Na ja, eine Klinik.»

«Ist das nicht dasselbe?»

«Im Krankenhaus gibt's Essen aufs Zimmer. Eine Klinik ist mit Speisesaal. Und da gehen wir jetzt hin.»

Misstrauisch, auf Oles Arm gestützt, erreicht Ida den Speisesaal. Endlose Reihen Bistrotische und -stühle, grüne Trenngitter, grüne Säulen, bläulich helle Tageslichtkuppeln, Kellnerinnen in weißen Blusen zwischen den Tischen. Eingeschüchtert, von Ole mit beiden Armen gelenkt, nimmt Ida Platz. Sitzt dann wie eine Restaurantkomparsin steif und elegant im weißen, dünnen Pullover. Ihr Gesicht ist angespannt, dunkel auf der linken Seite, wie nach einem Sturz auf die Wange, und der Blick leer. Unentschieden schwebt er über der Speisekarte.

«Na, Idchen, bist du jetzt bei den Weinen gelandet?» Ole legt ihr den Latz an. «Eine Essschürze ist das», sagt er nach einem Blick in ihr düsteres Gesicht und lacht. «Und was hast du dir ausgesucht?»

Die Antwort bleibt aus.

«Ich bestelle Grießsuppe, ja, wie an den anderen Tagen auch?»

Das Nachthemd kann noch mit Mühe angezogen werden, und schon liegt Ida, mit fest zusammengekniffenen Augen. Das Gesicht auf dem Kissen wie geballt.

Ole setzt sich an den Tisch, mit dem Rücken zu ihr, trinkt ein ganzes Glas Wasser. Hinten, gegenüber eine Burg, angeleuchtet, fast schwebend zwischen schwarzem Himmel und schwarzem Wald.

Er seufzt, klappt das in Leder eingebundene Bändchen auf. Knipst die Kugelschreibermine heraus.

Nun sind wir also schon einige Tage in Bad Liebenstein – wieder zusammen in einem Zimmer! Die Atmosphäre ist ungewohnt … viele Rollstühle … Doch das Essen schmeckt.

Bei Tests weiß Idchen etliches nicht: Datum, Monat, Jahreszeit. Aber sie bringt Zitate von Goethe: «Da steh ich nun, ich armer Tor …»

Zu jeder Anwendung begleite ich sie bzw. bringe sie, sonst wäre es nicht zu schaffen.

Röcheln kommt aus Idas Kehle, leises Schnarchen. Ole lauscht, schreibt weiter.

Gestern war sie in ein anderes Zimmer gegangen und hatte mich gesucht. Sie war traurig, weil ich «nicht da war». Dabei, natürlich, teile ich ihr immer mit, wenn ich kurz woanders sein muss.

Lernen muss ich auch: Für alles brauchen wir in Zukunft viel mehr Zeit! Essen, Gehen, Anziehen, Bad. Vieles geht dann, aber nicht alles. Auch mir bleibt dadurch natürlich wenig Zeit. Aber ich helfe nach Kräften und kann Ida inzwischen in vielem unterstützen, das früher nie vorstellbar gewesen wäre! Hilfe beim Essen, beim Anziehen, aber auch beim Waschen und auf der Toilette.

Immer wieder fragt sie: «Was soll aus mir werden? Wissen die Söhne auch alles?»

Ich tröste, so gut ich kann: «Anderen geht es noch deutlich schlechter …»

Sie lässt nicht nach. «Wie ist es denn zu meiner jetzigen Lage gekommen?»

Besonders wenn ein Thema sie nach der Mittagsruhe beschäftigt, treibt es sie lange um.

«Und was ist die Konsequenz?», fragt sie. «Ich bin zu nichts mehr nütze!»

Ich versuche, zu beruhigen, abzulenken. Telefongespräche mit der Familie bringen stumme Rührung. Lachen und Weinen, alles ist gedämpft nun, fast ohne Laut.

Abends belehrt uns die neue verantwortliche Schwester resolut: «Was Ihre Frau noch schafft, dürfen Sie nicht machen! Sonst geht's nur noch bergab!» Ida ist eingeschüchtert. Offensichtlich habe ich sie zu sehr «verwöhnt».

Ach, und gestern: unser 57. Hochzeitstag! Nach dem Frühstück hole ich einen Rosenstrauß. Und auch die Schwestern bekamen ein kleines Blumengebinde. Zum Kaffeetrinken sind aus Weimar Stefan und Astrid da.

Vorher aber gibt's Druck und Ärger. Viele Therapien ermüden. Der Terminplan ist sehr eng. Wir müssen mit dem Rollstuhl hin und her, sonst ist es nicht zu schaffen. Manchmal hilft der Bringedienst, junge Männer, die ganz schön flitzen. «Herr Rollstuhl Rennstuhl», sagt Ida in einem guten Moment. Aber meistens helfe ich.

159

Ole wartet vor Wandkacheln und Glas, liest Therapieaushänge und die Schwimmhalleninformation. Das Handy klingelt. Hastig klopft er seine Jackentaschen ab.

«Ja, Anni. Weil wir zur Reha sind! Immer was los, ja.»

Er hört der hohen Stimme seiner Schwester zu, seufzt.

«Ein bisschen wie ein Hotel, könnte euch auch … also, hätte vielleicht auch Viktor …» Er schaut den Gang entlang, sieht auf die Uhr. «Ja, mehrere. Ella war sogar über Nacht hier, an meiner Stelle. Sonst hätte ich bestimmte Dinge gar nicht erledigen können.»

Er steuert einen Stuhl ein paar Meter weiter an.

«Du hast das ja selber mit Viktor erfahren müssen, wie … geschwächt jemand sein kann. Aber der Therapieplan ist trotzdem sehr voll … Ja, anspruchsvoll auch, für ihren Zustand. Schon Bausteine stapeln. Auf der linken Seite kann sie die ja nicht mal richtig sehen. Und dazu kommen die vielen anderen Eindrücke … Ein bisschen sorge ich mich, ob das nicht … Ach, ich muss Schluss machen … Ja.»

Eine Tür hat sich geöffnet, davor steht Ida. Erst als Ole nah bei ihr ist, nimmt sie von ihm Notiz.

«Na, Idchen, wie war es bei der Psychologin?»

«Ja, ganz gut.»

«Du hast ja schon wieder deinen erschrockenen Blick.»

Angestrengt stützen sich Idas Augen an Kacheln und Schildern ab.

Ole greift ihren Arm. «Was stellt sie denn so für Fragen?»

«Eigenartige. So schwierig. Zu … simpel.»

Langsam verlassen beide den Therapiebereich. Stumpf sieht Ida an ihrem Spiegelbild im Fahrstuhl vorbei.

«Mein schönes Fräulein, darf ich's wagen», sagt sie leise, als sie das Foyer durchqueren.

«Aber ja … Arm und Geleit Ihnen anzutragen?» Er fasst sie fester um den Ellenbogen. «Oder soll ich doch wieder den Rennrollstuhl holen? Ach, lächel doch mal, Idchen.»

Fast im Eingang zur Cafeteria murmelt sie: «Bin weder … schön.» Ein paar kleine Schritte weiter dann: «Das mit der ist immer so mysteriös.»

Später ist ein junger Mann aufgebaut vor einer Spiegelwand. «Zähne blecken, Nase krausen …» Sportliche Arme in einer Trainingsjacke hat er und eine freundlich deutliche, an den Wortenden nicht ganz geduldige Stimme. «Stirn runzeln, böse gucken.»

Zehn Patientengesichter versuchen, ihm zu folgen. Ida schaut regungslos auf seine glatten Züge und den dunkelblonden Zopf.

Zupackend spricht er über Sprechübungen bei Parkinson. «Wer von Ihnen ist denn alles davon betroffen?»

Die Gesichter schweigen.

Er blickt Ida an, sie duckt sich etwas. «Soll ich abreisen? Oder … was ist doch die Aufgabe jetzt?»

160

Wieder zu Hause. Zu zweit. Aber: Ich kann Ida nicht alleine lassen. Ich bin gestresst und weiß nicht, ob ich alles schaffe. Kann schlecht schlafen, immer in der Angst, dass Ida zur Toilette muss. Sie ruft mich ja nicht. (Ebenso, wie sie im Klinikum und in der Rehaklinik nie nach einer Schwester geklingelt hat.) Ich muss jedes Mal spüren, wenn sie mich braucht.

Am Morgen nur Weinen. Beim Waschen, beim Frühstück. Wohl immer, wenn sie sich ihrer Lage bewusst wird. Ein bitteres Bild.

Später beim Nachrichtenhören sagt sie: «Was hat sich eigentlich grundlegend verändert? Wo leben wir?»

Im Laufe des Tages mehrfach: «Kommt denn nun Kurt? Wer kommt noch mit? Hast du Armin eingeladen zum Essen?»

Wir fahren nach Legefeld zum Holen des empfohlenen Rollators. Sie besichtigt ihn und: «Den nimmst du doch bestimmt öfter, nicht ich!»

Weiter nach Ilmtal, nach Bad Berka? Endlich mal wieder ein frohes, liebes Gesicht. Aber keine Kraft in den Beinen … Und erster Rollatortest fällt leider unglücklich aus. Hart und für Ida umständlich zu benutzen.

Auch aus dem Auto aussteigen wird langsam fast so schwer wie hinein. Bringt das Drehkissen was?

Als wir zurückfahren, ist sie müde. Aber unter der Autobahnbrücke reißt sie wie auf der Hinfahrt den Kopf herum. Danach murmelt sie: «In einer anderen Welt.» Noch zwei-, dreimal: «Wir sehen uns in einer anderen Welt.»

Und beim Hineingehen in die Haustür: «Wohnen wir hier denn?»

Abends herrscht relativ gute Stimmung. Schon wieder eine neue Pflegerin, nett. Und schnell wieder weg. Auch wenn Ida aufgeschlossen ist für kurze Unterhaltungen mit den fremden Frauen, vielleicht gegen die Peinlichkeit zwischen Garderobe und Klo? Sie helfen ja einiges. Ich muss trotzdem immer mit kleinen Überraschungen rechnen. Ida geht allein zur Toilette, aber vergisst natürlich die Vorlage und spürt nicht, dass Stuhlgang kommt.

Ich denke, die direkten Folgen des Schlaganfalls sind dabei eher gering. Aber die fortschreitende Demenz macht mir Sorgen.

161

Ida blinzelt gegen die Nachmittagshelle vom Terrassenfenster, mit Perlen um den Hals und in hellblauer Bluse. Hinter ihr öffnet sich das Wohnzimmer wie eine kleine Bucht. Ihr gegenüber am Tisch sitzt die älteste Enkeltochter, lächelt gegen das Schweigen.

«Noch mal die schöne Tanzmusik? Oder was ist denn deine Lieblingsmusik?»

«Mach's mal ruhig, was du willst», sagt Ida fast tonlos.

«Ach, ich hör immer so viel.»

«Hörst du auch bei der Arbeit, ja?» Ida hebt doch den Blick.

«Tim hört bei der Arbeit viel. Ich arbeite doch manchmal mit Tönen. Da kann ich gar nicht gut Radio dazu hören.»

«Ach so. Nee.»

«Aber du hast doch selber gern Musik gehört, beim Tippen zum Beispiel, oder? Wenn ich an euch denke, höre ich immer leise Mozart im Hintergrund.»

Ida lächelt schief. Aber der Kopf bleibt schwer, als seien die frisch frisierten Haare ein lastender Helm, dunkel wie zu lange liegende Kastanien.

«Und was», fragt Ella, «hörst du am liebsten?»

«Ich hör am liebsten abends», Ida richtet sich auf. «Gegen Abend, wenn die Hauptarbeit getan ist. Und was Neues angefangen wird.» Halb verbirgt eine Wolke die Sonne. «Hier», Idas dünne Hand macht eine Bewegung, «diesen Bereich könnt ihr nutzen, wenn ihr mal kommt.»

«Hier im Wohnzimmer?»

«Ja.»

«Sehr schön, Oma. Wie lange wohnt ihr doch gleich schon hier?

«So … vier Jahre vielleicht. Opa wird's aber genau wissen.»

«Und in welcher Wohnung habt ihr vorher gewohnt?»

«In der, in, aus der wir jetzt kamen.» Ida horcht eine Weile, die kantige Hand neben dem Kinn. «Ist da jemand … geht?»

«Opa nur, am Küchenschrank, denke ich.»

Sie lauschen dem Klappern aus der Küche.

Idas Augen werden kleiner. «Is' schön hier.»

«Ja. Zwischendurch habt ihr doch auch viel enger gewohnt, in dem Zimmer in der Rehaklinik.»

«Ja. Warst du mal da?»

«Ja, ich hab euch besucht.»

«Ja.»

«Weißt du noch, wie das war? Oder ist dir das jetzt nicht mehr so präsent?»

«Na, nicht mehr so präsent, aber ich kann mich schon erinnern.»

Ole bringt ein Tablett. «Nur ein kleiner Snack.» Er verteilt Teller, Gläser, Näpfe auf dem Tisch. «Dass meine Mutter uns am Kriegsende mit einem halben Sack Rote Bete durchbekommen hat, wisst ihr ja, oder?»

Ida nickt. Setzt selbstvergessen ein Näpfchen an den Mund. Schnell hat ihr Pullover einen blutroten Fleck.

Ole springt auf, unterdrückt ein Fluchen. Sucht im Zimmer, im Flur.

«Haben wir nicht noch …? Hier, unbenutzt!» Er kommt mit einem wehenden Einweglatz zurück.

Umstandslos lässt Ida ihn sich umbinden.

«Aber nicht zum Naseputzen.»

«War dir das nicht zu scharf», fragt Ella später, «der Senf alleine?»

«Nicht die Miene verzogen», feixt Ole milde.

«Du bist sehr lässig, Oma. Nicht empfindlich gegen Schärfe?»

«Jetzt eine gute Esserin.»

«Oder eine gute Pokerspielerin.»

«Ja, sie würde auch nie in der Gaststätte was zurückgehen lassen.» Lachend putzt sich Ole die Nase. «Da bin ich schon anders.»

«Na ja, ihr mit euern Spatzenportionen … Aber wenn's dir wirklich nicht schmeckt, Oma, würdest du's liegenlassen, oder?»

Pause. Ida horcht nach der Musik, die Ole angestellt hat. «Können wir noch was Tim mitgeben?»

Ella schüttelt lächelnd den Kopf. «Ist euch das zu sehr Zwielicht? Soll ich noch eine Lampe anmachen?»

«Kippt die? Oder ist noch eine da?» Ida sieht Ole an und den Stehlampenschirm, der hinter ihm ist wie ein schwebender Hut. Ihre Hand im blaugrauen Licht des anschleichenden Abends zuckt.

«Ja», sagt Ole, bevor ein Stück Brot in seinem Mund verschwindet. «Hammondorgel! Lauschig, nicht? Da kriegt man Lust, mitzumachen.»

Idas Hand nickt und – tanzt. Die langen Finger wippen, federn blass, drehen sich. Zeigen nichts, belehren nicht, schaukeln einfach im Tanz. Mit der anderen Hand knüllt sie neben dem Teller ein Taschentuch.

162

Ein gutes Wochenende, Besuch von Marta, eine familiäre Kaffeerunde bei Stefan und Astrid. Im Beisein lieber Gäste lebt Ida auf. Allein aber ist sie neuerdings «aktiver» als sonst, bleibt nicht mehr auf Stuhl oder Sessel sitzen, läuft durch die Wohnung.

Mittags wieder Tränen.

Also raus? Ein Ausflug nach Tiefurt wird bejaht. Am Schloss will Idchen sogar noch länger laufen. Der Rückweg dagegen plötzlich nur mit Mühe.

21.30: Großer Schreck. Ich telefoniere gerade mit Uwe. Da höre ich nebenan Rascheln, dann einen dumpfen Schlag. Neben dem Bettrand ist sie auf den Boden gefallen. Nachdem sie im Bad war, um die Blase zu entleeren. – Alles auf den Kacheln.

«Ich wollte euch nicht stören …»

Wie weiter?

Als sie wieder im Bett liegt, sagt sie: «Erzähle das aber keinem weiter!»

Heute nun kommt die kleine Kommission für den medizinischen Dienst zur möglichen neuen Pflegestufeneinstufung, zwei nette junge Frauen.

Bei der Vorstellung sagt die eine: «Mein Name ist Wolf.» Ida ist ganz fasziniert, und schlagfertig dann auch: «Da passen wir zusammen, ich hieß Reh.»

Später noch, als ich sage, dass ich sie kurz miteinander allein lassen muss: «Ich beiße aber nicht!»

100 %, muss ich leider sagen, Harn- und Stuhlinkontinenz bereits da. Außerdem vor allem meine Sorgen, die sie sich anhören: die oft vorhandenen Depressionen und die zu geringe Trinkmenge von Ida.

Beim Mittag: «Wann fahren wir wieder ab?»

Und: «So werde ich langsam kaltgestellt.» (Nach meiner Hilfe beim Essen.)

Mein Blutdruck, eben gemessen: wieder 170:110! Ich muss zum Arzt. Doch wie?

163

«Oh, doch, das macht schon einiges aus ... Ja, ein bisschen wie neugeboren.» Ole ist vom kleinen Flur zu hören.

Eine mütterliche Stimme antwortet leise.

«Haben Sie trotzdem alles Nötigste geschafft?» Gut aufgelegt klingt er. «Küche auch, toll. Hier ... Nein, keine Diskussion. Danke, dass Sie auch eine Betreuungsaufgabe mal ... Auf Wiedersehen.»

Ole kommt zu Ida ins Wohnzimmer, erfrischt, mit noch nassem Haar.

Zusammengesunken sitzt sie auf dem Schreibtischstuhl. Die Brille ist am Nasenrücken heruntergerutscht, die Augen sind zusammengekniffen. Als Ole ihr die Hand auf die Schulter legt, öffnen sie sich ein bisschen.

«Ich war mal wieder schwimmen, Idachen! Und du hast in der Zeit auch fleißig drangesessen, sagt Frau Meinhold?» Erwartungsfreudig beugt sich Ole über den Tisch.

Die Tasten der an die Wand geschobenen Schreibmaschine sind staubbedeckt. Nur gleich unten die Taste B ist sauber. Eine Klappkarte liegt davor. Er bückt sich näher, nimmt die Karte in die Hand. «Was ...» Er presst den Mund zusammen.

Wie dünne Flechten auf einem Felsen sind Buchstaben über die Karte gewachsen, kleine, windgeplagte Reihen.

Hetanrgangrauslltei ß

cComlllei wade

Jeder Buchstabe mit Mühe einzeln gemalt, umgeweht manche, nicht lesbar. Oder doch wie eine fremde, unsichere Sprache.

leonnh n ood hard

liep h eizlq gru Grüss von I dd Ida

y y von Wäch v on wä

Wäc ou Wächt

Brütend verfolgt Ida seine Lektüre.

Ole beherrscht seine Stimme nur mit Anstrengung. «An Leonhard wolltest du schreiben, ja?»

«Hab ich ja», schnappt sie knapp.

«Gut», sagt Ole heiser, «ich unterschreibe auch.»

Später Arm in Arm im Park.

«Weißt du das», sagt Ida, «dass ich immer einen ganzen Tag so auf einer Bank bringen wollte?»

Ole sieht sie von der Seite an, ihr nach dem Schlag verbissenes Profil, die in der Oktobersonne weiche Haut. Sein Arm lenkt um eine Wegwindung, sie bleiben stehen. Idas angespannter Mund öffnet sich für eine halbe Reihe Zähne.

Ole packt seine Sitzunterlage aus. Die Alumatte ist lang genug für die ganze Bank. Er holt eine Zeitung aus dem Rucksack. Hilft Ida, sich zu setzen.

Ein Kuss, der schiefe Mund lächelt.

«Ach, und Picknick gibt es auch.» Ole stellt eine Schorleflasche und eine Bonbondose feierlich neben sich.

Schon als die nächste Wolke vorbeizieht, sinkt erst Ida, dann Ole die Zeitung auf die Knie, sie schlafen mit erschöpften Wangen.

164

Die Pflegefrau kommt nicht (erst viel zu spät wird sie da sein). Also betreue ich eine unruhige Ida allein.

«Wer wohnt hier noch?»

«Kannst du mir sagen, was hier vorgeht?»

Später hinterlässt der Besuch vom Ergotherapeuten tiefe Spuren. Noch nach der Mittagsruhe ist sie deprimiert: «Die wollen nachweisen, was ich alles nicht kann …»

Freudig stimmt sie aber der Einladung zur Gruppenbeschäftigung zu. Ob sie sich daran am Montag noch erinnern wird?

Großer Brief von Krankenkasse: Pflegestufe 2 und 100 Euro monatlich für zusätzliche Betreuung, 30 Euro für Hilfsmittel. Ich muss in Ruhe einen sinnvollen Einsatz überlegen.

Außerdem noch, da Ivy mal hier ist: Kontakt mit Pflegedienstleiterin von Diakonie drüben. Es ist eigenartiges Gefühl. Aber wer weiß, irgendwann könnte eine eventuelle Aufnahme von Ida in realistische Bereiche rücken? Anmeldung ausgeführt für einen Orientierungsbesuch dort mit Kurt in zehn Tagen.

Ida hat erstmalig seit dem schlimmen Tag «Mensch ärgere Dich nicht» gespielt. Oh, wie schwer fällt das, und wie schnell wird man dabei müde! Dank an Ivy, die das Spiel mitbrachte.

Die Scrabble-Buchstaben aber bleiben unbenutzt, misstrauisch beäugt.

Zwischendurch immer eigenartige Fragen.

165

Kurt und Sibylle kommen zum Wochenende, wir beraten über die Zukunft.

Dann überschlagen sich die Ereignisse! Frau H. bietet sehr kurzfristig ein Zimmer an, «Ihre Frau könnte nächste Woche umziehen …»

Ich komme in einen tiefen moralischen Konflikt, als ich Ida von den Möglichkeiten erzähle und auf meine Gesundheit bzw. fehlende Kraft hinweise. Sie macht mir Vorwürfe, nimmt an, dass ich sie «wegen einer anderen» verlassen will.

Ich rufe drüben an und bitte um Aufschub. Aber wie weiter??? Noch kann ich mich nicht mit der kommenden Lage abfinden.

Kurt, Sibylle, auch besonders Stefan und Astrid raten mir aber zu der Lösung mit der Aufnahme drüben. Dennoch habe ich Zweifel. Ach, Idchen, schicke ich die da auf die Spuren deiner Mutter? Selbst Frau Schröder soll inzwischen dort gelandet sein. Ist es unser natürlicher Weg … und ein örtlicher Zufall, der uns helfen soll? Der Verstand sagt Ja, das Herz sagt Nein!

166

«Gut, wollen wir dann?» Ole klingt eigenartig aufgekratzt.

Ida ignoriert seinen dargebotenen Arm.

«Ach, Idchen, wir sind doch nun schon angezogen …»

Sie rührt sich nicht, hält sich mit beiden Händen an der Kante des Schuhschranks.

Er streichelt die weißen Kuppen ihrer Knöchel.

Ihr Blick hängt im Flurspiegel, absichtslos, wie vergessen.

Oles Augen folgen wehmütig: «Willst du die andere Mütze? Aber ich fand ja immer, die Baskenmütze steht dir gut.»

Ida hebt eine Hand neben die Schläfe, als wolle sie ihre nicht ganz friseurfrischen Haare ordnen.

«Wir müssen auch nicht weit», sagt er nach einer Pause. «Nur auf die andere Straßenseite. Und … du kannst da in der Beschäftigungsgruppe bestimmt behilflich sein.»

Die widerspenstigen Strähnen bleiben unangetastet, sie wendet sich an Oles Seite zum Gehen. Zehn kleine Schritte aus der Wohnung, sieben Stufen im Treppenhaus, auf das Geländer gestützt und auf seinen Arm. Draußen vor der Haustür bleiben beide stehen. Ole drückt fest Idas Finger. «Willst du dich … noch mal umsehen?»

Sie sieht ihn an, ihre linke Gesichtshälfte dumpf, die rechte, weniger angeschlagene, scheint spöttisch zu lächeln.

Ole atmet rauschend ein, sagt nichts. Durch die hohe Metallpforte führt er Ida, über den Gehweg, durch die nächste Parklücke und über die Straße.

Konzentriert liest sie drüben das Schild am Metallzaun: «Pflegeheim Marienhaus, Eingang um die Ecke». Und kleiner darunter: «Tagesgruppe, bitte klingeln». «Pflege», brummt Ida, «Eingang … Ecke».

Ole beeilt sich in die Wohnung zurück, räumt Wolldecken und Kissen vom hinteren Sofa. Er läuft ins Schlafzimmer, holt gepackte Taschen aus einem Schrank, der voll ist mit Kleidern und Blusen. Es klingelt, er seufzt.

«Herr Hennig, ja?» Ole lächelt vorsichtig über dem Handschlag. «Und das sind wohl Ihre Zivis?» Junge Männer fluten den engen Flur.

«Ja, unsere Helfertruppe.» Herr Hennig krempelt die blauen Ärmel hoch, sieht sich um.

Ole zeigt ins Wohnzimmer, wo Idas Gepäck, als wäre es furchtsam, eng beieinander um die grüne Couch hockt.

Und dann trägt die Männerkarawane Taschen und Stühle, Pflanzen und Terrassentisch aus der geräumigen Parterrewohnung über die Straße und durch das offene Zauntor drüben. Zum Schluss werden das grüne Sofa und das Gemälde mit dem modernen Wald aus dem Haus gebracht, in das breitschultrige Gebäude gegenüber.

Später klopft Ole an die Tür mit dem Schild «Tagesgruppe». Ida sitzt neben einer Frau mit grauem Pagenkopf und schaut auf die Würfel.

«Ich müsste meine Frau mal entführen, wie vereinbart», sagt Ole zur jüngeren Gruppenleiterin an der Küchenzeile. Argwöhnische Blicke treffen ihn vom Würfeltisch.

Langsam geht Ida an Oles Seite, vorbei an Flurwänden mit Geländern.

Sie kommen zu einem Fahrstuhl, Ole drückt. «Jetzt, mein Idchen, gibt's – vielleicht – die angedeutete Überraschung.» Seine Stimme klingt blechern.

Idas Mantel hängt über seinem freien Arm. Ihren Schal hat sie nicht abgenommen und auch nicht die Baskenmütze über dem wie geprügelten Gesicht. Wie eine Résistancekämpferin sieht sie aus.

Im Flur der ersten Etage ist der Fußboden grüngrau wie ein Morgen im Wald, und die Wände mit den Handläufen sind gelb wie der Abend. Vor einer der schweren Holztüren stoppen Ole und Ida.

«Na, dann wollen wir mal sehen.» Er streicht ihr über die unbewegte Wange. Klinkt. Ein Geräusch wie der Schrei eines getretenen Vogels.

«Aua», sagt Ole, «die quietscht.»

«Das kann keine große Hürde sein», murmelt Ida. Schickt ihren stumpfen Blick ins Zimmer. Nicht groß ist es, aber freundlich.

Ole lacht, ein vorsichtiges Fragelachen. «Na?»

«Na. 'ne tolle Überraschung», sagt Ida ohne Stimme und ohne Betonung.

«Na, was sagst du jetzt?»

«Ich staune.»

167

Ida nach dem Zubettgehen, inzwischen seit einer Woche in der «Zweitwohnung»: «Wir müssen Prinzipielles bereden.»

«Gut», sage ich.

«Auf jeden Fall will ich noch pünktlicher sein.» Dann kommen geheimnisvolle Andeutungen. Jeder müsse wissen, was gemeint sei.

Ich sage: «Wir wollen so oft und so lange wie möglich liebevoll zusammen sein.»

Ida: «Das kann man verschieden auslegen.» Also nach längerer Zeit wieder mal gewisse Vorwürfe, die ich verkraften muss. Ansonsten: Diese erste Woche «drüben» war von Höhen und Tiefen geprägt. Nach meiner (berechtigten) Kritik sind die Schwestern inzwischen gesprächiger und auch sorgfältiger. Fest steht: Eine zeitweilige Unterbesetzung der Pflegekräfte ist Tatsache.

Heute noch ein Erlebnis: Nach Abschluss einer Volkstanzveranstaltung kommen zwei ältere der Tänzerinnen auf uns zu und danken Ida für die Literaturveranstaltungen, die sie erleben durften!

Der Umzug ist also «gut» überstanden. Nur ist viel Mühe notwendig, damit Ida nie längere Zeit allein ist. Ich organisiere u. a. Besuch von Freunden und Bekannten. Außerdem ist tröstlich: Montag- bis Mittwochvormittag kann sie in der Tagesgruppe bleiben. Das macht sie auch gerne. Ich war so heute seit dem schlimmen Tag vor zweieinhalb Monaten erstmalig in relativer Ruhe in der Stadt, um einiges einzukaufen vor allem.

Wenn nur nicht die Wohnung so leer wäre!

168

Idas Blick streift flüchtig Pflegebett, Nachtschränkchen, grünes Sofa, verliert sich im großen Fenster wie in einem Aquarium. Trockene Kastanienblätter im Netz der Äste sind die Fische.

«Dann antworte ich mal.» Ole nimmt ihre Hand. «Doch, eigentlich hat sich Idchen gut eingelebt. Manchmal richtig, als wäre das gar nichts Besonderes.»

«Ja?» Marta sieht von Ida zu ihm.

«Anfang der Woche konnte sie schon hier zum Friseur, da kommt wohl eine Friseurin immer her. Ist doch schön geworden, Idchen, wie bei deinem alten Friseur früher, oder? Und gestern wurde ich sogar eingeladen mitzumachen beim Kraft- und Balancetraining. Und beim Sitztanz. Stimmt's?»

Flüchtig küsst er ihre Hand, geht zum schmalen Regal zwischen Fernseher und Fenster. «Und ich kann jetzt auch jederzeit hier einladen: zu einer kleinen Musik.» Er lacht, drückt eine Taste am klobigen, schwarzen Recorder.

Klassik strömt ins kleine Zimmer, Idas Kopf wippt leicht.

«Ja, und es ist ja auch ein ganz modernes Gebäude», sagt Ole, «und ... kennst du das? Fußbodenheizung! Kein Heizkörper zu sehen, aber ab und an wird der Fußboden warm.»

Die Enkeltochter nickt. Ida schaut auf die Bewegung ihrer blonden Haare, dann auf ein Schwarzweißfoto auf dem Tisch.

«Ach, bist du das mit Kollegen damals im Lehrerbildungsinstitut?», fragt Marta.

«In manchen Wintern hat es so gezogen. Durch die ... Fensterwinkel. So kalt, ich hab da ja einen Pullover unter dem Kleid.» Idas dünner Zeigefinger tippt auf eine Gestalt mit einem strahlenden Lehrerinnenlachen und fast der gleichen kurzen Frisur wie sie.

«Ja, das Bild hat neulich Irma vorbeigebracht», sagt Ole.

Ida lächelt schwach, das Gesicht müde, ratlos, aber kaum schief. «Wenn ich hier entlassen bin und wieder ins Institut muss», sagt sie leise, «back ich für Irma und die anderen Kollegen mal einen Kuchen.»

Ole und die Enkeltochter wechseln einen Blick.

Er seufzt, streckt sich aus auf dem grünen Sofa. «Schummerstunde. Kennst du das, Marta?» Er hat die Augen geschlossen. Idas Hand hält er weiter.

Oma und Enkeltochter schauen zu, wie sich langsam das Fenster-Aquarium blaugrau färbt. Schnarcher ziehen vom Sofa herüber wie Wale.

«Und ihr beide?», fragt die Enkelin, als Oles schneller Schlaf vorbei ist. «Ist das sehr anders, so», sie sieht Ole an, «mit dem zusätzlichen Zimmer?»

«Also, sehr ändert sich das nicht, das Zueinander-Wollen ...» Er setzt sich auf, streicht graue Strähnen über den Scheitel. «Und wenn man sich nur gegenseitig berührt. Oder sich mal durch einen kleinen Kuss riecht. Das ist ja ganz wichtig, nicht, eigentlich immer so gewesen. Tja. Oder was sagst du? «

«Ach Gott, Oma, durchzuckt's dich da?»

«Muss ich mich schütteln.»

«Aber warum denn?» Ole lacht. «Ist dir kalt?»

«Ja, eigentlich merkt man das auch», sagt Marta, wieder ernst. «Wie sich eure Hände immer suchen zum Beispiel.»

«Hm», macht Ida.

«Wobei wir das jetzt im letzten Jahr oder eigentlich besonders, seit Ida hier im neuen Zimmer ist, noch mehr machen als früher.» Ole nimmt eine Wasserflasche vom Tisch. «Wir sind früher auch eingehakt gegangen oder Hand in Hand. Und im Theater haben wir uns früher auch schon die Hände während der Vorstellung gegeben. Aber nicht so oft wie jetzt.»

Die Wasserflasche zischt, irgendwo draußen sind Stimmen, seltsam, rau, wie fernes Krähenkrächzen. Er hält inne. «Sie saßen Hand in Hand ...»

Ida lächelt ein kleines, kaum noch schiefes Lächeln. «Und, äh ...»

«Das ist ein Witz.» Ole angelt nach den Gläsern. «Ein Sprachspiel.»

«Wie ging das noch?», fragt Marta.

«Und dachten an vergangene Tage», sagt Ida fast lehrerinnensouverän.

Ole gießt ein halbes Glas ein, mit sehr geradem Rücken. «Sie saßen stumm Hand in Hand», sagt er langsam, und Ida murmelt mit, «und sprachen von vergangenen Tagen ... Das ist ein, ja, was ist das, ein ...»

«Halb Witz», sagt sie.

Er nickt. «Halb Witz, halb Stilblüte, sagen wir mal. Ich weiß nicht, von wem das stammt, aber das kennen wir, ach, seitdem wir uns kennen.»

169

Nun ist Ida schon seit gleich drei Wochen «drüben», im «neuen Zimmer». Das Wort «Altenheim» o. Ä. werde ich wohl auch weiter Ida gegenüber nicht verwenden. Auch «Feierabendheim» nicht, obwohl uns das früher noch das passendste Wort schien. Ist das nun eine Art Verrat?

Ich denke nein. Ein schwieriger Lernprozess für mich. Aber nicht mehr immer ist die Wahrheit die beste Lösung. Ehrliche Erklärungen haben Ida in den letzten Wochen (vielleicht sogar schon eher) manchmal in schlimme psychische Zustände gebracht. Also habe ich den Eindruck, wir fahren so am besten.

Zweimal ist sie gestürzt, einmal direkt zum Röntgen ins Klinikum gefahren worden. Aber: «Alles okay.» Jedoch gilt sie als «stark sturzgefährdet». Die Schutzwand (Scheibe) an ihrem

Bett sollte ich gleich selber einsetzen. Schwer. Ida deprimiert.

Ohne Zweifel, alle geben sich Mühe, kleine Pannen sind nicht ausgeschlossen.

Inzwischen hatte ich eine Aussprache mit der Pflegedienstleiterin. Idchen konnte schon an diversen Veranstaltungen vom Sozialdienst teilnehmen. Astrid war beim Besuch erstaunt, was hier neben der Pflege alles wöchentlich und täglich angeboten wird. Im großen Rotkreuzheim, in dem sie arbeitet, ist das bei weitem nicht so. (Aber etwas preiswerter dadurch auch. Ich bin bei Kassensturz etwas erschrocken.)

Die Demenz ist mal stärker, mal weniger spürbar. «Ungleichmäßig voranschreitende Mischform» scheint sich weiter zu bewahrheiten.

Erst hadert Ida damit, dass sie von der Pflegerin geduscht werden soll. (Ein bisschen verstehe ich das, wenn ich überlege, wie sie früher war. Noch vor einem oder einem halben Jahr hätte sie nie jemanden zu sich ins Bad gelassen!) Später, als ich durch den Türspalt schaue, ob alles in Ordnung geht, fährt sie mich an: «Funke hier nicht dazwischen …»

Und nach der Mittagsruhe beschäftigt sie: «Was ist heute für eine Veranstaltung, wo wir Frauen ausgeschlossen sind?»

«Gehst du hin zu dieser Veranstaltung? Aber verführe keine Frauen.»

«Bist du auch ordentlich dafür angezogen?»

Erstaunlich, wie sie überhaupt auf so eine Veranstaltung kommt. Im Heim sind fast nur Frauen, auf ihrer Etage im Moment ein Mann. (Zuerst noch ein zweiter, aber letzte Woche standen plötzlich eine Kerze und ein Foto am Tresen der Schwestern. Das bedeutet, jemand ist gestorben.) Diesem «Benno», der immer still mit Baskenmütze dasitzt, reicht sie beim Kaffeetrinken feierlich die Hand. Seine Reaktion: «Hah ...» Sonst spricht er eigentlich nie.

Ich bin über den Tag verteilt mehrmals bei Idchen, vormittags, nachmittags, nach dem Abendbrot. Insgesamt bin ich noch sehr gestresst. Ich soll «mehr loslassen», sagt die Pflegedienstleiterin. Ich soll auch wieder wandern gehen.

Tja. Hat sie eine 57-jährige Ehe geführt?

Gar zu sehr loslassen würde mir den Garaus machen!

Idas Zimmer sehe ich von hier aus nicht. (Als gut erwiesen hat sich jedoch, dass ich beim Abendspaziergang immer noch mal vorbeischaue. Mehrmals war nach 22 Uhr das Fenster noch geöffnet, als einziges! Ich möchte nicht, dass sie sich aus Nachlässigkeit noch übel erkältet. Und der Nachtdienst war aber telefonisch nicht erreichbar. Bin ich zu empfindlich?)

Was ich vom Wohnzimmer aus sehe, sind die Kastanien hinter dem neuen Marienhaus, die gleichen, die auch teilweise Ida von ihrem Fenster sieht. Das beruhigt mich. Und ich sehe das Stirnseitenfenster ihres Flurs. Gestern habe ich auch Idchen da sitzen gesehen!

Lange saßen wir uns so «gegenüber». Ihr Gesicht war zu mir gedreht, fand ich. Ich habe ihr auch mehrmals gewunken! Allerdings ohne sichtbare Reaktion.

170

Ole öffnet die Glastür vom Treppenhaus, nimmt seine Mütze ab. Leise Musik dudelt. Die Sesselherde gegenüber der Tür steht verloren. Nur nah am Radio döst eine Frau, die Arme verschränkt vor der hohen Brust.

Auf der anderen Seite des Etagenfoyers die lange Tafel aus zusammengestellten Tischen. Hinten am Fenster stecken zwei die Köpfe zusammen, eine andere Frau nahe der Vorbereitungstheke dreht Ole ihr kleines, eckiges Gesicht zu. Die vierte Frau an der Tischreihe sitzt unbewegt da – Ida.

«Na, Idchen.» Er bückt sich für einen Kuss.

Idas Miene bleibt starr. «Weil ich das Gefühl der Bestrafung habe», murmelt sie mit kaum geöffnetem Mund.

«Warum denn das? Du hast doch heut schon viel Schönes gemacht.»

«Ja, aber ... so gefesselt zu sein.»

Ole sieht unwillkürlich an ihr hinunter. Wie eine Statue sitzt sie.

«Können wir ja nicht», sagt sie leise.

«Was denn?»

«Ins ...» Das erste Mal sieht sie ihn an.

«Ins Zimmer gehen?», fragt Ole. «Natürlich, da wohnst du doch. Hier im neuen Zimmer.»

Laute sind zu hören, vogelfremd, irgendwo aus dem langen Flur. Ida duckt sich, schüttelt den Kopf.

«Du wirst sehen, es klappt. Wir gehen zusammen.»

«Nein, da werden sie sagen: Das dürfen Sie nicht.» Nur Idas rechte Hand bewegt sich, flach ausgestreckt gegen die Tischkante. Fest in der linken hält sie ein Taschentuch.

«Woll'n wir's probieren? Niemand wird ... Oder, warte mal, war nicht heute auch was?» Er macht wenige Schritte, äugt auf den Veranstaltungsplan.

Eine der hölzernen Türen geht auf. «Ja, die meisten sind drüben im Saal zur Theatervorstellung», ruft eine vorbeieilende Pflegerin. «Schon eine ganze Weile. Ihre Frau hat das leider verweigert.»

«Schade. Wirklich? Na komm, Idchen, dann machen wir eine kleine Vorstellung für uns.» Ole nimmt Idas nervöse Hand.

«Du musst nicht auch noch Werbung machen», zuckt sie zurück.

«Man soll 'ne Aufgabe geben, uns nicht so rumlungern lassen …» Mit Anstrengung zieht sich Ida an Oles Arm hoch vom Stuhl.

Als sie sich in Gang setzen, fährt die Frau mit dem eckigen Gesicht ihre Hand lang aus, blitzschnell, fasst Oles Ellenbogen.

«Na, Frau Häuselin», sagt er nach einem kurzen Schreck.

Sie lässt nicht los. Ihre Augen starren unbeweglich im kleinen, grimmigen Gesicht.

Ida tappt zwei Schritte näher, streckt auch die Hand aus und legt sie der bitteren Frau Häuselin auf die Wange. Einen Moment verharren sie so, oder zwei.

«Sie hat gesagt, dass sie dich mag», sagt Ida im Weitergehen. «Und ich kümmere mich, dass sie nicht so fluchen soll.»

Sie fixiert die Wandzeitung, einige Meter lang, liest murmelnd: «Impressionen vom Erntedank.» Dann streift sie Bilder an den ockergelben Wänden mit aufgeschlossenem Lehrerinnenblick.

«Ein beeindruckender … Fluss.» Sie weist auf eine gemalte, blaugraue Wiesenlandschaft.

«Was du alles auf die Entfernung erkennen kannst, ohne Brille. Ist ja toll.»

Langsam, Arme und Finger eingehakt, gehen sie vorbei an der Zimmertür mit dem Namensschild «Ida Wächter». Die resolute Pflegerin ist vom anderen Flurende zu hören, und Lachen.

«Es müsste doch einen Hinweis geben», sagt Ida mit rauer Stimme. «Alle, die nicht … straff da sind. Wenn sie das Gefühl haben, ich muss bestraft werden.» Sie spricht so leise, dass Ole sich nah zu ihrem Mund neigt. «… was dagegen anmerken willst, musst du bitten, dass du überhaupt angehört wirst.»

«Eigentlich sind doch alle hier nett», sagt er mit gerunzelter Stirn.

«Ja, das dachte ich auch. Das war auch schon besser.» Ida schaut auf die Frau, die ihnen entgegenrollt, die Räder ihres Rollstuhls mühevoll mit den Händen schiebend, aber lächelnd unter schreckrunden, umschatteten Augen,

«Es kann höchstens sein», sagt Ole, «dass du vielleicht mal nicht weglaufen solltest, damit du nicht stürzt?»

Die Frau murmelt etwas. Ida folgt ihr mit dem Blick, bis sie hinter ihnen verschwunden ist. «Und warum bist du nicht gekommen?»

«Ich bin doch jetzt da. Ich musste noch plätten … War einfach ein paar Tage liegengeblieben und musste erledigt werden.»

«Aber ich will auch was machen. Und ich habe keine Auf… keine Verpflichtung gekriegt.»

Ole fängt ihre nervöse Hand. «Du hast ja recht, wir überlegen und erkundigen uns, was du tun kannst. Vielleicht … für Weihnachten Karten basteln, zum Verschicken?»

«Na ja, das wäre schon eine Überlegung wert.»

Sie stoppen vor Grünpflanzen und viel Glas. «Guck doch mal, Idchen, das wollte ich dir zeigen!» Ole tippt an die Scheibe. «Ist das nicht ein Ding?» Hinter seinem Finger rechts ein dreistöckiger Neubau, zwei Balkone, eine Terrasse, vor dem Haus ein Metallzaun mit Hecke. «Ist das nicht ein Ding?»

Ida macht noch einen Schritt, wankt an seinem Arm.

«Na klar, wir setzen uns», sagt er, «da haben wir den Ausblick auch. Warte, nein …» Er hält sie oben, schiebt einen Korbsessel zurecht, genau hinter sie. «Ist doch ein lauschiges Plätzchen?» Er lässt sich in den Stuhl daneben fallen.

Ida blinzelt. Sitzt da, zufrieden vielleicht, knüllt ihr Zellstofftaschentuch.

«Na, ist das nicht toll?», fragt Ole. «Immer so nah.»

«Ja», brummt sie, schließt die Augen unter der silbrigen Helle.

Er atmet erwartungsvoll. Sie bleibt still.

«Ja, da wohnt einer, der dir sehr nahe steht.» Oles Fröhlichkeit wird bemühter.

Sie öffnet die Lider einen schmalen Spalt, sieht vielleicht die kleine Kreuzung links, das Eckhaus. Und die Lider sind wieder zu.

«Das … andere Haus war auch für dich mal wichtig …», sagt

Ole, brüchig. «Und jetzt wohnt da immer noch der, der dich jeden Tag besucht, mehrmals.» Leise ist seine Stimme, wie um sie nicht zu wecken.

Von irgendwo aus dem Flur kommen Rufe, vogelartig. «Au... au... Ach.»

171

Irgendwann hatte ich sie ja erwartet, gestern also die große Abbuchung. Ich bekam förmlich einen Schock. Enkelunterstützung und Sparen muss ich fast ganz abblasen. Trotzdem: Es muss gehen!

Die Aussprache mit der Leiterin der sozialen Dienste ist angenehm verlaufen. Sie hat verstanden, dass wir an Idas Teilnahme an möglichst vielen Angeboten interessiert sind. Immer zeigt sich dann auch das Erbe von Idas gesellschaftlicher Arbeit. Wenn sie erst einmal Bestandteil eines Kollektivs ist, möchte sie pflichtbewusst mitmachen und die Gruppe unterstützen ... Sie wird also jeweils von den Mitarbeitern des Marienhauses dazugeholt. Ich bin erfreut. Dass sie noch an der Tagesgruppe für Externe vormittags teilnimmt, ist dadurch nicht mehr nötig.

Jeden Tag gab es «Veranstaltungen» drüben. Höhepunkte jetzt waren:

1) Der Film unserer Wandergruppe. Die DVD wurde mit Freude erlebt – von fast allen Bewohnern der Etage! (Ungefähr zwölf.)

2) Lesung der russischen Autorin K. Ida hält besser durch als ich, da ich von meiner erstmals seit mehr als einem Vierteljahr wiederaufgenommenen Wanderung müde bin!

3) Zum 11.11. «Tanz mit DJ». Gute Stimmung, Ida macht gern mit, wir tanzen sogar (einfach) und schunkeln und schla-

gen den Takt! Das Beeindruckende ist, jeder wird im gleichen Maß «als Mensch» betrachtet, egal welche Behinderungen sichtbar sind. Nie gesehen: eine Polonaise mit Rollstühlen und rollenden Gehhilfen. Wer nicht laufen kann, wird geführt und geschoben. Ich bin als einziger «Angehöriger» dabei. Ida fragt zwischendurch: «Ob Kurt das auch mitmachen würde?» Oder auch: «Ist das Ganze nicht doch etwas primitiv?» Tja, hätten wir früher zu «Lebt der alte Holzmichl noch?» oder «Auf der Reeperbahn nachts um halb eins» mitgeklatscht? Aber die Laune ist gut, und ich zerstreue ihre Bedenken.

Sie hat auch Verständnis, dass ich mittwochs wieder wandern gehe. «Grüße bitte alle von mir.»

Ja, offenbar ist die Phase der Umgewöhnung und Eingewöhnung nach einem Monat im positiven Sinne beendet. Ich werde dennoch sehr oft «drüben» sein.

172

«Siehst du, Idchen, wie versprochen.»

«Was denn? Du?»

«Hier, ich habe ein Fotoalbum mitgebracht. Eins aus den fünfziger Jahren.»

«Das soll mich wohl beeindrucken.»

Ole lacht, ein Streichellachen. «Na, du könntest gern auch mal noch was anderes erbitten. Aber du verlangst ja von dir aus nichts. Keine Zeitung, keinen, was weiß ich, Augenbrauenstift, nichts aus deinen Schmuckkisten ...»

Ida sieht auf ihre Finger, streckt sie etwas.

«Aber der Ehering ist weiter dran», sagt Ole, «das stimmt, das ist schön. So wie immer. Oder nehmen die den hier doch beim Waschen ab?»

Seine und ihre Hand sehen nebeneinander gleich lang aus, die goldenen Ringe glänzen.

«Ist dran», sagt sie. «Seit ... ewig.»

«Ja, seit mehr als siebenundfünfzig Jahren. Unglaublich, oder? Dazu passt doch ...» Er schlägt das Album auf. «Wo war es gleich ... Das haben wir doch damals eingeklebt, von einem sowjetischen Dichter. Hier.» Ein Zeitungsausschnitt auf der letzten Albumseite. Er räuspert sich. «Die Liebe haltet gut in Ehren, zumal wenn erst die Jahre fliehn. Die Liebe ist nicht nur Begehren, Mondschein und Seufzermelodien. Alles, alles kommt, Hagel und Sonne, wieder. Die Liebe ist wie schöne Lieder, und Lieder schreiben sich nicht leicht. – Was sagst du dazu?»

«Ich hab das ja nicht durchgelesen.»

«Nein. Zumindest kannst dich nicht erinnern, nicht?»

Ida knüllt ihr Taschentuch, um ihre Augen sitzt etwas wie Angst.

Ole schiebt ihr Wasserglas näher. «Vielleicht war auch ja ich es, der das Gedicht damals rausgesucht hat. Aber du hast viele dieser Aufnahmen gemacht, weißt du noch, mit deiner kleinen Kamera.»

Er hält ihr das Wasserglas hin, sie nimmt es, nippt.

Er blättert von vorn. Winzige Schwarzweißbilder. «Und, Idchen, das hast alles du beschriftet. Das ist doch deine Schrift, als junge Frau. Weißt du das eigentlich? Genau genommen war das Erste, was ich an dir geliebt habe, die Schrift!»

Ida sieht ihn an, ihr Mund kaut Zweifel.

«Ja, noch bevor ich dich beim Tippen kennengelernt habe, hattest du uns, allen Mitstudenten, doch diesen Brief geschrieben, Gemeinschaftsbrief. Vor fast sechzig Jahren. Und da habe ich schon gedacht: Ist das eine tolle Schrift.»

Idas dünne Finger scheinen nach dem Kugelschreiber auf dem Tisch zu tasten, für ein paar Sekunden.

Ole deckt ihren verlegenen Mund mit einem Kuss zu. «Hier, das hast du alles geschrieben: ‹Der eifrigste Fotograf. Die eifrigste Ballspielerin – des Tages.› So gerne hast du Ball gespielt. Hier, Knieball.

Musste man mit dem Knie den Ball hochschießen. Oder da, Bockspringen ohne Bock. Du warst ja mindestens so stark wie ich.»

Sie lächelt schmal und verwundert.

«So sportlich waren wir vor unserer Hochzeit, das ist ein Ding, hm.»

«Weil wir fast in einer Armee waren», sagt Ida rau.

Ole lacht. «Tja, für eine kleine Zeit, ja. Kaum zu fassen.»

«Knieball und ... Kopfball.» Sie zeigt.

Als Ole umblättert, berühren sich ihre Hände. Dann schließen sich Idas Finger wieder fester um das Taschentuch.

«Was war eigentlich danach?», fragt sie, während Ole sie ins Bad führt.

«Wonach denn, Idchen?»

«Nach dem ... Ganzen, wo wir ... beim Sport.»

«Na», er öffnet ihre Hose, «unser schöner Ostseeurlaub – war doch dann. Und politisch auch die bewegten Zeiten, der 17. Juni 53 und der sogenannte neue Kurs, nicht wahr. Und in den Tagen danach haben wir uns doch verlobt.»

Geduldig lässt sich Ida die Unterhose runterziehen, lässt sich helfen beim Finden der richtigen Stelle für die Füße. Lässt sich dann fallen, zu schnell und zu schief.

«Halt! Noch nicht setzen!», ruft Ole. Hebt sie unter den Achseln, schiebt ihre nackten Schenkel auf der Brille zurecht, ächzt.

Danach sitzt sie, zurückgenommen, müde beobachtend, wie auf einer Haltestellenbank.

Ole geht aus der Tür, kommt wieder, spült im Waschbecken eine Vase aus. «Brauchst du noch ein bisschen? Wir wollen doch gleich zum Chor gehen.»

Ida bleibt gleichmütig sitzen.

Er sieht die Fläschchen im kleinen Regal durch, geht hinaus, holt einen Stift. Auf eine Tube schreibt er: «Ida Wächter». «Und diese andere Creme? Die ist aber nicht von dir, oder?» Er stellt ein Gläschen in ein anderes Fach.

Ida sagt etwas, leise.

Er kommt näher.

«Kannst du's mal entwickeln?», wiederholt ihre verhaltene Stimme. «Dass es sich zeigt?»

«Wie Schwester Annie neulich. Die konnte das, stimmt's? Idchen, ich kenne leider diesen Griff nicht. Da musst du drücken.»

«Ich weiß nur nicht, wie ich ... in Tätigkeit versetzen kann.»

«Du weißt nicht, wie du drücken musst?» Ole lacht, zeigt, presst mit hochgezogenen Schultern.

Im Etagenfoyer vor dem Fahrstuhl eine Warteschlange. Rollstühle und schiebbare Gehhilfen, zugeknöpfte Gesichter.

«Guten Tag», grüßt Ole, «guten Tag, Frau Sonneberger!»

Die Wartende vor ihnen lächelt, und ihr Lächeln bleibt. «Hm, hm, hm», macht sie, immer wieder, eine unterschwellige, leise Basslinie. Marschmusik tappt dazu aus der Sesselecke gegenüber. Hinten an der Vorbereitungstheke scheppert Geschirr. Eine Frau in blauer Schürze räumt die Spülmaschine aus, summt vor sich hin. Davor, an der verlassenen Tafel, parkt ein ausladender Pflegerollstuhl wie ein vergessenes Schiff. Passagierin ist eine langgliedrige Frau, ihr feines Gesicht scheint sich zu wundern über jedes Stöhnen, das ihr entfährt. Oder die Verwunderung ist nur kühl auf die Lider geschminkt. Ein vager, müder Mannequinblick trifft Ole.

Ida neben ihm legt unter der Last der Eindrücke den Kopf schief. «Da jault auch noch eine», sagt ihre brüchige Stimme.

Ole lauscht. «Was du so alles hörst, ich wundere mich immer wieder.»

Rufe, aus einem entfernteren Zimmer wohl: «Au... au... au... Au!»

«Ist das wieder ...», murmelt sie rau, «Mutt...?» Sie horcht geduckt. «Eine meiner Tanten», beschließt sie und scheint erleichtert.

«Ach so?» Ole nimmt ihren Arm, sie rücken in der Schlange vor. «Und warum jault sie?»

«Die hat einen Tick.»

«Dafür haben wir jetzt ja was Schönes vor.»

«Zum Theater, Konzert, im …»

«Na, das war gestern. Zum Singen gehen wir doch heute, zur Chorprobe.»

Idas Finger sind unruhig auf dem Griff ihres Gehwagens. Wieder öffnet sich das Silbermaul des Aufzugs. In seinem grauen Bauch hält Ida Augen und Mund fest geschlossen, als sei sie unter Wasser.

Schwer wie einen übervollen Einkaufswagen schiebt Ida den Rollator durch die Erdgeschosshalle.

«Nicht so krumm.» Ole legt ihr die Hand auf die nervöse Schulter.

Sie reagiert nicht. Automatisch öffnet sich neben ihnen die gläserne Eingangsschiebetür mit einem Surren, einem Ratschen. «Wie das klingt … wie ein … eine Krähe.»

Ole lächelt. «Ja, stimmt. Oder wie ein Papagei vielleicht. Aber, Idchen, den Rücken gerade, du weißt doch, dann funktioniert der Rollator viel besser.»

Statt zu antworten, winkt Ida in eine andere Richtung. Er runzelt die Stirn, folgt ihrem Blick. Eine Frau mit strengem, gelähmtem Gesicht sitzt in einem wuchtigen Elektrorollstuhl, er nickt ihr zu. Ihr Gesicht bleibt maskenhaft, stößt ein Wort aus, etwas wie «Zigarette». Die Frau neben ihr stützt missbilligend Kopf und schweren Oberkörper auf den Rollatorlenker, dahinter mit geduldigen Schritten ein kleiner Mann, auf einen Gehstock gestützt.

«Ach, na so was, Frieder!»

«Ja, ich habe es nun auch hierhergeschafft.» Die Stimme des Mannes ist unaufdringlich wie sein Körper. «Guten Tag, Ida, freut mich.» Er deutet eine Verbeugung an. «Jetzt sind wir wieder Hausgenossen. Aber diesmal müsst ihr keine Miete an uns zahlen.» Er lacht, ein vorsichtiges «Hehehe», gibt Ole die Hand.

«Und wie geht es denn?», sagt Ida.

«Och, ja …» Frieders koboldhaftes Lächeln verblasst. «Ich bin ja nun … kann ja machen, was ich will hier.» Er spricht kaum lauter als sie, seine Stimme versickert zwischen anderen Geräuschen, die mit ihnen in den hellen Raum drängen, Gemurmel, Rufe, Klappern der Gehhilfen und immer wieder das Surren der Eingangstür nebenan. «Ich kann mich nur eben nicht mehr alleine nach draußen begeben. Da fall ich um! Tja, und schon gar keine Wanderungen mehr. Sehr bedauerlich.»

«Da blutet dein Geologenherz ja.» Etwas angestrengt hört Ole zu.

Frieders gebräunte Hand verschwindet in der Jacketttasche. «Na ja, das sind jetzt die Funde.» Er zeigt eine Kastanie hoch. Der gleiche Farbton wie Idas Haar.

«Ach.» Ole lächelt. «Die sehen wir direkt vom Fenster aus.»

«Und wie geht es denn … Gertrud?», fragt Ida ernst, während Ole den Kopf reckt. Die meisten der vor den wandbreiten Fenstern aufgereihten Stühle sind schon besetzt. Vorn am Klavier ordnet eine Frau Notenblätter.

«Hütet», sagt Ida, «Gertrud noch so … strikt euer Haus?»

«Nein … tja, unser Haus …» Der kleine Herr sieht hilfesuchend zu Ole. «Meine Töchter haben es … Sie haben's beschlossen, und ich sehe es ein. Gertrud hat sich zu stark verändert.»

Ole dirigiert zu drei noch freien Stühlen, so eilig, wie es mit Ida geht. Frieder Wiethaupt folgt, auf seinen hölzernen Stock gestützt.

Ole hilft Ida, Platz zu nehmen. Fährt dann ihren Rollator an die Seite zu den anderen. Der letzte Wagen einer langen Eisenbahn aus schwarzen und grauen Gestängen, Gummirädern, Lenkern, Körben. Er setzt sich auch, greift Idas fahrige Hand. «Na, Gertrud wohnt doch oben im Stift.»

Irritiert schaut Ida auf Frieder Wiethaupts übereinandergeschlagene Beine neben ihren.

Der alte Vermieter sinkt unter ihrem Blick noch mehr in sich zusammen. «Ja, und ich wohne nun hier.» Tastend spricht er, wie beim vorsichtigen Klettern über einen steilen Hang. «Es ging einfach nicht. Wir können nicht mehr zusammenleben. Und ich sehe es ein.»

«Weil sie eben auch krank wurde, nicht», sagt Ole, «oder behindert, wie man das gerade nennen will. Wenn man mal ehrlich ist, geht es vielen alten Menschen so.»

Frieders kleiner Kopf nickt. «Weiß Gott, sie ist ... mal ganz schön auf Zack gewesen.»

Mitgenommen drückt Ida Oles Hand. «Nur gut, dass wir gesund sind», flüstert sie.

Dann setzen Klaviertöne ein.

«Ach Elslein, liebes Elselein mein, wie gern wär' ich bei dir! So sein zwei tiefe Wasser wohl zwischen dir und mir.»

Eine klare, feierliche Melodie, verwunschen auch. Wie Wasser in einem tiefen Burgbrunnen. Einige zwischen Glaswand zum Hof und Rollatorreihe singen, andere hören zu. Ida brummt nur wenig mit, Frieders Stimme geht in den anderen unter. Oles hebt sich, strauchelt, erklimmt die ungewohnten Tonreihen wie eine mittelalterliche Laute.

«Das bringt mir große Schmerzen, herzallerliebster Gsell. Red' ich von ganzem Herzen, hab's für groß Ungefäll.»

Das Klavier seufzt dazu, verstimmt, egal wie die sehnigen Hände der Chorleiterin es anfassen. Sie singt milde darüber hinweg.

«Hoff', Zeit werd' es wohl enden, hoff', Glück werd' kummen drein, sich in all's Gut's verwenden, herzliebstes Elselein!»

«So weit für heute unser Experiment mit dem Liederwünschen.» Das hagere, wie holzgeschnitzte Gesicht der Chorleiterin lächelt. «Ein ganz besonderer Wunsch war das, von Frau Hoffthaler. Ein fünfhundert Jahre altes Lied! Es freut mich sehr, dass das so verhältnismäßig gut klappt.»

Mit jedem Lied sieht Ida verschlossener aus. Musik fließt um sie wie um einen großen Stein. Ihr brütender Blick geht aus dem Fenster zum Renaissancegiebel gegenüber am Mutterhaus des Heims. Ein schief hallender Schlussakkord, dann Rascheln, Tuscheln, leises «Hm, hm, hm» einer der Frauen im Raum. Idas Blick kommt langsam, wie aus einer Tiefe auftauchend, zurück.

Die herbe Frau am Klavier blättert in einem Notenbuch.

«Kennen wir die?», murmelt Ida.

«Stimmt.» Ole hebt die Brauen. «Aus dem Nebenhaus damals in der Pieperstraße 30. Noch vor Omis vertrautem Pfarrer Poch hat Frau Uhlig in der Pfarrerwohnung gewohnt, eine ganze Weile. Und jetzt macht sie hier ehrenamtlich den Montagschor.»

«Ach, und so nette Kinder hatte sie auch.» Für einen Moment wirkt Ida geweckt.

Ole lässt ihre Hand nicht los, hebt sie im Takt. «Mach doch mit, Idchen», flüstert er, «du bist doch immer eigentlich eine Sängerin.»

«Ade nun zur guten Nacht, es wird der Schluss gemacht, dass ich muss scheiden.»

Ida singt mit, aus einem schmalen, angstdunklen Mund.

«Und nun unseren Kanon.» Feierlich ist das Gesicht der Chorleiterin jetzt unter den streichholzkurzen Haaren, ein modern geschnitztes Engelsgesicht. «Herr bleibe bei uns, denn es will Abend werden, und der Tag hat sich geneigt», zitiert sie. «Das konnten Sie schon sehr schön.»

Klaviertöne fächern auf wie der Zettel, mit dem sich eine gedrungene Frau neben Frieder hektisch immer wieder Luft zufächelt.

«Herr bleibe bei-ei uns», die ersten Worte singt die Leiterin allein, dann trauen sich andere, «denn es will Abend werden ...»

«Noch mal zuhören», sagt sie, «ich glaube, das waren noch nicht alle, die es schon mal gesungen haben.»

«Herr bleibe bei-ei uns ...» Die Wettergegerbte unterbricht, ganz Chorlehrerin nun. «Erst mal drei Töne, die genauso sind, und dann geht's einen nach oben.»

Alte-Damen-Stimmen spannen sich auf, zerbrechlich wie Porzellan, scheppernd manchmal. Eine winzige Dame in einem Bleistiftrock singt ton- und silbengenau, wie abgemessen. Anderer Gesang ragt resolut heraus. Nicht aber Ida mit ihrem maskenhaften Mund.

Frau Uhlig schneidet das Gesungene ab, teilt die große Runde wie eine Torte. «Einmal bis Frau Fromm, dort bis Herrn Wetterkamp und da bis zum schönen roten Pullover.»

Jede Untergruppe singt allein. Ole ist gut herauszuhören mit seiner Lautenstimme. Frieder Wiethaupt und ein anderer, wohl ein Vierteljahrhundert jüngerer Mann werden von schrillem Porzellan übertönt.

In der dritten Gruppe sitzt auch die Frau mit den schreckrunden Augen. Kein Porzellan von ihr, sondern dicke, rissige Keramik. Ein Brummen, tiefer und auf der Stelle tretender als das der Männer.

«So, wollen wir das dreistimmig schaffen?» Ein preußisch knappes Lachen der Leiterin, sie stimmt an: «Hmm.»

«Nicht noch höher!», ruft eine Frau. Lachen.

Hoch genug folgen die Stimmen. Die zweite Gruppe fällt ein. Beinahe verliert die erste ihre Spur. Sie trabt tapfer weiter, angestrengt, zerrend. Auch die dritte Gruppe findet ihren Weg. Und irgendwie, trotz Scheppern und Poltern von Porzellan und Bauernkeramik, ist ein Zauber da, eine Kuppel aus Gesang. «Herr bleibe – Abend werden, und der Tag hat – Abend werden – Tag hat sich genei-eiget.»

Über Idas Wangen laufen Tränen.

«Gut, hör'n wir hier auf.» Wieder vorn ein mildes Gesicht, eine geschnitzte Pfarrersfrau. «Das, ja, ist noch nicht ganz vollendet, aber es wird schon. Singen wir aber, damit's einen versöhnlichen Schluss gibt, ‹Der Mond ist aufgegangen›, das schöne Abendlied. Da brauchen wir jetzt keinen Text, das schaffen wir aus dem Kopf.»

Das Klavier gibt den Ton, Frau Uhlig gibt «Der Mond», und schon klirren die Stimmen zusammen. Etwas wacklig, aber bald sicher.

«... Der Wald steht schwarz und schweiget, und aus den Wiesen steiget der weiße Nebel wunderbar.»

«Kriegen wir's hin ‹Wie ist die Welt so stille›?»

«Dämmrung Hülle», brummelt eine Frau im Rollstuhl.

«Ja», sagen Ole und zugleich hinten die Frau im Bleistiftrock.

Ida nickt knapp, wischt sich über dunkle Wangen.

«Sie können das natürlich!» Das Lachen der Leiterin klappert gegen die Fensterfront. «Also, wir probieren's einfach.»

«Wie ist die Welt so stille und in der Dämmrung Hülle so traulich und so hold. Als eine stille Kammer, wo ihr des Tages Jammer verschlafen und vergessen sollt.»

Nebelfein fast ist der Gesang und ein bisschen Brummen dazu. Ole sieht Ida an, tastet nach seinen Taschen.

«Ich denke, wir haben alle irgendwo einen kranken Nachbarn.» Frau Uhlig sitzt wieder, mit dem Rücken zum Klavier. «Sehr viele von uns sind sicher selber krank, aber kranke Nachbarn haben wir trotzdem. Und an die wollen wir zum Schluss noch denken.»

«Das ist das ganz Edle an der Sache», sagt die winzige Frau mit einer redegewohnten, tiefen Stimme.

«So legt euch denn, ihr Brüder in Gottes Namen nieder. Kalt ist der Abendhauch.»

Oles großer Mund klappt zu. Er beugt sich nah zu Ida, nimmt ihr das kleingepresste Zellstoffknäuel aus der Hand, gibt ihr ein neues Taschentuch.

«... lass uns ruhig schlafen und unsern kranken Nachbarn auch.»

Nicht der Einzige scheint er, der erst die letzten Worte wieder mitsingt.

«So, nun lass ich Sie auch ruhig schlafen.» Unter ihrem schmalen Lächeln sammelt die Chorleiterin Notenblätter zusammen. «Und wünsche Ihnen einen schönen Abend und eine gute Nacht.»

~~Fr~~ ~~27.7.~~ 29. Mittwoch

Krankenhaus entlassen –

vorher Untersuchungen s.

Ergebnis

31. Freitag

nach einer Woche

Mittwoch entlassen –

Froh, wieder zu Hause zu sein

Gespräch mit Dr Weller Freitag

Einschätzg v. Dr. Will Krankenh.

z. T. sehr ernsthafte Hinweise

Entfernen? möglich?

Mittw Rene. Vorstellungsgespräch.

Donnerst Hans-Jürgen – Hilfe auf

der Terrasse – gemeinsames

Freitg. Kaffeetrinken – Unterhaltg.

1. Samstag – Friseur – normales

tägl. Leben beginnt ! ! !

Autofahrt – Bad Berka – Kl. Hasse

treffen – Eis essen. sanfter Abend

klassische Musik

Inge Jens
Langsames Entschwinden

Walter Jens litt ein Jahrzehnt lang an Demenz. Der einst wortgewaltige Gelehrte versank zunehmend in eine Welt jenseits der Sprache, jenseits der Gedanken. Seine Frau Inge Jens, mit der er mehr als ein halbes Jahrhundert zusammenlebte, hat ihn in seiner Krankheit begleitet und ihn, unterstützt von anderen Menschen, bis zuletzt gepflegt. In vertraulichen Briefen an Freunde und Bekannte hat sie immer wieder geschildert, wie er sich veränderte und wie schwierig es ist, mit einem Demenzkranken umzugehen. «Ich sehe seinem Entschwinden zu – den Mann, den ich liebte, gibt es nicht mehr.» Das Buch dokumentiert mit ausgewählten Briefen und einem längeren Bericht die Leidensgeschichte von Walter Jens.

160 Seiten

Sb 142/1